잡job아라
미래직업 100

초판 인쇄 2015년 6월 22일
초판 발행 2015년 6월 30일

지은이 곽동훈 · 김지현 · 박승호 · 박희애 · 배진영
감 수 김종춘
펴낸이 김광열
펴낸곳 (주)스타리치북스

책임편집 이혜숙
출판진행 한수지 · 안미성
편집교정 여성희
본문삽화 박근용 · 이상경 · 전명진
표지디자인 권대홍 · 조인경
경영지원 공잔듸 · 권다혜 · 김문숙 · 김지혜 · 김충모 · 문성연
　　　　　　민경훈 · 박정은 · 손연주 · 심두리 · 신자은 · 이광수
　　　　　　이지혜 · 정은희 · 한정록 · 황경옥

등록 2013년 6월 12일 제2013-000172호
주소 서울시 강남구 강남대로62길 3 한진빌딩 3~8층
전화 02-2051-8477

스타리치북스 페이스북 www.facebook.com/starrichbooks
스타리치북스 블로그 blog.naver.com/books_han
스타리치 잉글리시 www.starrichenglish.co.kr
스타리치몰 www.starrichmall.co.kr
홈페이지 www.starrich.co.kr

값 25,000원
ISBN 979-11-85982-08-3 13320

job 잡아라 미래직업 100

| 곽동훈 · 김지현 · 박승호 · 박희애 · 배진영 지음 |

StarRich
B O O K S

새로운 노동 시장과 일자리

우리나라의 교과서는 648만 명의 학생들이 보는 스테디셀러다. 교과서 종류는 모두 542종이며, 학년당 45종이 넘는다. 그중에서 미래 노동 시장을 가르치는 책은 찾아볼 수 없다. 우리의 학생들이 살아갈 미래에는 수많은 변화가 일어나 전혀 새로운 일자리와 노동 시장이 생겨날 터인데, 그 대비와 적용을 위한 교과서와 과목은 전무한 실정이다. 이 책은 이런 절박한 문제의식에서 출발됐다.

앞으로는 고용 없는 성장이 계속될 전망이다. 기업들이 인간을 채용하는 대신 새로 개발된 기계를 사들이기 때문이다. 불평불만이 없는 기계는 인간보다 더 빨리, 더 많이 만들어내기 때문에 노동 시장 경쟁력에서 인간을 앞선다. 완전 로봇화된 네덜란드의 필립스 공장에서는 중국의 생산 설비에서 생산하는 것과 같은 양의 전자 제품을 10분의 1의 노동력으로 생산하고 있다. 도요타의 경우 인력의 10퍼센트 정도를 로봇으로 대체해 비용과 생산 시간을 4퍼센트가량 줄였다. 아이폰 제조기지로 유명한 폭스콘은 수십만 명의 노동자들이 해오던 일을 1만 대의 로봇으로 대체한다고 발표했다.

2014년 미국 매사추세츠공과대학교(MIT) 디지털비즈니스센터의 연구소장인 에릭 브린욜프슨Erik Brynjolfsson과 연구원인 앤드류 맥아피Andrew McAfee는 《제2의 기계 시대》라는 제목의 책을 출간했다. 이 책에 따르면, 인류 문명사의 첫 번째 혁명은 획기적인 생산성 증대를 가져온 18세기 산업혁명이다. '1차 기계 혁명'에 따라 기계는 인간의 물리적 한계를 능가했고, 그 결과 블루칼라 노동자들의 일자리는 급감했다.

그리고 우리는 지금 '2차 기계 혁명'으로 진입했다. 바로 로봇 혁명이다. 2차 기계 혁명에 따라 이제 기계는 인간 두뇌의 한계까지 능가한다. 그 결과 화이트칼라 노동자들의 일자리가 위협받고 있다. 교수, 법률가, 의사, 회사원이 필요 없어지고 현재 존재하는 직업 중 절반 이상이 사라진다. 로봇뿐만이 아니다. 3D 프린팅, 무인차, 무인기, 사물인터넷, 빅데이터 등 시대의 패러다임을 바꿀 기술들이 미래 노동 시장을 뒤흔들 것이다.

인공지능 '이디스커버리e-Discovery'는 수백만 건의 법률 문서를 조사해 법무 및 소송 관련 자료를 찾는다. 비용이 저렴하며 작업 속도와 분석은 하버드대학교 출신 변호사를 능가한다. 인공지능 프로그램 '바이털Vital'은 홍콩에 위치한 투자회사 딥 날리지 벤처스Deep Knowledge Ventures의 이사회 임원 중 한 명이다. 인간과 마찬가지로 1표의 투표권을 행사한다. 〈LA타임스〉는 로봇이 쓴 지진 속보 기사를 온라인에 게재해 큰 반향을 불러일으켰다. 사람이 쓴 것과 구별하기 힘들 정도로 문장과 글의 구성이 완벽했기 때문이다. 미국의 국방부 산하 방위고등연구계획국(DARPA)은 인공지능 심리학자 '엘리'를 공개했다. 엘리를 통해 스트레스, 불안, 우울증 등 인간의 정신질환을 치료한다.

미국항공우주국(NASA)은 지구에서 우주정거장의 3D 프린터를 원격조종해 제품을 만들었다. '메이드 인 스페이스Made In Space' 시대가 열리고 있는 것이다. 아마존Amazon은 드론Drone 배송 서비스를 위해 드론 택배기사를 모집하고 있다. 구글Google은 2017년 무인차 상용화를 목표로 무인차 개발에 열을 올리고 있다. 중국의 신소재 회사 잉추앙Yingchuang은 4대의 3D 프린터를 이용해 24시간 내에 10채의 집을 짓는 데 성공했다. 독일의 뮌헨공과대학교(TUM)는 사람의 뇌파를 인식해 생각만으로 비행기를 조종하는 테스트를 완벽하게 수행했다.

혁신적인 과학기술은 미래 노동 시장의 판도를 급격하게 바꿔놓을 것이다. 수많은 일자리들이 사라지는 동시에 새로운 일자리들이 생겨난다. 새로운 비즈니스 모델과 첨단 인프라가 전혀 다른 노동 시장을 만들어낼 것이다. 이럴 때 로봇과 기술력에 전쟁을 선포한다면 돌아오는 것은 필패必敗뿐이다. 자연두뇌와 인공두뇌의 협력을 통해 새로운 일자리를 모색하고 공존의 실마리를 찾아야 한다.

그렇다면 자연두뇌와 인공두뇌의 협력을 어떻게 이끌어낼 수 있을까? 새로운 과학기술이 노동 시장에 본질적으로 미치는 영향은 무엇일까? 이 책은 이러한 질문에 대답하기 위해 미래 노동 시장과 일자리를 끊임없이 추적한 성과물이다. 짧은 글들로 짜였지만 미래 노동 시장과 산업 전반에 대한 내용과 통찰력이 압축돼 있다. 특히 이 책은 자녀의 미래를 걱정하는 부모들과 새로운 비즈니스 모델을 찾고 있는 사업가들 그리고 자신의 미래를 고민하는 청년들에게 좋은 가이드가 돼줄 것이다.

변화하는 노동 시장에서 농경 시대의 근면과 성실로는 더 이상 살아남을 수 없다. 포스트 디지털Post Digital 혁신 방안을 제시할 미래 인재가 요구된다. 그런 인재가 되기 위해서는 미래 노동 시장을 뒤흔들 기술과 변화하는 일자리를 세심하게 살펴야 한다. 그렇게 해서 한 발 앞서 기회를 알아보고 방향을 잡아야 한다. 이 책은 미래 인재가 되기 위한 여정에서 힘과 눈이 돼줄 것이다.

contents

PART **2**

편리하고 스마트한 미래

PART 3
상상이 현실이 되는 미래

PART

지속성이 **보장되는 미래**

인류는 수명 혁명을 눈앞에 두고 있다.
시계, 속옷, 티셔츠 등 다양한 형태의 헬스 기기가
질병을 초기에 발견해 알려준다.
노화된 장기는 인공장기로 교체되는가 하면,
나노 크기의 로봇은 암세포를 찾아내 제거한다.
개인의 유전자와 미생물의 특성을 상담 받아 질병에 대처하고,
태어나기도 전에 질병 유전자를 제거해 질병을 예방한다.
인간 사회를 둘러싼 모든 위협을 줄이는 데도 집중하고 있다.
재난로봇은 재난 현장에서 인간의 손발을 대신하고,
전자코는 인간의 코를 대신해 위험을 감지한다.
날씨를 조작해 재해를 예방하고
우주기상을 관측해 위험을 예보한다.
모든 사물이 인터넷으로 연결되는 시대에는
데이터 보험, 디지털 포렌식Digital Forensic, 양자암호, 행동패턴,
생체인식, 가상화 보안기술로 정보를 지킨다.
이러한 미래에 어떤 직업들이 유망한지 살펴보자.

PART **1**

건강하고
안전한 미래

유전자 상담사

유전자에 따라 달라지는 치료법

양자역학의 초석을 쌓은 물리학자 에르빈 슈뢰딩거Erwin Schrodinger, 그는 1940년 저서 《생명이란 무엇인가(What Is Life?)》에서 다음과 같이 말한다. "모든 생명은 일종의 암호체계에 기초하고 있으며, 그 기본 단위는 분자다. 이 분자를 찾아낸다면 생명의 비밀도 풀릴 것이다." 이후 빠르게 발전한 분자의학은 슈뢰딩거의 말을 증명했다. 분자의학 자들은 암을 비롯한 많은 질환들이 유전자 이상에 의해 초래됐음을 밝혀냈다.

그에 따라 질병의 치료는 증상에 맞춰 치료하기보다는 이상異常 유전자 자체를 치료함으로써 치료 효과를 향상시킬 수 있게 됐다. 뿐만 아니라 유전자 정보를 분석하면 걸리기 쉬운 질병을 예측할 수도 있다. 즉 자신이 언젠가 앓게 될 질병을 미리 알게 돼 효율적인 건강관리

를 할 수 있다. 할리우드 배우 안젤리나 졸리도 유전자 정보 분석을 통해 질병을 예방했다. 그녀는 유전자 검사를 통해 자신이 유방암에 걸릴 확률이 높은 유전자를 보유하고 있음을 발견했고, 이후 유방 절제술을 받았다.

그렇지만 대다수의 사람들은 개인의 유전자 정보를 분석할 수 없었다. 높은 비용과 오랜 분석 시간 때문이었다. 하지만 가까운 미래에는 대다수의 사람들이 자신의 유전자 지도를 갖게 될 것이다. 유전자 분석에 드는 비용이 낮아지고 시간이 짧아지고 있기 때문이다.

2014년, 영국 바이오업체 옥스퍼드 나노포어 테크놀로지는 USB(보조저장장치)처럼 컴퓨터에 연결해 사용할 수 있는 작은 DNA 분석기인 미니온MinION을 선보였다.[1]

구글이 출자한 유전자 검사 기업인 23앤미23andMe는 99달러를 받고 유전자 분석 서비스를 제공했다. 비록 미국 식품의약국(FDA)이 안전성이 확보되지 않았다는 이유로 유전자 분석 서비스를 금지하기도 했지만, 기술의 발전은 조만간 이 같은 문제를 해결할 수 있을 것이다.[2]

기술의 발전으로 개인의 유전자 정보 분석이 가능하더라도 일반인이 자신의 유전자 정보 결과를 이해하고 대처하는 일은 그리 단순하지 않다. 따라서 전문적으로 개인의 유전코드를 상담 서비스를 해주는 '유전자 상담사'가 필요할 것이다.

유전자 상담사는 개인의 뇌와 피부, 혈액, 모낭 등의 각종 세포를

---

1 원호섭, 〈'USB'로 DNA 분석 시대 온다〉, 매일경제 (2014년 2월 17일자)
2 박기효, 〈新동맥 의료韓流…건강경제가 미래다〉, 매일경제 (2014년 5월 26일자)

움직이는 유전자가 정상적이지 않거나 질병이 발생했을 때 어떤 활동을 하는지 상담해줄 것이다. 환자와 가족들의 가족력, 병력 등 유전질환에 대해 충분히 이해할 수 있도록 전문적인 정보를 제공하고 가장 적절한 대응 방법을 선택할 수 있도록 도울 것이다.[3] 또한 개인의 유전자 검사를 통해 불필요한 영양소 처방을 줄이는 등 식이 요법을 제공하고 본인에게 꼭 맞는 처방을 통해 암과 심혈관 질환, 희귀병 등을 맞춤형으로 예방할 것이다.

미래에는 개인의 유전자 지도 작성이 혈액 검사처럼 흔해질 것이다. 유전자 하나가 변이를 일으켜 나타나는 다양한 질병들의 맞춤형 치료법도 개발될 것으로 예상된다.[4] 이러한 시대에 유전자 상담사는 개인이 유전자 특성에 따라 치료하고 행동하게 함으로써 건강한 삶을 누릴 수 있는 길을 열어줄 것이다.

---

3 노승욱, 〈눈에 띄는 미래 유망직종…IT·에너지·헬스케어가 '노다지'〉, 매일경제(2014년 2월 10일자)
4 미치오 카쿠,《미래의 물리학》, 김영사(2012), 216쪽 참조

태어나기도 전에 질병을 예방한다

수억 달러에 두 개의 유전자업체를 매각하고 억만장자의 반열에 오른 조너선 로스버그Jonathan Rothberg가 2013년에는 MIT의 물리학자인 맥스 테그마크Max Tegmark와 공동으로 프로젝트를 출범시켰다. '아인슈타인 프로젝트'로 명명된 이 프로젝트는 미국 최고 대학에 재직 중인 약 400명의 수학자와 이론물리학자들을 등록시켜 그들의 '수학 천재' 유전자를 분석하는 작업이다. 로스버그는 네안데르탈인과 노벨 생리의학상 수상자 제임스 왓슨James D. Watson의 유전자를 해독하는 데도 기여한 바 있다.[5] 그렇게 되면 미래에는 유전자를 조작해 뛰어난 지능을 가진 아기를 낳는 것이 가능해진다.

---

5 KISTI 미리안, 《글로벌동향브리핑》, 〈아인슈타인 프로젝트: 수학 · 물리학 천재를 만드는 유전자를 찾아라!〉, 2013년 11월 6일

유전자가 조작된 아기는 2006년 11월 영국에서 최초로 탄생했다. 부모가 앓고 있는 낭포성 섬유증을 제거하기 위해 시도된 이 실험은 수정란의 유전자 정보를 검사해 우성 수정란만 골라 자궁에 착상시켰고, 그 결과 목적을 달성하는 데 성공했다.[6]

한편, 베이징 유전공학 연구소(BGI)는 1970년대부터 수학 영재 1,600명의 유전자와 일반인의 유전자를 분석해 그 차이를 찾아왔다. BGI에 따르면, 이론적으로는 부모들이 똑똑한 태아를 선택해 출산하는 것이 가능하다.[7] 일명 슈퍼베이비Super-baby들을 낳는 것이다.

미국에서는 또 다른 연구도 진행되고 있다. 선천성 질환 예방을 목적으로 두 명의 난자와 한 명의 정자를 수정시켜 세 명의 유전자를 지닌 아이를 출산하는 것이다. 유전병을 가진 여성의 난자에서 질병과 연관된 유전자만 다른 건강한 여성의 난자에 있는 정상 유전자로 대체하는 원리다.[8]

더 나아가 미래에는 태아의 유전자를 확인하고 똑똑한 아기를 선택해 태어나게 만들 수 있을 것이다. 유전자가 사람의 전부를 결정하는 것은 아니지만 기억력과 언어추리력, 공간추리력, 사고의 속도, 외향성 등은 대부분 유전자에 의해 결정된다.[9] 이에 따라 부모의 유전병을 고려하거나 요구에 맞춰 슈퍼베이비를 디자인하는 '슈퍼베이비 디자이너'가 미래 직업으로 생겨날 것이다.

6 변영상, 〈[도청도설] 2+1 베이비〉, 국제신문(2014년 2월 27일자)
7 이신영, 〈똑똑한 아기 주문제작 가능할까?〉, 코리아헤럴드(2014년 1월 16일자)
8 정미경, 〈美 부모가 3명 '맞춤형 아기' 탄생할까〉, 동아일보(2014년 2월 27일자)
9 미치오 카쿠, 《미래의 물리학》, 김영사(2012), 226쪽 참조

물론 윤리적·종교적 반발을 일으킬 수도 있다. 그러나 질병이 자식에게 유전될까 걱정하거나 높아지는 출산 연령으로 아기의 건강을 우려하는 부모들에게 슈퍼베이비 디자이너는 그 어느 때보다 필요한 직업이다. 유전자 이상으로 발생하는 다운증후군의 경우 산모의 나이가 많을수록 확률도 높아진다. 하지만 슈퍼베이비 디자이너가 있다면 다운증후군 등 아기의 건강과 관련된 유전자는 고치면 그만이다.

현재 낙태는 일부 질병에 한하여 합법이다. 하지만 생명은 귀하고 소중하다. 슈퍼베이비 디자이너의 등장으로 부모는 더 이상 특정 질병 때문에 뱃속의 아기를 낳을지 말지 고민하지 않아도 된다.

인공 생체조직 제조업자

맞춤형 인공장기 시대

장기이식을 기다리는 국내 환자는 2013년 말 기준으로 2만 6,000여 명에 달한다. 하지만 장기이식이 이뤄지는 경우는 한 해에 1,700여 건에 불과하다.[10] 장기이식 대기자 수는 해마다 늘고 있지만 장기기증자 수는 턱없이 부족하기 때문이다. 하지만 앞으로는 장기이식 수요자들의 대기행렬이 사라질 예정이다. 미래에는 '3D 바이오프린팅' 기술을 통해 필요한 인공장기를 만들어 이식하면 되기 때문이다.

2014년, MIT는 '2014 10대 혁신기술'을 발표했다. 여기에 3D 프린터로 생체조직과 인공장기를 만들어내는 '초정밀 3D 프린팅' 기술이 혁신기술 중 하나로 선정됐다.[11] 같은 해, 하버드·스탠퍼드·시드

---

10 임서영, 〈장기 기증 백만 시대…여전히 부족〉, KBS 뉴스(2014년 3월 4일자)
11 남도영, 〈피 한방울이면 5분만에 질병분석까지…〉, 디지털타임스(2014년 4월 28일자)

니대학교와 MIT의 연구자들은 3D 바이오프린팅을 통해 복잡한 생체조직을 배양하는 데 필수적인 인공혈관 네트워크를 만들어냈다.[12] 3D 바이오프린팅용 바이오 잉크 개발도 활발하다. 2014년, 조동우 포항공과대학교(포스텍) 기계공학과 교수팀은 실제 생체조직과 동일한 성분으로 이뤄진 잉크를 개발하는 데 성공했다.[13] 3D 프린터를 통해 실제 생체조직과 같은 기능을 지닌 인공 생체조직을 만드는 시대가 오고 있는 것이다.

이에 개인에게 맞춤형 생체조직과 장기를 제조해주는 '인공 생체조직 제조업자'가 미래 직업으로 부상할 전망이다. 인공 생체조직 제조업자는 환자의 세포나 단백질을 배양해 면역거부반응이 없는 맞춤형 생체조직과 장기를 만드는 역할을 할 것으로 보인다. 이들은 발전하는 바이오의공학, 재료과학, 분자생물학, 나노기술 등 다양한 기술들과의 융합을 통해 심장, 간, 신경 등 정교한 인공 생체조직들을 프린팅할 것이다.

복잡한 인체조직의 완벽한 재생은 장기이식을 원하는 환자들의 삶을 바꿔줄 것이다. 기술의 발달로 대중화되면 수명 혁명을 맞이하는 데도 큰 기여를 하게 된다. 인공 생체조직 제조업자는 3D 프린터로 인공조직을 프린팅해 환자들에게 맞춤형 인체조직을 제공함으로써 의료 패러다임의 전환을 이끌 것이다.

---

12 KISTI 미리안, 《글로벌동향브리핑》, 〈바이오프린팅 이식 가능한 조직의 가능성〉, 2014년 7월 4일

13 남도영, 〈피 한방울이면 5분만에 질병분석까지…〉, 디지털타임스(2014년 4월 28일자)

004

나노로봇 개발자

혈관을 타고 암세포만 골라 죽이는 로봇

미래에는 박테리아보다 1,000배 더 작은 나노로봇이 몸속에 들어가 아픈 곳을 찾아 치료한다. 수많은 나노로봇이 혈관 속을 돌아다니며 암세포나 나쁜 바이러스를 제거하고, 필요한 약물을 상처 부위로 운반해 질병을 치료하는 시대가 오는 것이다. 이러한 가운데 '나노로봇 개발자'가 미래 직업으로 떠오를 전망이다.

나노기술을 활용한 마이크로로봇Micro-robot에 대한 연구는 활발하다. 2013년, 대구경북과학기술원(DGIST)과 스위스 취리히연방공과대학(ETH Zürich) 그리고 홍콩중문대학(CUHK)은 위치 탐색과 방향 제어를 통해 인체 내 특정 위치에 줄기세포와 치료약물을 정확히 전달하는 마이크로로봇을 개발했다. 연구팀에 따르면 마이크로로봇은 눈, 뇌, 혈관에 치료약물과 줄기세포를 정확히 전달해 치매와 망막변성 질환 치료에 유용하다.[14] 또한 미국 매사추세츠 주립대학은 형태를 자유롭게 바꿀 수 있는 마이크로로봇을 개발했다. 얼마든지 작은 크기로 제작할 수 있어 장기나 혈관에 투여하는 의료용 로봇으로 활용될 수 있을 것이다.[15]

암세포만을 골라 제거하는 마이크로로봇도 개발됐다. 2013년, 전남대학교 연구진은 고형암의 진단과 치료를 동시에 할 수 있는 의료용 마이크로로봇 '박테리아봇'을 개발하는 데 성공했다. 박테리아봇은 살아 있는 박테리아와 약물이 들어 있는 마이크로 구조체로 구성돼 있다. 박테리아봇은 박테리아의 편모를 동력원으로 삼고 암세포를 추적해 항암제를 투여한다. 동물실험을 통해 효과가 입증된 박테리아봇은 앞으로 암 진단뿐만 아니라 암 치료에도 활용될 것이다.[16]

2014년, 기초과학연구원(IBS)은 암세포를 찾아내 폭탄처럼 터지는, 이른바 마이크로수류탄을 개발했다. 연구팀은 실제 암환자의 조직을 이식한 생쥐에 마이크로수류탄을 주입한 결과 암세포가 줄어드는 것을 확인했다.[17]

발전하는 마이크로로봇은 언젠가 진정한 나노 크기 수준의 로봇이 될 것이다. 나노로봇 개발자는 혈관보다 작은 로봇을 개발해 환자

---

14 전창훈, 〈혈관 들어가 정확한 위치 찾아 치료…DGIST 연구팀 마이크로로봇 개발〉, 매일신문 (2013년 8월 7일자)

15 신선미, 〈종이처럼 접히는 마이크로로봇 나왔다〉, 동아사이언스(2014년 11월 6일자)

16 박철용, 〈암 치료용 박테리아 나노로봇 세계최초 개발〉, 미래창조과학부 보도자료(2013년 12월 17일), 1 · 3 · 6쪽 참조

17 기초과학연구원, 2014년 5월호 참조

의 혈관에 투여한다. 나노로봇은 적혈구 로봇, 백혈구 로봇, DNA 수리 로봇이 돼 혈관을 누비며 유해세포를 없애거나 정상세포로 고쳐놓을 것이다. 하지만 나노로봇의 원활한 움직임을 위해서는 배터리 문제가 먼저 해결돼야 한다. 따라서 나노로봇 개발자는 혈액 속의 포도당을 분해해 동력을 얻는 생체 연료전지 등 나노로봇의 다양한 동력원을 연구할 것이다. 또 친환경적인 나노물질도 개발할 것이다. 몸속에서 배출되지 못한 나노물질은 환경 호르몬이나 중금속처럼 인체에 쌓일 수 있기 때문이다.[18] 가장 중요한 것은 유해세포를 공격하기에 적당한 크기로 나노로봇을 만드는 것이다.[19]

나노로봇 개발자는 불가능할 것만 같았던 질병들을 정복해나갈 것이다. 미래학자 레이 커즈와일Ray Kurzweil에 따르면, 2030년쯤 혈관에 세포 크기의 나노로봇을 수십억 개 투입해 신경활동을 다 스캔할 수 있다고 한다.[20] 미래의 나노로봇은 종양이 되기 수십 년 전에 암세포를 미리 탐지하는 수준까지도 발전한다.[21] 나노로봇 개발자는 이 꿈 같은 기적을 인간에게 허용할 것이다.

---

18 최성배, 〈나노로봇〉, KISTI 미리안 (2009년 9월 7일)
19 미치오 카쿠, 《미래의 물리학》, 김영사(2012), 296쪽 참조
20 이인식, 《융합하면 미래가 보인다》, 21세기북스(2014), 266쪽 참조
21 미치오 카쿠, 《미래의 물리학》, 김영사(2012), 299쪽 참조

005

전류 치료기 개발자

피 한 방울 안 나는 치료법의 등장

인체는 나무와 다르게 전류가 흐를 수 있는 도체다. 그렇기 때문에 몸 밖에서 전류자극을 가하면 체내에 전류가 유도된다. 이 원리를 통해 신경세포에 특정치의 전류자극을 가하면 신경세포의 활성과 비활성을 유도할 수 있다. 예를 들어 강하고 빠르게 변하는 자기장을 뇌의 특정 부위에 가하면 특정한 뇌 활동을 유도할 수 있다.[22] 이렇게 전류자극을 이용해 의료 효과를 얻는 기기를 '전류자극 치료기'라고 한다.

전류자극 치료기의 가장 큰 장점은 약물이나 수술에 의존하지 않고 '선택적'으로 의료 효과를 얻을 수 있다는 것이다. 그 때문에 약물 치료의 부작용과 수술 치료에 대한 두려움을 걱정할 필요가 없다. 또

[22] 임창환, 〈유도전류로 질환을 치료한다〉, KISTI 미리안 (2014년 4월 10일)

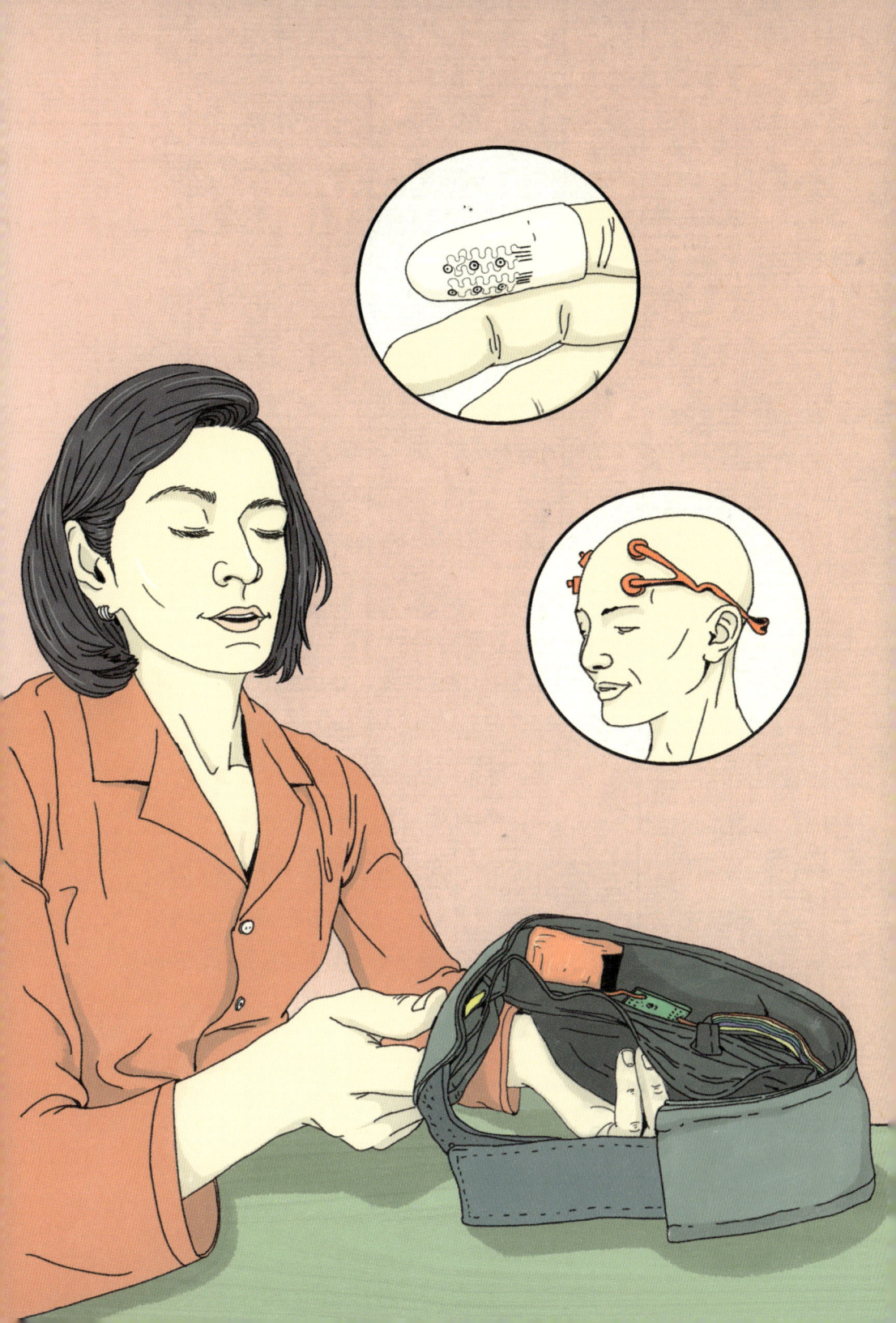

한 어린이와 노약자 그리고 질병으로 인해 입원 또는 통원 치료가 어려웠던 환자의 치료를 가능하게 한다. 이러한 가운데 원하는 위치에 정밀하고 효과적인 전류자극을 유도하는 치료기를 개발하고, 이를 다양하게 활용하는 '전류 치료기 개발자'가 미래 직업으로 부상할 전망이다.

와이브레인은 전류자극을 통해 치매를 치료하는 제품을 개발 중인 국내 기업이다. 이 기업은 뇌 바깥 부분에서 미세하게 전류를 흘려주면 네트워크를 따라서 안쪽 신경세포까지 작동케 할 수 있음을 밝혀내고 치매 환자의 인지기능을 향상시키는 헤어밴드형 치료기를 개발하고 있다.[23] MIT 미디어 랩의 플루이드 인터페이스 그룹Fluid Interfaces Group은 전류자극을 이용해 신체 근육을 조절할 수 있는 장치 '림보 Limbo'를 개발했다. 이 전류자극 장치는 휴대할 수 있는, 작은 크기로 만들어졌다. 림보는 손가락 움직임이나 눈의 움직임을 인식해 특정 근육에 전류를 가할 수 있게 도움으로써 손이나 팔이 마비된 사람이 신체를 움직이는 것을 가능하게 해준다.[24]

전류 치료기 개발자는 다른 세포에 영향을 주지 않고 특정한 세포에 전류자극을 유도하는 치료기를 개발한다. 고정밀 전류자극 치료기를 개발한다면 뇌졸중, 우울증, 뇌전증 등 각종 뇌질환 재활 치료뿐만 아니라 암까지도 치료하는 차세대 의료기술 기기가 될 것이다. 전류

23 박기택, 〈연구실 박차고 나온 젊은 박사, 치매에 '올인' 하다〉, 청년의사(2014년 6월 9일자)
24 이지현, 〈"기술로 세상을 이롭게" MIT 플루이드 인터페이스 그룹〉, 블로터앤미디어(2014년 4월 21일자)

치료기 개발자의 전망은 밝다. 자기장의 전류자극을 이용하는 유도전류 치료기 분야의 시장이 매우 빠르게 성장하고 있는데, 이 시장은 기존 의료 기기에 비해 상대적으로 경쟁이 치열하지 않기 때문이다.[25]

전류 치료기 개발자는 '웨어러블Wearable(착용할 수 있는)' 시대에 더욱 각광받을 것으로 전망된다. 편의성을 극대화한 미래의 '웨어러블 전류 치료기'는 의복 또는 신체에 부착돼 환자의 의료 효과를 높일 것이기 때문이다. 이를 실현시키기 위해 전류 치료기 개발자는 소형화, 경량화의 치료기를 개발해야 한다.[26]

---

25 임창환, 〈유도전류로 질환을 치료한다〉, KISTI 미리안(2014년 4월 10일)
26 임동식, 〈[IKERI 선정, 미래 유망 암치료 기술] ⟨1⟩ 웨어러블 전기장 치료〉, 전자신문(2013년 4월 9일자)

006

미생물 상담사

질병과 죽음은 미생물과 관련 있다

인간의 몸속에는 100조 개가 넘는 장내 미생물이 살고 있다. 비만, 당뇨, 대장암, 우울증과 같은 질환에 걸릴 확률은 장내 미생물이 어떻게 군집돼 있느냐에 달려 있다. 그렇기 때문에 장내 미생물의 구성은 중요하다. 몸에 이로운 장내 미생물을 주입하거나 해로운 미생물을 억제하는 방식으로 다양한 질병을 치료할 수 있다.[27] 하지만 대다수 사람들은 자신의 장내 미생물이 어떻게 군집돼 있는지, 또 이것을 어떻게 관리해야 하는지 모른다. 때문에 미생물학적 지식을 활용하여 개인의 미생물 군집을 파악하고, 이를 균형적으로 관리해주는 '미생물 상담사'가 미래 직업으로 주목받을 전망이다.

[27] 이영완, 〈腸內 세균 조절해 당뇨·비만·우울증 치료한다〉, 조선비즈(2014년 6월 27일자)

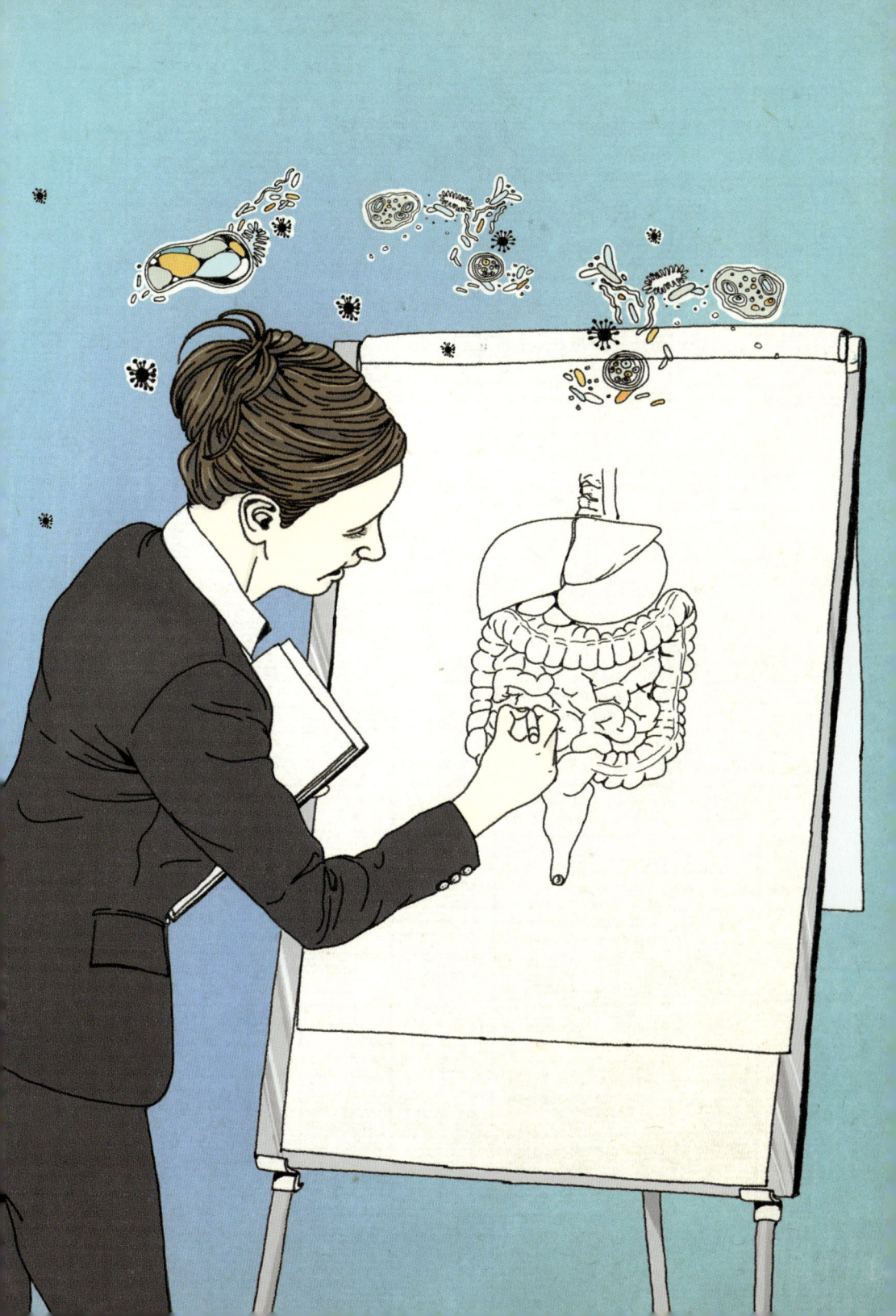

먼저 미생물 상담사는 의뢰인의 장내 미생물 군집의 특성을 이해하고 유형을 분류한다. 이를 통해 의뢰인에게 필요한 적절한 조치를 취한다. 예를 들어 장내 미생물이 다양하게 존재하지 않는 의뢰인에게는 쉽게 과체중에 노출될 수 있다[28]고 경고한다. 특정한 음식이나 약품을 먹어도 장내 미생물의 군집에 따라 약효가 없다는 사실도 알려준다. 아무리 좋은 약이라도 미생물이 없으면 백약이 무효하기 때문이다. 예를 들어 인삼에 들어 있는 약효 성분의 흡수를 돕는 효소는 특정 장내 미생물에서 나온다. 하지만 이 미생물이 없으면 인삼을 섭취해도 약효가 없다. 한국인 10명 중 2명은 이 미생물이 없다.[29]

미생물 상담사는 적절한 맞춤형 식습관도 제시한다. 많은 연구결과가 식습관이 장내 미생물 군집을 변화시킬 가능성을 보여주기 때문이다.[30] 미생물 군집은 탄수화물, 지방, 아미노산과 콜린, 식물성 섬유 등을 어떻게 섭취하느냐에 따라 달라질 수 있다.[31] 미생물 상담사는 먹는 것과 장내 미생물의 상관관계를 분석해 맞춤형 식습관을 제공하는 역할을 담당할 것이다. 이로써 의뢰인의 장내 미생물 군집을 후천적으로 변화시키고 건강한 삶을 안내할 것이다.

더 나아가 미생물 상담사는 '미생물 치료제'를 권하는 역할도 수행하게 될 것이다. 인체에 유용한 장내 미생물을 이용해 다양한 질병을 치료할 약이 개발될 것이기 때문이다. 2013년, 세계 1위 제약사 존슨

28 윤신영, 〈'뱃속의 거지' 알고 보니 장내 미생물〉, 동아사이언스(2013년 9월 17일자)
29 박태진, 〈물만 마셔도 살찌는 체질, '장내 미생물' 때문〉, 동아사이언스(2012년 5월 29일자)
30 이준정, 〈체질에 맞는 영양캡슐을 처방받는다〉, 이코노믹리뷰(2014년 7월 30일자)
31 김현중, 〈"사람 체질엔 장내 미생물도 한몫" 후속연구 활발〉, 사이언스온(2012년 5월 23일자)

앤드존슨Johnson & Johnson은 바이오 벤처기업 베단타 바이오사이언시스Vedanta Biosciences와의 협약을 통해 장내 미생물을 이용한 감염성 장염과 자가면역질환 치료제를 개발하기로 했다. 미국의 바이오 벤처기업 세레스 헬스Seres Health와 베단타 사이언시스는 장내 세균 이식을 간편한 알약 복용으로 대체하려는 시도를 하고 있다.[32]

인간의 죽음과 노화, 질병의 80퍼센트는 장에서 시작된다. 그런 장이 가장 신뢰하는 파트너는 장내 미생물이다. 미생물 상담사는 의뢰인의 장내 미생물이 균형적으로 구성될 수 있도록 도와줌으로써 의뢰인의 균형 있는 삶을 선도할 것이다.

007

맞춤 식단 관리사

식탁이 바뀌면 수명이 바뀐다

개인 맞춤화 서비스가 우리 생활 곳곳에 자리 잡고 있다. 그중 식습관의 경우에는 그 어느 분야보다 맞춤화 서비스가 필요하다. 다이어트부터 질병까지 식습관과 폭넓게 연관돼 있기 때문이다. 앞으로는 '맞춤 식단 관리사'가 미래 직업으로 부상할 전망이다. 맞춤 식단 관리사는 개인의 치료 등 목적에 맞게 기피해야 할 음식의 특정 성분이나 필요한 영양들을 체계적으로 관리할 것이다.

우리나라에서 요산통풍을 앓고 있는 환자의 수는 20만 명 정도다. 근본적인 치료법이 없는 만성질환이지만 식이 요법을 통해 병의 악화를 막을 순 있다. 관리를 소홀히 해 증상이 악화되면 잠을 설칠 만큼 통증이 심하고 관절 변형이나 신장질환 등 합병증을 일으킬 수도 있다. 때문에 정확한 식단을 유지하는 것이 매우 중요하다. 대사 증후군은 만성적인 대사장애로 인해 여러 가지 질환이 한 개인에게서 한꺼번에 나타나는 질병을 말한다. 이 또한 식이 요법 개선을 통해 적정 체중을 유지하는 것 이외에 탁월한 치료법이 없는 질병이다.[33]

우리나라에 있는 8만여 명이나 되는 신장투석 환자의 경우 일반적으로 건강에 좋다고 알려져 있는 잡곡이나 고구마, 감자 등의 섭취를 피해야 한다. 단백질을 꼭 섭취해야 하면서 일정량을 넘지 않아야 하기 때문에 개인이 알아서 적정량을 조절하기란 매우 어려운 일이다. 또한 신장의 기능이 약화되면 인이 체내에 그대로 축적되므로 인이 함유되어 있는 식품은 피해야 한다.

이외에도 식이 요법 외에는 근본적인 치료법이 없는 환자들이 많다. 뚜렷한 해결책이 없어 식이 요법에 있어 지속적인 노력이 필요하다. 하지만 이를 인터넷으로 찾아 스스로 해결하기엔 한계가 있다. 찾는다 해도 식이 요법을 정확하게 실천할 일반인은 소수에 불과하다. 쏟아지는 정보 속에서 정확하고 본인에게 맞는 정보만을 걸러줄 전문가, 맞춤 식단 관리사가 필요한 것이다.

맞춤 식단 관리사는 이러한 어려움을 겪고 있는 사람들은 물론 예방 차원 혹은 다이어트와 같은 특정 목적을 가진 사람들의 식이 요법을 직접적으로 관리하는 전문가를 의미한다. 개인의 건강증진과 질병 관리를 위해 맞춤형 영양과 식단 서비스를 제공한다. 맞춤 식단 관리사는 다가오는 웨어러블 기기와 사물인터넷(IoT)의 시대에 맞춤 서비스

---

33 서울대학교병원, 〈대사 증후군(metabolic syndrome)〉, 네이버건강 자료 참조

를 제공하며 더욱 확고한 입지를 갖출 수 있을 것이다. 모바일, SNS, 센서, 데이터 그리고 위치 기반 기술을 통해 의뢰인의 식습관을 더욱 정교하게 확인할 수 있기 때문이다.

2014년, 질병관리본부가 발표한 '영양 부족 및 과잉 섭취 현황 실태' 보고서에 따르면 국민의 절반가량이 음식으로 섭취하는 영양소가 모자라거나 지방 섭취가 넘치는 것으로 나타났다.[34] 영양 부족은 신체적, 정신적 활력을 떨어뜨리고 면역력을 저하시킨다. 과잉 지방 섭취는 성인병을 일으키고 의료비 등 사회적 비용 증가의 원인이 된다. 맞춤 식단 관리사는 이러한 사람들에게 균형 잡힌 영양 섭취를 제공함으로써 건강한 생활을 가능하게 할 것이다.

---

34 신성식, 〈둘 중 한 명, 열량 섭취 넘치거나 부족〉, 중앙일보(2014년 12월 1일자)

008

환경의학 전문가

주변 환경을 보면 증상의 원인이 보인다

헬스 서비스 전문가 빌 데이븐홀Bill Davenhall은 '급성 심근경색'을 겪은 후 건강과 지역 간의 관계에 대한 궁금증이 생겼다. 연구 끝에 그가 평생에 걸쳐 살았던 여러 지역이 심장마비를 유발하는 환경적인 요인들이 존재하는 곳이라는 사실을 알게 됐다. 하지만 분명한 상관관계에도 불구하고 그를 진단한 의사들 중에서 그가 어디에 살았는지를 묻는 이는 단 한 명도 없었다.[35]

환경의학은 지리와 건강 사이의 상관관계를 찾는 의학을 말한다. 하지만 과거 오랫동안 의료기관들은 지리를 의학 인자로 인정하지 않아 환경의학의 중요성이 부각되지 않았다. 그러나 위치 기반 서비스와

---

35 로버트 스코블·셸 이스라엘, 《컨텍스트의 시대(Age of Context)》, 지앤선(2014), 196쪽 참조

센서의 발달로 환경의학의 중요성이 떠오르고 있다. 이에 따라 위치 기반 서비스와 센서를 통해 지리와 질병의 상관관계를 분석하고 예측해 환자들에게 개인 맞춤화된 의학 정보를 제공해주는 '환경의학 전문가'가 미래 직업으로 주목받을 전망이다.

미국질병통제관리국(DCC)에 따르면 미국인 2,600만 명이 천식에 시달리고 있다. 매년 한 사람이 천식 관리에 쓰는 비용은 평균 3,300달러다. 의료보험에 가입한 미국인 10퍼센트는 처방받은 약값을 감당하지 못한다.[36] 그만큼 만성적 질환인 천식은 부담스러운 질병이다. 하지만 위스콘신에 위치한 벤처회사 아스마폴리스Asthmapolis가 천식 환자의 부담을 덜어주고 있다.

천식을 유발하는 원인 중 하나는 대기 중의 오염물질이다. 아스마폴리스는 위치 기반 서비스와 센서를 활용해 천식 환자들에게 대기 오염이 심한 장소를 알려준다. 환자에게는 GPS 센서가 내장된 흡입기가 제공된다. 사용자가 흡입기를 사용할 때, 센서는 해당 시간과 위치를 기록한다. 기록된 데이터는 웹사이트로 전송돼 분석된다. 이를 통해 천식 위험 지역을 발견한다. 사용자는 스마트폰 앱을 통해 분석된 정보를 제공받음으로써 위험 지역을 멀리할 수 있다.[37] 이로써 사용자는 입원과 응급실 방문으로 지불하는 비용을 아낄 수 있다.

천식뿐만 아니라 아토피, 심장질환, 암, 호흡장애, 당뇨병 등 각종

---

36 한동희, 〈[만물인터넷] ③ 훨씬 편리하고 건강한 세상 온다…빅브라더·보안 문제는 해결과제로 떠올라〉, 조선비즈(2014년 4월 7일자)
37 로버트 스코블·셸 이스라엘, 《컨텍스트의 시대》, 지앤선(2014), 194쪽 참조

질병들이 지리와 연관되어 있다. 환경의학 전문가는 발전하는 위치 기반 기술과 센서를 통해 특정 지역과 질병의 상관관계를 분석함으로써 해당 지역에 어떠한 질병이 발생할 가능성이 높은지 예측한다. 지리적 의료에 초점을 둔 프로그램도 기획한다. 이를 통해 환자들에게 맞춤 건강지리 정보를 제공할 것이다.

009

디지털 디톡스 치료사

담배보다 강한 온라인 중독성

디지털화된 문명 속에서 우리는 디지털 언어와 도구를 자유롭게 사용하는 '디지털 네이티브Digital Native'가 됐다. 디지털 네이티브에게는 디지털이 익숙하고 편리하다. 하지만 그 이면에는 '디지털 중독'이라는 부작용이 존재한다. 일어나자마자 SNS를 확인하고 화장실에 갈 때도, 밥을 먹을 때도 스마트폰을 손에 쥐고 있다. 다가오는 가상현실 기술은 디지털 중독 현상을 더욱 심화시킬 것이다.

디지털 중독에 대한 부작용은 심각하다. 소통 및 관계 능력의 부족과 디지털 피로감, 감시 사회 등 여러 가지 사회적 문제를 일으키고 있다. 이에 대한 해결책으로 '디지털 디톡스Digital Detox'가 제시되고 있다. 디지털 디톡스는 '디지털'에 '독을 해소하다'라는 뜻의 '디톡스'가 결합된 말로, 각종 디지털 기기에서 벗어나 심신을 회복시키는 치유법을

말한다.[38] 디지털 디톡스의 일환으로 스마트폰 이용시간을 조절하는 앱, 컴퓨터나 스마트폰 등의 디지털 도구부터 눈을 보호하는 특수 안경, 디지털 중독을 치료하는 여행 등 다양한 서비스와 상품들이 생겨나고 있다.

2014년, 여성가족부는 전북 무주군에 '국립 청소년 인터넷 드림마을'을 설립했다. 이곳은 인터넷, 스마트폰 과다 사용으로 어려움을 겪는 청소년을 위한 상설 치유학교로서 참가 청소년들에게 소통과 관계 능력을 증진하고 자존감을 회복할 수 있는 맞춤형 서비스를 제공한다.[39] 미국의 일부 호텔과 리조트는 여행객이 체크인할 때 모든 스마트기기를 반납하면 숙박료를 할인해주는 '디지털 디톡스 마케팅'을 실시하고 있다. 미국의 비영리 시민단체 '리부트Reboot'는 2010년부터 매년 하루를 정해 24시간 동안 '디지털 기기를 안 쓰는 날(NDU, National Day of Unplugging)' 행사를 벌이고 있다.[40]

이런 가운데 디지털 홍수에 빠진 사람들을 디지털 세계로부터 분리시켜주는 각종 서비스와 상품을 고안하는 '디지털 디톡스 치료사'가 미래 직업으로 생겨날 전망이다. 디지털 디톡스 치료사의 중요한 능력은 사람들의 디지털 독소를 배출하는 것이다. 다양한 디지털 기기에 의존한 나머지 기억력이나 계산 능력이 크게 떨어지는 '디지털 치매'도 치료한다. 습관성 중독행동으로 인해 발생되는 문제에서 벗어나도

38 정미나, 〈[ICT 시사용어] 디지털 디톡스〉, 전자신문(2013년 9월 2일자)
39 김세정, 〈여가부, 인터넷·스마트폰 중독 상설치유학교 설립〉, KBS 뉴스(2014년 8월 8일자)
40 박현진, 〈[토요판 커버스토리] 디지털 새장 밖으로〉, 동아일보(2013년 8월 3일자)

록 도와주는 것이다. 심신 안정을 위한 전문적인 상담과 명상치료를 실시하고 고객의 상태와 욕구에 맞춰 독서, 운동, 음악, 여행 등 각종 맞춤형 서비스를 처방한다.

인생은 디지털 속에서 이뤄질 수 없다. 디지털 디톡스 치료사는 디지털 삶을 로그아웃하고 현실 세계로 로그인하도록 도와준다. 디지털 세계에 빠진 사람들에게 휴식과 안정 그리고 삶의 동기를 제공할 것이다.

010

간호로봇 전문가

미래의 간병인

미래에는 노약자의 필수품으로 간호로봇이 자리 잡을 것이다. 간호로봇이 노약자·장애인·환자의 보행지원, 이동지원, 배설지원, 식사지원, 목욕지원, 치매노인 관찰, 재활지원 등에 활용되고 있기 때문이다. 이러한 가운데 미래를 책임지는 새로운 간병인, 간호로봇을 연구하고 개발하는 '간호로봇 전문가'가 미래 직업으로 부상할 전망이다.

일본은 간호로봇에 있어 가장 앞서고 있는 국가다. 2002년, 세콤Secom은 손을 사용하기 힘든 사람들에게 음식을 떠먹여주는 식사보조 로봇 '마이스푼My Spoon'을 개발했다. 2004년, 산업기술종합연구소(AIST)는 스킨십을 감지하고 눈짓과 몸짓, 소리 등에 반응하는 심리치료용 로봇 '파로PARO'를 개발했다. 2009년, 이화학연구소와 도카이고무공업은 사람을 두 팔로 들어 옮길 수 있는 강력한 힘을 가진 간병로봇

'리바RIBA'를 개발했다. 그리고 2013년, 다이와하우스는 배설처리 전문 로봇을 개발했다. 이 로봇은 사용자의 배변과 배뇨를 자동적으로 감지해 흡입하고, 환자가 누워 있는 상태에서 세정과 제습까지 모두 해결할 수 있다.[41]

일본 정부는 식사, 독서, 보행 등을 돕는 간호로봇 실험에 연간 200억 원을 지원했다. 치매 전문시설은 간호로봇을 도입한 후 야근 직원 수가 5분의 1로 줄었다. 2025년까지 천만 대의 간호로봇 배치가 일본 정부의 목표다.[42] 이미 65세 이상 고령자가 3,000만 명을 넘긴 일본은 초고령 사회를 풀어나갈 해법으로 간호로봇에 기대를 걸고 있다.

이에 반해 우리나라의 간호로봇산업은 아직 걸음마 단계다. 2008년, 충북지식산업진흥원은 한국과학기술연구원(KAIST)과 함께 개발한 간호로봇 '헬로봇Hello-Bot'을 보급했다. 헬로봇은 환자의 맥박, 체온, 혈압 등의 생체신호를 점검하고 원격 영상진료를 가능하게 했지만 보조요원 없이는 운영이 불가능했다. 결국 헬로봇 시범사업은 실패로 끝났다. 그리고 2013년, 한국로봇융합연구원(KIRO)에서 간호보조로봇인 'KIRO-M5'를 개발했다. KIRO-M5는 아침에 모닝콜로 환자를 깨우고, 밤에는 병실을 돌아다니면서 의사에게 환자의 상태를 실시간으로 보고한다. 그리고 2014년, 한국로봇산업진흥원은 로봇산업 클러스터

---

41 손종구, 〈성큼 다가선 고령화사회의 시장개화기에 대한 기대감〉, Vol. 4 Issue 7 KISTI MARKET REPORT(2014년 8월 4일), 22쪽 참조

42 최명신, 〈'로봇이 간호를?' 日 간병 로봇 맹활약〉, YTN(2014년 12월 20일자)

43 손종구, 〈성큼 다가선 고령화사회의 시장개화기에 대한 기대감〉, Vol. 4 Issue 7 KISTI MARKET REPORT(2014년 8월 4일), 22쪽 참조

조성을 본격적으로 추진하며, 간호로봇산업 육성을 준비하고 있다.[43]

전 세계 인구가 고령화되면서 건강과 복지에 관련된 산업이 급부상하고 있다. 해당 산업의 부상으로 간호로봇에 대한 수요도 동반 상승하고 있다. 간호로봇은 의사의 진료를 돕고 규정된 간호기술에 따라 간호사와 함께 치료한다. 더욱 발전되면 의사나 간호사 없이 치료할 수도 있다. 환자의 상태를 점검하고 기록하여 이를 환자나 가족들에게 설명해준다. 간호로봇이 가정에 보급되면 노약자의 수발을 들어줄 수도 있다.

이러한 상황을 볼 때, 무엇보다도 개인에게 최적화된 맞춤형 간호로봇의 개발이 가장 중요하다. 간호로봇 전문가는 간호로봇의 구동을 위한 알고리즘과 프로그램의 구조를 설계한다. 섬세하고 인간에 가까운 인지능력과 행동이 가능한 간호로봇을 만들기 위해 소프트웨어의 성능을 향상시키기 위한 연구도 진행한다.

훗날 기술이 고도로 발달되면 간호로봇이 복지담당자를 뛰어넘는 감성터치를 할지도 모를 일이다. 인간의 마음까지 살필 로봇을 차세대 핵심 성장산업으로 이끌어갈 간호로봇 전문가의 수요는 더욱 높아질 전망이다.

데이터 파수꾼

사회적, 전문적, 개인적 삶이 점점 온라인 공간으로 이동함에 따라 모든 디지털 활동의 상호 연결성이 크게 높아졌다. 컴퓨터는 알고리즘을 통해서 사이버 공간에 존재하는 데이터들 간의 연관성을 인간보다 빠르고 정확하게 예측한다.[44] 하지만 문제는 컴퓨터가 사용자에게 허가를 받지 않고 정보를 공유할 수 있다는 점이다. 더욱 무서운 것은 타인이 나의 사적인 정보를 통제 없이 쉽게 공유할 수 있다는 사실이다. 정보란 스스로 자유로워지고 싶어하는 속성이 있기 때문이다.[45]

우리가 방문하는 웹사이트, SNS의 '좋아요' 버튼을 누른 게시물

---

44 에릭 슈미트 · 제러드 코언, 《에릭 슈미트 새로운 디지털 시대(The New Digital Age)》, 알키(2013), 284쪽 참조

45 에릭 슈미트 · 제러드 코언, 《에릭 슈미트 새로운 디지털 시대》, 알키(2013), 96쪽 참조

등은 언제든지 타인에게 공유된다. 그에 따라 온라인상에서 무심코 저지른 실수나 범죄에 의해 하루아침에 개인정보가 세상에 알려지게 된다. 이러한 상황을 막기 위해 온라인 신원을 맞춤 관리해주는 '온라인 신원 관리자'가 미래 직업으로 생겨날 전망이다.

개인과 기업을 상대로 다양한 온라인 신원 관리 상품을 판매하고 있는 기업들은 이미 등장했다. 덴마크 온라인 신원 관리업체 레퓨테이션닷컴Reputation.com, 미국 리무브유어네임RemoveYourName.com 등은 부정 게시물 삭제, 개인정보 삭제 등의 업무를 한다.[46] 의뢰인의 지우고 싶은 과거의 기록을 세탁하는 역할을 하는 것이다. 주된 고객층은 인터넷에 남아 있는 부정적 기록 때문에 대학 입학이나 취업에서 불이익을 당할 가능성이 높은 사람들이다.

온라인 신원 관리자는 온라인상에 존재하는 고객의 데이터를 분석하고, 현재 어디서 어떻게 이용되고 있는지에 대해서 알려주며, 삭제해줄 것이다. 또한 오용 및 남용의 가능성을 파악하여 고객이 더 나은 삶을 누릴 수 있는 방법을 찾아줄 것이다. 온라인 신원 관리자는 명사名詞 또는 미래에 명사가 되기를 희망하는 사람들에게 특히 도움이 될 것이다. 온라인에 남아 있던 과거의 잘못된 행적이 세상에 드러나면서 중도 낙마할 미래의 정치인, 기업인, 연예인 등의 수가 적지 않을 것이기 때문이다. 기업은 그 어느 때보다 온라인 신원 관리자가 필요할 것이다. 앞으로 똑똑한 소비자들은 제품의 품질뿐 아니라 그 제품

---

46 조양준, 〈디지털 세탁소·장의사를 아시나요〉, 서울경제 (2014년 5월 9일자)

이 얼마나 쉽게 소비자들의 사생활과 보안을 통제할 수 있게 해주는지를 살펴보기 때문이다.[47]

디지털 시대에 온라인 신원은 무엇보다 중요한 자산이다. 온라인 신원을 제대로 관리하지 못하면 그만큼 인생의 기회는 축소된다. 개인정보 온라인 신원 관리자는 사람들의 온라인 신원을 지키는 디지털 파수꾼 역할을 수행할 것이다.

---

47 에릭 슈미트 · 제러드 코언, 《에릭 슈미트 새로운 디지털 시대》, 알키(2013), 111쪽 참조

012

데이터 보험계리사

자동차 보험보다 데이터 보험이 필수다

미래에는 가상세계 활동과 그곳에서 맺는 관계에 의해 일상생활 속의 신원이 더 많이 정의될 것이다. 구글 회장인 에릭 슈미트Eric E. Schmidt에 따르면, 향후 10년간 인터넷과 같은 가상세계에 거주하는 인구는 지구상에 실제 거주하는 인구를 넘어설 것이다.[48] 그 결과, 2020년에는 지구에 있는 인간 한 명 당 5,200기가바이트의 정보가 존재할 것으로 추정된다.[49]

그렇게 된다면 가상세계에는 우리가 누구인지 알 수 있는 무수한 데이터들이 존재할 것이다. 이러한 데이터들은 나도 모르게 타인에게 이용돼 반드시 불이익을 초래할 것이다. 영화 〈캡틴 아메리카: 윈터 솔

---

48 에릭 슈미트 · 제러드 코언,《에릭 슈미트 새로운 디지털 시대》, 알키(2013), 59쪽 참조
49 이코노미스트 편집부,《이코노미스트 세계경제대전망》, 한국경제신문사(2013), 25쪽 참조

져Captain America: The Winter Soldier〉에서 나치 잔당들의 조직인 히드라는 자신들의 목적인 세계 정복을 위해 위험한 계획을 세운다. 이들은 자신들에게 해가 될지도 모르는 시민들을 첨단 무기를 통해 동시에 죽이려고 한다. 히드라는 과연 어떻게 자신들에게 해가 되는 시민들을 알 수 있었을까? 이들은 시민들이 이용하는 각종 IT 기기와 인터넷에 남긴 글 등의 데이터 정보를 분석해 시민들의 성향을 파악할 수 있었다.

물론 〈캡틴 아메리카〉처럼 나치 잔당들이 우리의 성향을 분석하기 위해 데이터를 수집할 가능성은 희박하다. 하지만 슈미트는 앞으로 일어날 데이터 혁명 때문에 시민들이 가상공간에서 개인정보에 대한 통제력을 상당 부분 상실할 것이고, 그것이 현실 세계에서 중대한 결과로 이어질 수 있다고 경고한다.[50] 하지만 그럴 때 '삭제' 버튼 하나가 모든 것을 해결해줄 것이라고 생각하는 것은 금물이다. 슈미트는 데이터를 삭제할 수 있다는 생각은 완전한 착각이라고 말한다. 유실된 파일과 삭제된 이메일, 지워진 문자 등은 최소한의 노력만으로도 복구가 가능하다.[51]

그 결과, 새로운 데이터 보험 그리고 이러한 보험 상품을 만드는 '데이터 보험계리사'가 미래 직업으로 부상될 전망이다. 데이터 보험계리사는 데이터 보안 위험과 수많은 변수들을 분석해 구체적인 데이터 오남용과 도용 사례에 대응하는 다양한 보험 상품들을 만든다. 예를 들어 부모는 아이들이 온라인에서 하는 행동 때문에 신원과 평판에

---

50 에릭 슈미트 · 제러드 코언, 《에릭 슈미트 새로운 디지털 시대》, 알키(2013), 59쪽 참조
51 에릭 슈미트 · 제러드 코언, 《에릭 슈미트 새로운 디지털 시대》, 알키(2013), 94쪽 참조

피해를 입을 것에 대비해 데이터 계리사가 만든 보험 상품을 들지도 모른다.[52] 물론 지금도 신원도용 방지 업무를 전문적으로 담당하고 위험을 보장하는 기업이 존재한다. 하지만 그 범위가 단순 보장 수준에만 머물고 있는 실정이다.[53]

앞으로 사물인터넷이 온라인상으로 적용되면 사이버 범죄자들이 해당 생태계에서 가장 약한 데이터를 공략해 재정적 이익을 추구할 가능성이 높아진다. 위협의 범위가 더 넓어지고 빈도가 더욱 증가하는 것이다. 이러한 시대에는 당신의 온라인 신원을 보장해줄 데이터 보험 계리사가 그 어느 때보다 필요하다.

---

52 에릭 슈미트 · 제러드 코언, 《에릭 슈미트 새로운 디지털 시대》, 알키(2013), 64쪽 참조
53 신동규, 〈국내 사이버보험 보장내역 확대해야〉, 디지털타임스(2014년 8월 26일자)

013

디지털 포렌식 전문가

디지털 데이터를 파헤쳐 증거를 찾아낸다

아무도 침입한 흔적이 없는 오피스텔에서 한 여성이 살해됐다. 머리카락이나 지문, 발자국 같은 증거도, 목격자도 없다. 그러나 이 여성을 살해한 범인이 곧 잡혔다. 에어컨, 텔레비전, 냉장고 등 스마트 가전이 오피스텔에서 범인의 행동을 지켜보고 디지털 증거물을 남겼기 때문이다.

디지털 증거물은 사건사고 정황을 정확히 파악해 수사를 진행하는 데 있어 필수가 됐다. 특히 증가하는 사이버범죄로 인해 디지털 증거물은 더욱 중요해지고 있다. 이러한 가운데 '디지털 포렌식Digital Forensics' 수사에 대한 수요가 증가하고 있다. 따라서 미래에는 각종 디지털 기기에 숨겨져 있는 디지털 증거물을 찾아내는 '디지털 포렌식 전문가'가 더욱 각광받을 것이다.

디지털 포렌식은 전자 증거물을 사법기관에 제출하기 위해 스마트폰 등 각종 디지털 저장 장치 내의 데이터를 수집하고 분석하는 디지털 수사과정을 말한다.[54] 디지털 포렌식 전문가는 범죄 수사의 단서가 되는 디지털 증거물을 확보하고 복구하며, 이를 분석해 법적 증거 자료로 만드는 일을 한다. 디지털 증거물은 어떤 식으로든 데이터 원본에 조작이 가해지면 증거로서 가치가 떨어진다. 무결성(Integrity)의 요건을 반드시 갖춰야 하는 것이다. 이 때문에 디지털 포렌식 전문가는 원본을 보호하는 데에 힘써야 한다. 하지만 디지털 특성상 무결성 보장이 쉽지 않다. 더욱이 클라우드와 같이 진화하는 디지털 기술은 무결성 보장을 더욱 어렵게 하고 있다.[55] 신속하고 신뢰성 있는 디지털 증거물 확보를 위해서 디지털 포렌식 전문가는 정교한 디지털 포렌식 전문도구도 개발한다.

사물인터넷, 웨어러블 시대에는 디지털 포렌식 전문가가 더욱 주목받는 직업이 될 것이다. 인터넷과 센서로 연결되는 모든 스마트 사물들은 범죄의 증거로 활용될 수 있기 때문이다. 예를 들어 스마트 에어컨은 카메라가 달려 있어 사람의 기척이 발견되는 쪽으로 냉방하는 지능형 시스템이 내장돼 있다. 그리고 스마트 텔레비전과 냉장고 등은 사용자와 메시지를 주고받고 식재료 주문 및 쇼핑 등을 위해 인터넷

---

54 KISTI 미리안, 《글로벌동향브리핑》, 〈미 국가표준기술연구소(NIST), 디지털 포렌식 표준화 활동 추진〉, 2014년 9월 17일

55 KISTI 미리안, 《글로벌동향브리핑》, 〈미 국가표준기술연구원(NIST), 디지털 포렌식 연구 추진〉, 2014년 7월 10일

조회를 한다. 이처럼 스마트 가전의 디지털 활용도가 높아질수록 더 많은 디지털 증거물들이 쌓이게 될 것이다. 그 결과 사건 발생 당시의 상황과 최대한 유사한 상태를 조사할 수 있다. 스마트워치와 구글 글라스 등 웨어러블 기기에 담긴 디지털 증거들은 법정에 제출되기 시작했으며,[56] 앞으로 더 많은 디지털 증거들을 보유할 것이다.

디지털 포렌식은 수사과정에서 핵심이 될 것이다. 디지털 시대에는 거의 모든 범죄가 디지털과 관련돼 있기 때문이다. 범죄자들은 도처에 디지털 흔적들을 남길 수밖에 없다. 웨어러블 기기와 같은 인체 블랙박스와 스마트 가전, 스마트카와 같은 사물인터넷 블랙박스가 사건의 해결사가 된다. 디지털 포렌식 전문가는 객관적이고 정확한 디지털 증거물을 확보함으로써 각종 사회적 문제와 위협 요소들을 대처하는 데 도움이 될 것이다.

---

[56] 이영완, 〈어제 진짜 야근했어? 웨어러블 기기는 다 알고 있다〉, 조선일보(2014년 1월 5일자)

014

데이터 검증사

인터넷 소음에서 올바른 신호를 찾는다

이제는 인터넷을 통해 누구나 개개인의 콘텐츠를 생산 및 업로드, 방송할 수 있다. 하지만 그만큼 인터넷에는 온갖 해괴한 논리를 가지고 대중들을 선동하는 사람들도 많아지고 있다. 특히 SNS 공간은 검증되지 않은 일방적 주장이 담긴 정보가 가장 많이 돌아다니는 곳이다. 잘못된 정보가 빠르게 확산되면서 개인, 기업, 국가에 막대한 피해를 끼치고 있다.

'사실 검증'을 바탕으로 삼아 정제된 정보를 유통시켜왔던 기존 미디어도 검증되지 않은 정보로부터 자유롭지 못하다. 2012년, 허리케인 샌디가 미국 동북부 지역에 피해를 입혔을 때, CNN 등 유명 언론들은 '뉴욕 증권거래소가 물에 잠겼다'는 검증되지 않은 SNS 정보를 보도했다가 망신을 당하기도 했다.[57] 이처럼 여기저기서 들려오는 소

음에 시달리다 보면 사람들은 결국 한 가지 덕목을 추구하게 될 텐데, 그것은 바로 검증이다. 따라서 각종 잘못된 콘텐츠로부터 사실 여부를 검증해주는 '데이터 검증사'가 미래 직업으로 주목받을 전망이다.

스토리풀Storyful은 각종 SNS에서 올라온 뉴스와 동영상의 사실 여부를 검증하는 기업이다. 예를 들어 유튜브YouTube에 올라온 어느 도시의 화재 동영상을 두고, 동영상 안에 나오는 지형지물 등 중요한 세부 사항들을 추정하여 동영상 데이터의 사실 여부를 검증한다. 검증이 끝나면 목적에 맞게 편집해 언론사에 뉴스를 제공한다. 정확한 사실이 요구되는 재난 현장 같은 상황에서는 특히 이러한 검증 능력이 중요하다.

2014년, 페이스북은 SNS에서 생산된 정보의 불확실성을 제거하기 위해 콘텐츠 선별 페이지 페이스북 뉴스와이어를 공개했다. 뉴스와이어는 페이스북에 올라온 사진, 동영상 등의 콘텐츠 중 믿을 만한 것으로 확인된 것만 회원들에게 제공한다.[58] 같은 해, 한국과학기술원(KAIST)은 트위터 내에서 전파되는 정보의 진위 여부를 90퍼센트까지 정확하게 구분해낼 수 있는 기술을 개발했다.[59]

데이터 검증사는 디지털 워터마크 확인을 통해 사진이 조작됐는지 확인하고, 동영상 편집의 조작 여부를 확인할 것이다. 그 결과, 데이터 검증사의 검증은 사람들에게 콘텐츠를 믿을 만한 것으로 인정해

---

57 이정국, 〈SNS발 오보 골치… '진위 판정' 언론도 생겨〉, 한겨레(2014년 7월 17일자)

58 김지섭, 〈 '진짜' 정보 확산 위해 SNS부터 필터링해야〉, 조선비즈(2014년 5월 16일자)

59 연제민, 〈SNS 가짜 정보 "꼼짝마"…진위 90% 구분 기술 개발〉, 뉴스1코리아(2014년 1월 9일자)

주는 청신호 역할을 하게 될 것이다. 하지만 그만큼 높은 신뢰와 책임이 요구된다. 여러 이익집단들이 뇌물이나 협박을 통해 데이터 검증사를 자기편으로 끌어들일 수도 있기 때문이다. 데이터 검증사는 높은 신뢰와 책임감을 갖춰야 정보 검증의 권한을 행사할 수 있다는 것을 명심해야 한다.

015

생체인식 전문가

내 몸이 비밀번호가 된다

우리의 신체는 어느 부위든 생체인식에 활용될 수 있다. 생체인식은 신체가 담고 있는 정보를 읽어 개인을 식별하는 시스템을 말한다. 현재는 지문, 홍채, 안면, 정맥인식 기술이 주로 쓰인다. 2014년, 한국과학기술기획평가원(KISTEP)은 앞으로 10년 동안 우리 사회에 시급한 대응이 필요한 항목으로 '안전 위험의 증가'를 선정하고, 이에 대응하는 기술 중 하나로 생체인식 기술을 꼽았다.

생체인식 시장의 성장 가능성은 높다. 수많은 센서가 곳곳에 내장된 사물인터넷 시대에는 다양한 생체 정보를 복합적으로 활용할 수 있는, 생체인식 시스템에 대한 수요가 높아질 것이기 때문이다. 이러한 가운데 정교한 생체인식 시스템을 연구하고, 이를 다양한 분야에 적용하는 '생체인식 전문가'가 미래 직업으로 부상할 전망이다.

생체인식의 장점은 도난, 분실, 위조의 위험성이 없으며 별도 인증 장비를 휴대할 필요가 없다는 것이다. 가장 널리 쓰이는 생체인식은 지문인식이다. 스마트폰을 비롯한 각종 스마트 기기에는 지문인식 기술이 들어 있다. 사람마다 고유한 특징을 지닌 눈의 홍채 패턴이나 망막 모세혈관의 분포로 신원을 확인하는 홍채인식은 성장 가능성이 가장 크다.[60]

정맥인식은 지문인식과 홍채인식의 장점을 결합한 기술이다. 홍채인식은 사용에 거부감을 불러일으킬 수 있고, 지문인식은 오차가 4퍼센트 정도다. 하지만 정맥인식은 홍채인식과 달리 거부감이 없으며, 오차율은 0.0001퍼센트 이하여서 정확도가 높다.[61] 2014년, 스웨덴 벤처기업 퀵스터Quixter는 정맥인식 시스템을 개발해 상용 서비스에 들어갔다. 손바닥의 정맥 패턴을 분석해 개개인을 식별하여 사용자가 미리 정해놓은 계좌나 신용카드를 통해 결제가 이루어지는 시스템이다. 현재 스웨덴의 일부 업체에서 정맥 스캐너를 시범적으로 운영하고 있다. 정맥 패턴과 전화번호만 입력하면 되어서 편리하게 쇼핑을 즐길 수 있다.[62]

얼굴인증 기술은 다른 생체인식 방법과 달리 직접적인 접촉을 필요로 하지 않고, 카메라 이외의 특수한 장비가 필요 없기 때문에 많은 각광을 받고 있다. 하지만 현재는 안경 쓴 얼굴과 안 쓴 얼굴을 잘 구

60 김지섭, 〈당신의 몸이 당신의 비밀번호다〉, 조선일보 (2014년 6월 27일자)
61 김지섭, 〈당신의 몸이 당신의 비밀번호다〉, 조선일보 (2014년 6월 27일자)
62 장길수, 〈개인정보 유출 걱정마! 생체인식으로 결제 가능해진다〉, 미디어잇 (2014년 4월 15일자)

별하지 못하는 등 세세한 얼굴 변화에 제대로 대처하지 못한다는 점이 한계로 지적된다.[63]

심전도인식은 웨어러블 기기의 부상과 함께 주목받고 있다. 미국 벤처기업 바이오님Bionym은 2014 국제전자제품박람회(CES)에서 심전도인식 기술을 탑재한 손목밴드형 기기 '나이미Nymi'를 선보였다. 이 기기는 손과 손목에서 느껴지는 개개인의 고유한 심장 활동 정보를 통해 사용자의 본인인증을 돕는 스마트키 역할을 한다. 나이미를 통해 자동차 문을 열고, 커피를 주문하고, 방 온도를 조절할 수 있으며, 전자결제까지 할 수 있다.[64] NASA의 제트추진연구소에서는 전화기로 개인의 심전도를 감지하는 기술을 개발하고 있다.[65]

생체인식 전문가는 사용자의 생체 정보를 생체인식 시스템에 등록시키고, 시스템에 등록된 사용자를 식별하는 프로그램을 개발한다. 이러한 생체인식 시스템은 보안에만 머무르지 않는다. 사물인터넷 시대에는 생체인식 시스템이 탑재된 기기들이 사용자의 생체 정보를 확인해 이를 토대로 맞춤형 정보와 서비스를 제공해줄 수 있다. 생체인식 전문가는 복합적으로 활용될 수 있는 차별화된 생체인식 시스템을 개발하고, 이를 다양한 분야에 적용해 안전하고 편리한 사회를 만드는 주역이 될 것이다.

---

63 김지섭, 〈당신의 몸이 당신의 비밀번호다〉, 조선비즈(2014년 6월 27일자)
64 문가용, 〈이미 바이오인증 시대? 가까이에 있는 인증수단 6개〉, 보안뉴스(2014년 8월 13일자)
65 마틴 윌리엄스, 〈비밀번호 대안, 우리가 모르는 신원 인증 연구 7가지⋯DARPA〉, ITWorld (2014년 8월 13일자)

016

행동패턴 보안시스템 전문가

습관마저 잠금 장치로 활용된다

사람마다 고유한 행동방식이 있다. 정보보안 분야에서는 이러한 특성을 활용해 '행동패턴 보안시스템'을 활발히 연구하고 있다. 행동패턴 보안시스템은 사용자의 특정 행동패턴을 학습하고 분석해 그것을 바탕으로 개개인의 신원 확인을 가능하게 하는 인증기술을 말한다.[66] 사용자의 행동패턴이 일종의 보안 열쇠가 되는 것이다.

행동패턴 보안시스템은 암호를 따로 입력하지 않아도 되고, 추가 인증이 필요 없기 때문에 편리하다. 보안이 필요한 장치들이 많아지는 가운데 행동패턴 보안시스템은 수요가 더욱 높아질 전망이다. 사용자의 특정 행동패턴을 보안시스템에 적용하는 '행동패턴 보안시스템 전

---

[66] 문가용, 〈브라질 참패와 해커, 그리고 바이오인증〉, 보안뉴스(2014년 7월 13일자)

문가'가 미래 직업으로 주목받을 것이다.

미국방위고등연구계획국(DARPA)은 행동패턴 보안시스템의 개발을 지원한다. DARPA는 신원인증 프로젝트를 통해 초기 로그인은 물론 사용자가 디바이스를 이용하는 동안 신원을 계속해서 인증해 유지하는 기술을 연구하는 사람들을 지원하고 있다.[67]

DARPA의 지원 하에 많은 기업들이 행동패턴 보안시스템을 개발하고 있다. 옥스포드 바이오크로노메트릭스Oxford BioChronometrics는 사용자가 기기를 사용할 때 보이는 다양한 행동을 측정하는 시스템을 개발했다.[68] 스웨덴 비헤이비오섹Behaviosec은 사용자가 기기를 조작하는 패턴을 인식하는 소프트웨어를 만들었다.[69] 이에 덴마크의 단스케 방크Dansk Bank는 비헤이비오섹의 소프트웨어를 활용해 '발자국 인식' 시스템을 도입했다. 사용자의 행동이 평소 행동과 확연히 다르면 경보가 울림으로써 보안을 더욱 강화한 것이다.[70]

행동패턴 보안시스템을 개발하는 기업은 그뿐만이 아니다. 이스라엘의 바이오캐치BioCatch는 사용자가 인지하지 못하는 행동들을 관찰하고 분석함으로써 금융범죄를 예방하고 있다. 브라질 월드컵 당시 바이오캐치는 브라질 은행들의 금융거래에 이상이 있다는 것을 발견했다. 금융거래가 폭발적으로 늘어난 것이다. 이에 바이오캐치는 해당

67 마틴 윌리엄스, 〈비밀번호 대안, 우리가 모르는 신원 인증 연구 7가지…DARPA〉, ITWorld (2014년 8월 13일자)
68 〈시만텍, 러시아 해커조직 사태 관련 온라인 정보 보안 수칙 제시〉, 매일경제(2014년 8월 7일자)
69 이진성, 〈'보안 업그레이드' 포스트 패스워드 시대 열린다〉, 이코노믹리뷰(2014년 7월 25일자)
70 문가용, 〈이미 바이오인증 시대? 가까이에 있는 인증수단 6개〉, 보안뉴스(2014년 8월 13일자)

은행 고객들의 평소 행동패턴 기록을 대조해봤다. 그 결과 해커들의 소행임을 정확하게 판단할 수 있었다.[71]

행동패턴 보안시스템은 사물인터넷 시대에 더욱 빛을 발할 것이다. 행동패턴 보안시스템이 적용된 스마트 기기들이 사용자에게 안전과 편리함을 줄 수 있기 때문이다. 행동패턴 보안시스템 전문가는 획기적인 행동패턴 보안시스템을 제작한다. 예를 들어 사용자가 스마트 기기를 사용할 때 평소 스크린 터치 시 자주 가해지는 압력의 세기와 문자를 입력할 때의 시간 간격, 기기를 드는 각도 등을 기억해[72] 기기에 대한 접근을 허용하거나 차단한다. 사용자의 신변을 외부 위협으로부터 보호하는 행동패턴 보안시스템을 개발하는 것이다. 행동패턴 보안시스템을 통해 공공기관, 기업의 시설의 치안을 유지하기도 한다.

정보의 보안은 생명 그 자체다.[73] 행동패턴 보안시스템은 미래의 강력한 인증수단이 될 것이다. IBM은 보안의 영역은 암호와 같은 규칙에서 벗어나 우리의 행동습관에 따라 자동화되는 방향으로 진화할 것이라고 예측[74]한 바 있다. 행동패턴 보안시스템 전문가는 보안이 중요한 은행은 물론이고 기업, 가정에 이르기까지 다양한 분야에서 미래 보안시스템을 선도할 것이다.

---

71 문가용, 〈브라질 참패와 해커, 그리고 바이오인증〉, 보안뉴스(2014년 7월 13일자)

72 Orr Hirschauge, 〈사이버 보안의 차세대 기술, 사용자 행동패턴 파악하는 행동인증〉, 월스트리트저널(2014년 7월 15일자)

73 김종춘, 《거대한 기회》, 스타리치북스(2014), 244쪽 참조

74 정규문, 〈5년 내 인간과 소통하는 인지시스템이 새로운 시대 열게 될 것〉, 보안뉴스(2013년 12월 18일자)

017

절대로 풀 수 없는 보안 장치

도청이라는 단어가 사전에서 사라질지도 모른다. 이론상 풀 수 없는 '양자암호 통신'이 개발되고 있기 때문이다. 현재의 유선 통신은 음성이나 데이터를 보낼 때 보안을 위해 길고 복잡한 숫자암호체계를 사용한다. 그러나 이러한 보안체계는 컴퓨터 기술의 발달로 대부분 해독이 가능하다.[75] 양자암호 통신은 이 문제를 해결하고 해킹과 도·감청을 원천 차단하는 대안으로 부상하고 있다.

양자암호 통신은 빛의 입자인 광자로 통신하는 차세대 암호 기술이다. 누군가 해킹하기 위해 접근하더라도 양자의 모양이 바뀌어 해독이 불가능해진다. 뿐만 아니라 해킹 여부도 정확하게 확인할 수 있

---

[75] 김인순, 〈스노든 폭로 후 양자암호학 스포트라이트 받는다〉, 전자신문(2013년 10월 16일자)

다.[76] 절대보안암호 통신이라 불리는 양자암호 통신을 사용하면 보안에 대해 걱정할 필요가 없다. 이런 가운데 고도의 보안이 필요한 분야는 물론 모든 통신 네트워크에 양자암호 통신을 구축하는 '양자암호 전문가'가 미래 직업으로 떠오를 전망이다.

2013년, 전직 미국중앙정보국(CIA), 국가안보국(NSA) 요원인 에드워드 스노든은 NSA의 무차별적 정보수집 실태를 폭로했다. 스노든에 따르면 NSA는 불법 도청을 통해 전 세계를 감시하고 이메일 등에서 개인정보를 수집했다. NSA 파문 이후, 양자암호 통신이 정보감시를 피하기 위한 차세대 보안 기술로 전 세계적인 주목을 받고 있다.[77]

중국 정부는 스노든의 폭로가 있기 전부터 중요한 일을 결정할 때 양자암호 통신을 이용해왔다. 스노든의 내부고발 이후에는 대도시를 비롯해 중소도시에 양자암호 네트워크를 구축했다. 뿐만 아니라 2012년, 중국 신화통신은 양자암호 통신을 자사의 금융 시스템에 구축해 금융 정보를 전송했다.

유럽에선 금융산업이 발달한 스위스가 가장 발달된 양자암호 통신 기술을 보유하고 있다.[78] 제네바에 위치한 아이디퀀티크IDQuantique는 12년간 연구개발에 매달려 최초로 상업화된 양자암호 시스템을 개발했다. 이 회사는 제네바 선거 시스템에 양자암호를 적용하기도 했다.[79]

---

76 김석, 〈'도·감청 차단' 양자암호통신 상용화 시동〉, KBS 뉴스(2013년 10월 23일자)
77 정미나, 〈NSA 파문 이후 뜨는 기술과 서비스〉, 전자신문(2013년 10월 22일자)
78 곽주영, 〈급팽창하는 중국의 양자암호 네트워크〉, 한경비즈니스(2014년 3월 28일자)
79 Russell Brandom, 〈After NSA leaks, businesses seek security in quantum physics〉, The Verge(2013년 10월 15일자)

일본은 양자암호에 대한 연구를 가장 활발하게 진행하고 있는 국가 중 하나다. 도쿄에서는 일본정보통신연구원(NICT), 닛폰전기, 미쓰비시, 일본전신전화, 도시바 등이 참여해 양자암호 연구 네트워크를 구축했다. 미쓰비시는 양자암호 전송을 공개적으로 구현하는 데 성공했다.[80] 도시바는 양자암호 통신의 실용화 초기 단계 실험에 성공했다. 도시바는 이 실험을 통해 양자암호 통신이 인터넷에서도 활용 가능하다는 것을 확인했다. 일본은 기밀정보나 개인정보 등을 처리해야 하는 관공서, 의료기관 등을 시작으로 모든 통신 네트워크를 양자 기술로 전환하는 것을 목표로 하고 있다.[81]

가까운 미래에 모든 통신 네트워크가 양자암호 통신 네트워크로 바뀔 것으로 보인다. 이에 따라 양자암호 통신망을 구축하는 양자암호 전문가가 필요해질 것이다. 양자암호 전문가는 양자암호 통신기술을 다양한 인프라에 적용시킨다. 고도의 보안이 필요한 국가기간망을 시작으로 개인정보 보호를 위해 금융과 의료 네트워크,[82] 개인통신망까지 양자암호 기술로 전환시킬 것이다.[83]

철통 보안을 자랑하는 양자암호 통신이 우리 삶으로 다가오고 있다. 양자암호 통신은 모든 사물이 인터넷으로 연결되는 사물인터넷 시대에 더욱 빛을 발할 것으로 보인다. 양자암호 전문가는 개인정보와 사생활이 철저하게 보호되는 사회를 구축하는 데 앞장설 것이다.

80 곽주영, 〈급팽창하는 중국의 양자암호 네트워크〉, 한경비즈니스(2014년 3월 28일자)
81 김범수, 〈통신도청 앞으로 불가능해진다〉, 한국일보(2014년 8월 31일자)
82 김희선, 〈[과학, 미래를 열다] 꿈의 보안, 양자암호통신〉, YTN 사이언스 TV(2014년 5월 16일자)
83 위클리공감, 〈친환경·정보격차 해소 기술이 뜬다〉, 정책브리핑(2011년 4월 22일자)

018

가상화 보안 기술자

인터넷의 두뇌를 지킨다

IT는 클라우드와 같은 가상화 기술로 가기 위한 여정을 시작했다. 가상화 기술은 서버 등의 물리적 IT자원을 논리적으로 분할하거나 통합해 하나 또는 여러 개의 자원으로 보이게 하는 기술을 의미한다. 다시 말해, 서버 한 대를 다수의 가상 서버로 분할해 서로 다른 용도로 사용하거나 다수의 컴퓨터를 한 대의 가상 서버로 통합하여 실제보다 더 많은 처리 능력을 구현한다.

클라우드와 같은 가상화 시스템은 기업의 서버 운영 효율과 비용 절감에 있어 핵심 기술이다. 예를 들어 구글은 클라우드 서버에 성별, 연령별, 사투리 등으로 구분한 총 2,300억 개의 영어 단어를 음성 데이터로 저장하고, 이를 활용해 음성인식을 실시간으로 처리하고 있다.[84] 소프트뱅크SoftBank는 사람의 감정을 이해하고 대화할 수 있는 로

봇 '페퍼Pepper'에 클라우드 방식을 도입하겠다고 밝혔다. 클라우드 서버를 통해 다른 로봇들의 경험을 학습하고 공유할 수 있기 때문이다.

하지만 금융 서비스, 헬스케어와 같이 많은 양의 민감한 사용자 데이터를 관리해야 하는 산업의 경우 보안 문제로 가상화 시스템 도입을 망설이고 있다.[85] 보다 안정적이고 강화된 보안시스템을 구축하는 '가상화 보안 기술자'가 그 어느 때보다 필요한 것이다.

가상화 보안 기술이 중요한 이유는 해커들이 가상화 시스템을 지원하는 기기를 통해 기업 내 시스템이나 다른 시스템에 침투해 중요 정보를 빼가거나 악의적으로 조작할 수 있기 때문이다. 가상화 보안 기술자는 가상화 시스템에 대한 접근을 통제하고 철저한 분석을 통해 대응책을 마련한다. 문서 등 정형화된 데이터에 대한 보안뿐만 아니라 이미지 파일, 사진, 동영상 등 비정형 데이터에 대한 높은 수준의 가상화 보안시스템도 개발한다. 2014년, 한국과학기술기획평가원(KISTEP)은 미래 사회의 '안전 위험의 증가'에 대응하기 위한 '10대 미래 유망 기술' 중 하나로 '가상화 보안 기술'을 선정했다. 가상화 보안 기술자 또한 미래 노동 시장에서 유망 직업으로 주목받을 것이다.

미래의 인공지능과 사물인터넷 그리고 증강현실의 발전에 있어서 클라우드와 같은 가상화 시스템은 필수다. 하지만 가상화 시스템은 한 번의 해킹에도 전체 네트워크가 막대한 피해를 입을 수 있다. 가상화 보안 기술자의 역할은 앞으로 더 중요해질 전망이다.

---

84 신동훈, 〈터치(Touch)보다 목소리다〉, 조선비즈(2014년 7월 11일자)
85 김지연, 〈가상화 도입 고민중…기존 가상머신 보안엔 관심 無〉, 보안뉴스(2014년 9월 24일자)

019

우주기상 예보관

우주날씨를 예보한다

1989년, 캐나다 퀘벡주에서 9시간 동안의 대규모 정전이 발생한 사건이 있었다. 이에 따른 경제적 피해는 약 2,300억 원에 달했다. 2000년에는 미국의 기상위성과 태양관측위성의 성능이 크게 저하됐다. 2003년, 미국과 일본에서는 통신 두절로 위성이 실종됐고, 우리나라의 위성인 아리랑 1호의 고도가 600미터가량 낮아졌다. 이 모든 사건의 공통점은 태양 활동으로 인한 우주기상 변화가 원인이었다는 점이다.[86]

태양은 매 초당 100만 톤의 물질을 우주공간으로 내뿜는다. 이 물질에는 양성자와 전자 등 에너지가 높은 미립자들이 포함돼 있다. 이

---

86 최연진, 〈잦아지는 태양 흑점 폭발 괜찮을까〉, 한국일보(2014년 2월 15일자)

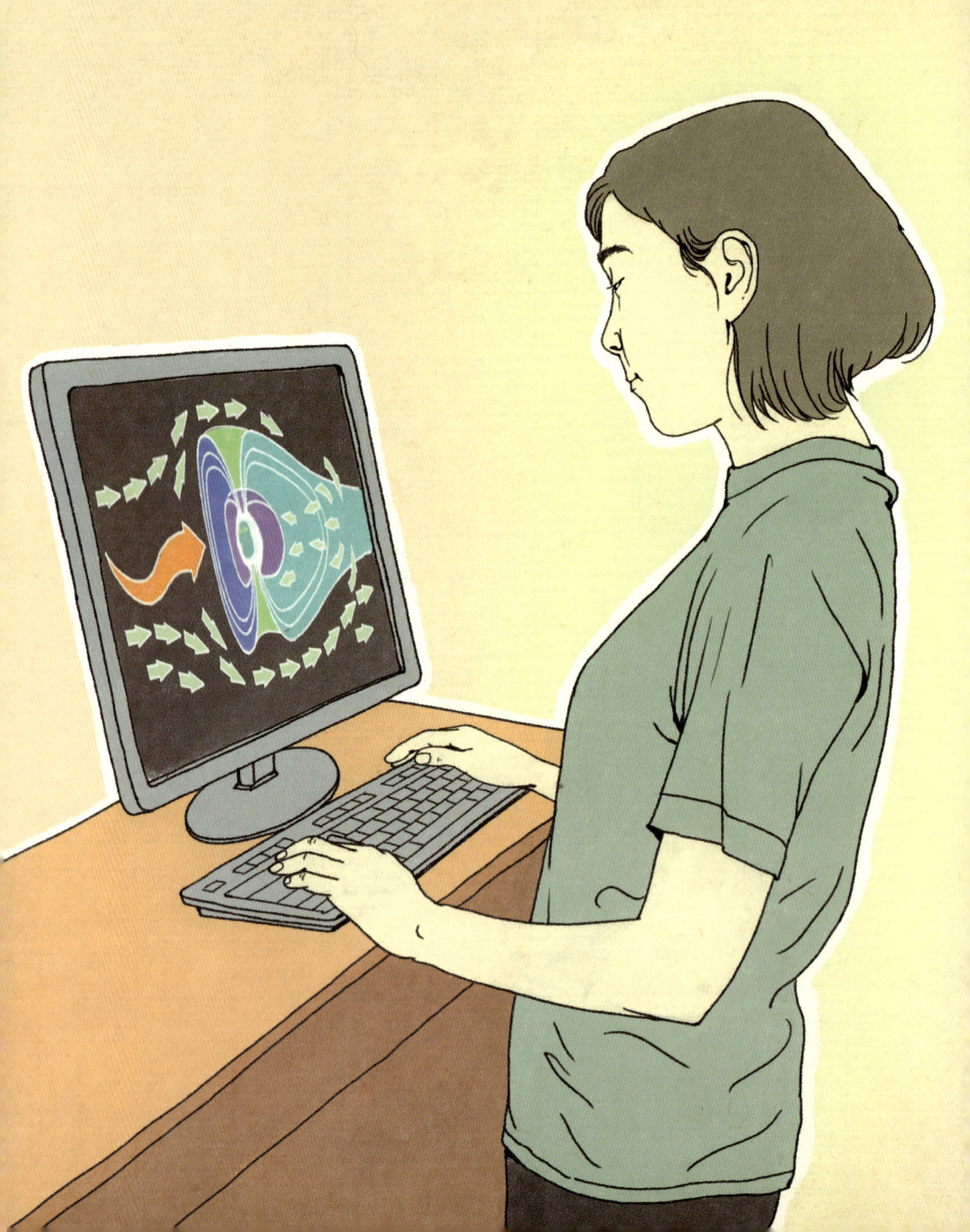

물질의 흐름을 '태양풍'이라 하고, 초당 200~750킬로미터의 속력으로 지구에 도달한다. 한편 지구는 매우 커다란 자석과 같아서 지구 주변에 거대한 자기장을 형성한다. 이 지구 자기장은 태양풍으로부터 지구를 보호하는 보호막의 역할을 하고 있다.

하지만 태양폭발로 인한 대규모 태양풍은 이 보호막을 흔들어 버리기도 한다. 이 현상을 '지자기폭풍'이라고 한다. 지자기폭풍은 지구의 전력시스템에 교란을 일으켜 대규모의 정전을 일으킬 수 있다. 이로 인해 공공 운송수단이나 보안과 같은 공공 서비스가 와해된다. 모든 사물이 인터넷으로 연결되고 통신에 대한 의존도가 높은 미래 사회에는 그 피해 규모가 증가할 수밖에 없다. 또한 태양광 전지의 수명을 감소시키거나 지자기장(지구자기장) 밖의 우주정거장에서 임무를 수행 중인 우주비행사에게 치명적인 방사능 피해도 줄 수 있다.

선진국에서는 우주기상을 정확하게 예측하기 위해 위성을 쏘아올리고 있다. NASA는 1997년에 우주환경 관측위성 ACE Advanced Composition Explorer를 발사했고, 2010년과 2012년에는 SDO Solar Dynamics Observatory (태양활동 관측위성)와 RBSP Radiation Belt Storm Probe (방사선대 폭풍 관측위성)를 발사했다. 현재 ACE 위성은 지구로부터 150만 킬로미터 상공에 위치해 고에너지 입자가 지구에 도달하기 1시간 전에 미리 알려주고 있다.[87] 이러한 가운데 우주기상 환경을 관측해 위험을 예보하는 '우주기상 예보관'이 미래 직업으로 떠오를 전망이다.

---

87 방송통신위원회, 〈우주전파센터, NASA 위성 우주관측 데이터 수신〉, 정책뉴스(2012년 2월 6일자)

우주기상 예보관은 우주나 지상에 있는 시스템의 성능 및 신뢰도에 영향을 줄 수 있는 태양풍, 자기권, 전기층, 열권, 태양의 상태를 관측하고 위험을 예보한다. 나아가 우주공간에서의 물리적 현상에 대해서 연구할 것이다. 우주 개척과 첨단 기기 활용도가 높아지는 미래에는 우주기상 예보관의 수요가 더 높아질 전망이다.

인간이 우주기상 변화를 막을 수는 없다. NASA는 2012년 지구를 스쳐간 강력한 태양풍이 일주일이라도 빨리 일어났다면 사회가 받는 경제적 손실이 2조 달러에 달했을 것으로 추산하고 있다.[88] 앞서 말했듯이 미래에는 우주기상 변화가 인류경제에 미치는 영향이 더욱 커질 것이다. 하지만 우주기상을 미리 안다면 인공위성 운영을 잠시 정지시키거나 통신 주파수를 바꾸는 등의 대책을 강구할 수 있다.

우주기상 관측위성의 데이터를 분석하여 신속하고 정확한 우주기상을 예보하는 우주기상 예보관은 개인, 기업, 국가 모두에게 매우 중요한 비중을 차지할 것이다. 특히 우주 개척, 우주 건설 등 호모 스페이스 시대를 준비하고 있는 우주인들에게 정확한 우주기상은 필수다. 앞으로 우리는 지구기상 예보와 함께 우주기상 예보관의 정확한 우주기상 예보를 매일 확인하며 살아갈 것이다.

---

88 윤태희, 〈지구, 암흑 될 뻔⋯사상 최강 태양풍 비켜갔다〉, 서울뉴스(2014년 7월 25일자)

바이러스의 확산을 초기에 저지한다

바이러스가 전 세계를 위협하고 있다. 하지만 백신 개발은 바이러스의 전염과 변이 속도를 따라가지 못한다. 2014년, 서아프리카를 강타한 에볼라가 대표적이다. 세계보건기구(WHO)는 2014년 9월까지 서아프리카에서 에볼라 바이러스 감염이 의심되거나 확인된 환자 6,500여 명 가운데 3,091명이 숨졌다고 밝혔다.[89] 그중 의료진 사망자는 200명을 넘는다. 이는 두 달 전인 7월 중순보다 4.6배나 늘어난 수치다.[90]

에볼라가 발생한 것은 이번이 처음이 아니다. 1976년 콩고 느예리 지방에 에볼라가 발생해 550명 환자 중 430명이 사망한 적이 있었다.

---

[89] 문예성, 〈WHO, 에볼라 사망자 3000명 넘어⋯실험단계 백신 내년 초 사용〉, 뉴시스(2014년 9월 27일자)

[90] 김상기, 〈서아프리카 에볼라 사망자 3천명 육박⋯유엔 '보건유지군' 파견〉, 라포르시안(2014년 9월 26일자)

이때 현장에는 의료진보다 군인이 먼저 출동했다. 혈액이나 체액의 접촉에 의해 전염되는 에볼라의 전파를 차단하기 위해 신속한 격리 조치를 취한 것이다. 이러한 대비책 덕분에 에볼라는 더 이상 확대되지 않았다.[91] 백신 개발이 더딘 바이러스의 확산에는 빠른 차단이 적절하다는 것을 보여준 사례다.

과학기술의 발달로 하루면 전 세계 어디든 갈 수 있다. 전염성 바이러스가 전 세계로 퍼져나가기 또한 쉬워진 것이다. 하지만 앞서 언급했듯이 백신 개발은 바이러스의 전염과 변이 속도를 따라가지 못한다. 그렇기 때문에 전염성 바이러스의 전파를 차단하는 것이 무엇보다 중요하다. 이런 가운데 체계적인 바이러스 검역 시스템을 통해 바이러스의 확산을 차단하는 '질병검역 관리자'가 미래 직업으로 부상할 전망이다.

질병검역 관리자는 바이러스의 확산 정도와 범위를 신속하고 정확하게 파악해 안전구역과 오염구역을 구분한다. 이를 통해 바이러스를 조기에 차단하고 감염자가 적절한 조치를 받을 수 있도록 질병 관리체계에 만전을 기한다. 질병검역 관리자가 파악한 실시간 현장 상황은 백신 연구팀에게 제공돼 백신의 개발을 앞당길 수도 있다.

바이러스를 우려해 여러 나라의 여행객들을 막을 순 없다. 조류가 감염원을 가졌을 수도 있다고 해서 철새의 이동을 막을 수도 없다. 게다가 바이러스는 한 번 겪은 항생제에 내성을 갖는다. 면역체계가 약한

---

91 김은기, 〈몽골군, 인류 첫 세균전…흑사병 시신 투척해 성 함락〉, 중앙일보(2014년 5월 25일자)

어린이와 노인 등은 이러한 바이러스의 손쉬운 먹잇감이 된다. 또한 서로 다른 바이러스가 만나 새로운 바이러스가 출현하기도 한다. 지금껏 규명된 바이러스는 약 5,000만 개다. 그러나 우리가 알지 못하는 바이러스의 수는 이보다 더 많은 100배에 해당할 것으로 추측된다.[92]

환경오염이나 항생제 이용으로 바이러스는 더욱 다양해질 것이다. 하지만 백신의 효용성은 오래가지 못한다. 백신을 제조하기가 무섭게 바이러스가 돌연변이를 일으키기 때문이다. 바이러스 치료제를 만드는 백신 개발자보다 초기 확산을 저지하는 질병검역 관리자가 더 중요한 이유다. 바이러스는 질병검역 관리자가 초기 확산을 얼마나 효과적으로 막느냐에 달린 것이다.

---

92 김재호, 〈바이러스의 진화…시작도 끝도 모르는 변종들〉, 교수신문(2013년 5월 27일자)

무인기의 하늘길을 설정한다

무인항공기 '드론Drone'이 미래산업으로 주목받으면서 더불어 안정성에 대한 염려가 커지고 있다. 드론의 사고율이 일반 항공기에 비해 100배에 달하는 데다 낮은 고도에서 운행돼 건물 등 많은 구조물들과 충돌하기 때문이다. 미국연방항공청(FAA)은 2020년 최대 7,500대에 달하는 드론이 운항될 것으로 판단하고 드론 관제 시스템에 대한 준비를 시작하고 있다.[93] 이러한 가운데 드론의 항로를 설정하고 항공교통을 지휘할 '드론 항공 관제사'가 미래 직업으로 부상할 것이다.

미국은 세계에서 가장 혼잡한 하늘길을 갖고 있다. 여기에 드론까지 가세하면서 하늘길은 더욱 복잡해지고 있다. 2014년, 승객 50여 명

---

[93] 채경옥, 〈[世智園] 무인 항공기〉, 매일경제(2014년 4월 2일자)

을 태운 US 에어웨이US Airway 여객기가 플로리다주의 한 공항에 접근하던 중 맞은편에서 날아오던 드론과 충돌할 뻔한 사고가 발생했다. 같은 달, 뉴욕공항에 착륙하려던 이탈리아 여객기는 500여 미터 상공에서 드론과 맞닥뜨렸던 적이 있다.[94] 다가오는 드론 시대를 대비해 드론 전용 관제 시스템이 필수인 이유다.

드론의 충돌사고는 비행 기술 부족, 바람이나 기상 상태에 대한 이해 부족, 기체 디자인 자체의 결함 등으로 인해 발생한다. 이러한 문제를 해결하기 위해서는 정교한 드론 관제 시스템의 구축이 필요하다. NASA는 2020년 안에 높은 수준의 안전성, 효율성, 자율성을 갖춘 관제 시스템을 구축할 계획이다.[95]

드론 항공 관제사는 드론의 운항을 위한 기상조건을 확인하는 것은 물론 비행 위치를 추적해 운항을 피해야 하는 지역과 같은 지역에서 운항 중인 드론 정보를 확인한다. 예를 들어 드론이 승인된 지역을 벗어난 경우 드론 항공 관제사는 설정된 지역으로 드론을 복귀시키거나 즉시 착륙하라는 명령을 보낼 수 있다. 이러한 명령은 드론이 인구 밀집 지역에 얼마나 가까운지, 드론의 크기나 무게가 어떠한지 등과 같은 상황에 따라 변경될 수 있다.[96] 이렇게 모든 영공의 드론을 인식하는 것은 물론 해킹으로 공중 납치당한 드론을 포함한 불법 드론에 대응하기 위한 시스템도 구축할 것이다.

---

94 이민재, 〈무법자 드론, 커지는 우려〉, 비즈니스포스트(2014년 10월 21일자)
95 이재구, 〈NASA, 5년 내 드론 안전운항 시스템 구축〉, 아이티투데이(2014년 9월 29일자)
96 KISTI 미리안, 《글로벌동향브리핑》, 〈무인 항공기를 위한 항공 교통 관제〉, 2014년 10월 22일

2014년, 미국과 캐나다 항공당국 그리고 유엔 국제민간항공기구(ICAO)에서는 안전상의 이유로 드론의 상업적 사용 승인이 나는 데까지 수년이 걸릴 것이라고 봤다.[97] 드론 운용을 원하는 회사들의 최우선 과제는 드론 운항 시 발생하는 사고방지다. 하지만 드론 관제 시스템에 대한 연구와 시도는 부족한 실정이다. 드론 항공 관제사는 조직적인 관제 시스템을 계획하고 운영함으로써 미래의 하늘길을 새롭게 정의할 것이다.

---

[97] 김태현, 〈美 항공당국 "드론 상업적 사용 승인…수년은 걸릴 것"〉, 이데일리(2014년 8월 11일자)

사람의 후각 한계를 뛰어넘는다

사람의 코는 단순히 냄새만 맡는 기관이 아니다. 음식이나 공기 중에 섞여 있는 오염물질과 유해가스 등 인체에 해로운 물질을 감지하는 역할도 수행한다. 그러나 사람의 코는 쉽게 피로해져 둔감해지고 맡을 수 있는 범위에는 한계가 있다. 이러한 문제를 해결한 것이 바로 '전자코(Electronic Nose)'라는 생체모방 장치다.

전자코 작동원리는 후각의 동작원리와 같다. 후각 센서가 특정 냄새물질과 각 센서의 반응을 전기화학적 신호로 변환해 패턴화한다. 그 뒤, 패턴화된 신호를 소프트웨어에서 데이터 처리함으로써 각 냄새의 성분과 양을 빠르게 분석할 수 있다.[98] 인간의 후각 기능을 대신할 수

---

98 원호섭, 〈[팝업사이언스] 전자코, 미래의 건강·안전 책임진다〉, 매일경제(2014년 3월 19일자)

있는 센서 시스템인 전자코는 2014년, 한국과학기술기획평가원(KISTEP)이 사회 안전을 위한 '10대 미래 유망 기술' 중 하나로 선정한 바 있다.[99]

이미 2000년대 초반 미국에서 화학냄새를 감지해 지뢰를 탐지하는 '피도Fido'라는 전자코가 개발됐다. 영국의 스타트업 'ARS랩ARS LAB'은 상한 음식을 구별해줄 전자코 '페레스Peres'를 만들었다. 페레스는 온도, 습도, 암모니아 농도, 휘발성 유기화합물의 유무를 검사하는 네 가지 타입의 센서를 통해 음식의 신선도를 측정할 수 있다.[100] 이외에도 영국 아로마스캔과 네오트로닉, 프랑스 알파 MOS, 대만 킨윈인터내셔널, 일본 피가로 엔지니어링, 미국 스미스디텍션 등이 전자코 시스템을 개발해 판매 중이다. 국내에서는 유일하게 서울대학교 화학생물공학부 박태현 교수가 질병 진단, 식품, 환경 감시에 사용하는 바이오 전자코를 연구하고 있다.[101]

전자코는 다양한 분야에서 활용될 수 있다. 사람과 동물의 후각을 대신해 유해 성분을 탐지해 각종 위험요소로부터 우리를 안전하게 지킬 수 있다. 환경 모니터링뿐만 아니라 생화학테러, 식품관리도 가능하다. 또한 인체호흡으로부터 나오는 화학물질을 감지해 식중독에서부터 암까지 의료 진단이 가능하기도 하다. 이러한 가운데 냄새를 올바르게 감지하고 해석할 수 있는 전자코를 개발하고, 이를 다양한 분야에 적용하는 '전자코 엔지니어'가 미래 직업으로 생겨날 전망이다.

99 김태훈, 〈전자코·비행감시 로봇·식물백신 뜬다〉, 한국경제(2014년 3월 2일자)
100 윤나리, 〈상한 음식 가려내는 디지털 코, '페레스'〉, 블로터앤미디어(2014년 6월 8일자)
101 이창진, 〈[기술돌풍] 후각을 넘어라 '전자코'〉, MBN미디어(2014년 7월 22일자)

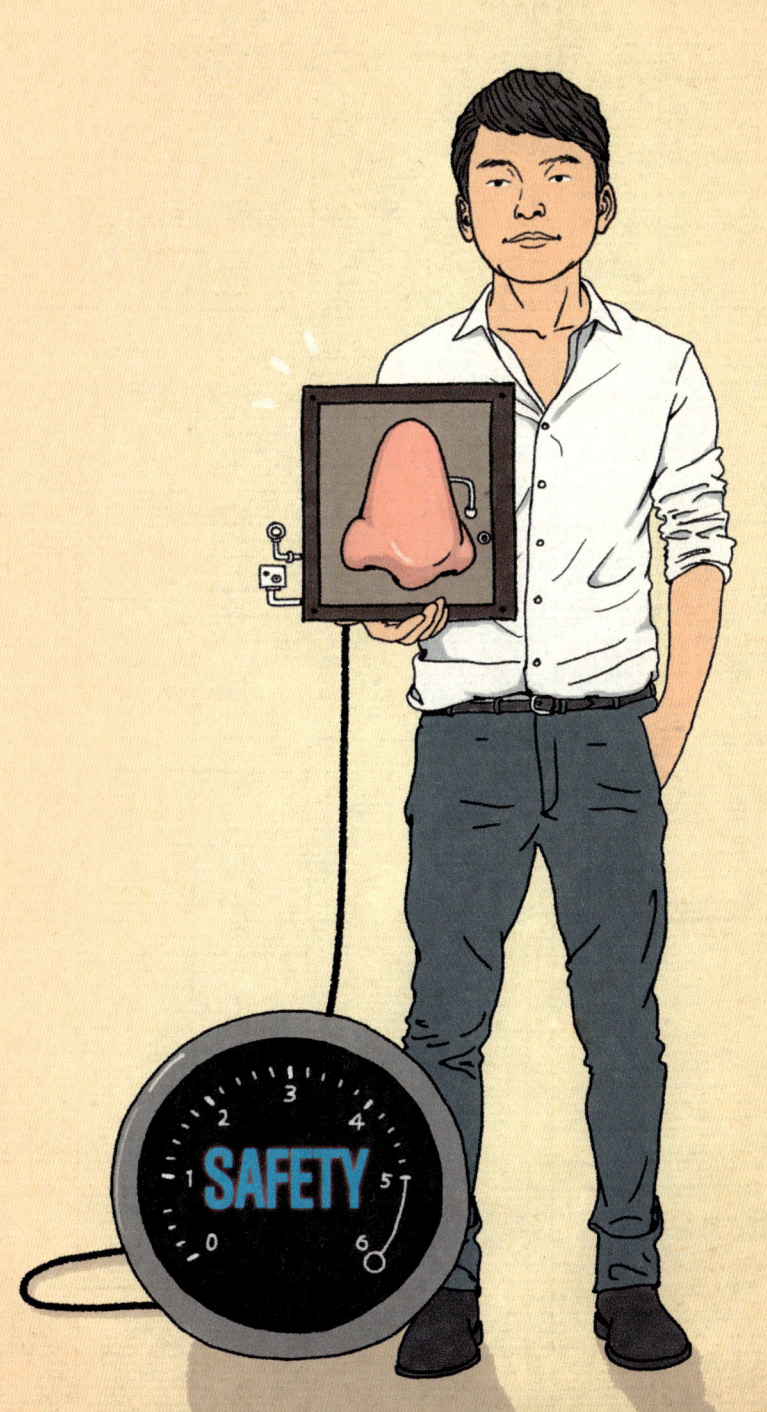

전자코 엔지니어는 전자코에 다양한 냄새물질 신호 데이터를 심는다. 다시 말해, 센서가 각각의 다른 냄새물질을 기억할 수 있도록 다양한 패턴을 새겨 넣는 것이다. 여러 종류의 냄새 센서에서 보내진 신호는 전자코 엔지니어가 만들어놓은 패턴화된 냄새물질의 신호와 비교돼 어떤 냄새인지 해석된다. 이를 통해 사람과 동물의 후각 한계를 뛰어넘을 뿐만 아니라 모두에게 안전한 전자코 시스템이 만들어지는 것이다.

질병뿐만 아니라 식품과 환경 속 오염물질 등 사람들의 안전을 위협하는 요소들이 갈수록 복잡 다양해지고 있다. 그러나 우리는 전자코 엔지니어가 만든 시스템 덕분에 각종 위험요소로부터 우리의 건강과 안전을 지킬 수 있을 것으로 보인다. 전자코 엔지니어는 미래의 건강하고 안전한 사회를 만드는 데 공헌할 것이다.

스마트 헬스 기기 개발자

안경, 시계, 밴드가 주치의가 된다

안경, 시계, 밴드 등 웨어러블 스마트 기기의 성패를 좌우할 핵심 기능으로 헬스케어가 떠올랐다. 심장 박동 수, 혈압, 체온, 수면 패턴 등 신체 현상을 24시간 관찰하고 통계화하는 것이 가능해지면서 의사들이 장기간 수집한 데이터를 근거로 환자를 진단할 수 있기 때문이다. 착용 부위도 손목 위주에서 '머리에서 발끝까지'로 넓혀가고 있다.

이러한 가운데 다양한 헬스케어 기기를 연구하고 개발할 '스마트 헬스 기기 개발자'가 미래 직업으로 주목받을 전망이다. 스마트 헬스 기기 개발자는 심전도, 뇌파, 혈압, 체온, 호흡 등 신체 정보들을 측정해 질병을 예방하고 진단하는 헬스 기기를 개발한다. 나아가 환자 진료, 수술 등 의료 현장에 적용할 수 있는 스마트 헬스 기기도 개발할 것이다.

스마트 헬스 기기는 개인에게 맞춤형으로 의료 정보를 제공하고 의료비 지출도 줄여줄 것이다. 피트니스 디바이스업체 베이시스 사이언스Basis Science에서는 '베이시스 밴드'라는 손목시계 형태의 제품을 개발했다. 베이시스 밴드는 5개의 내장된 센서를 갖고 사용자의 맥박, 증산율, 신체 활동 그리고 체온 및 수면의 질까지 측정하고 그래프화 시켜 사용자에게 제공한다.[102] 아기의 발목에 센서를 부착해 심장 박동 수와 혈압을 체크하고 실내 온도에 이상이 생기면 부모의 스마트폰으로 전송해주는 '스프라우틀링'이란 제품도 등장했다.[103]

스마트 헬스 기기는 의료 현장에서 질적 개선에도 기여할 것이다. 미국 벤처기업 이베나 메디컬Evena Medical은 환자의 피부 속 혈액의 흐름을 실시간으로 보여주는 스마트안경 '아이즈온'을 공개했다.[104] 액센추어Accenture와 필립스Phillips는 환자의 신체 현상을 체크하는 각종 의료 기기가 모두 구글 글라스와 연결돼 의사들이 환자의 체온, 맥박, 호흡, 혈압 등을 구글 글라스를 통해 확인하면서 수술하는 시험 영상을 공개하기도 했다.[105]

헬스케어산업이 전 세계적으로 뜨겁다. 미국의 고용 시장에서 금융 위기 이후로 고용이 감소하지 않은 세 가지 산업 중 하나가 헬스케어산업이다. 일본도 마찬가지다. 일본 주식 시장에서 헬스케어산업은

102 로버트 스코블·셸 이스라엘, 《컨텍스트의 시대》, 지앤선(2014), 181~183쪽 참조
103 신동혼, 〈머리부터 발끝까지, 입어야 산다〉, 조선일보(2014년 6월 10일자)
104 남도영, 〈혈관 찾기 힘든 정맥주사 '스마트안경' 써보니〉, 디지털타임스(2013년 11월 25일자)
105 신동혼, 〈머리부터 발끝까지, 입어야 산다〉, 조선일보(2014년 6월 10일자)

높은 수익률을 기록하고 있는 산업 중 하나다. 이러한 현상은 우리나라에서도 나타나고 있다. 장년층의 축적된 부가 소비로 연결되면서 헬스케어 시장이 뜨고 있다.[106] 이와 같은 상황에서 삶의 질은 높여주고 의료비 부담은 줄여주는 스마트 헬스 기기는 개인의 '머리부터 발끝까지' 질병을 예방하고, 건강을 컨설팅함으로써 탁월한 신성장산업이 될 것이다.

106 신동준, 〈[글로벌 투자 따라잡기] 일본의 교훈…소비·헬스케어에 투자하라〉, 한경비즈니스 (2014년 9월 4일자)

재난 현장에서 인간의 손발을 대신한다

일본 후쿠시마 원전 사고 당시 방사능 때문에 사람은 사고 현장에 접근하지 못했다. 대신 로봇을 투입했는데, 모두 작동 불능 상태에 빠졌다. 로봇 강국으로 꼽히는 일본도 어쩔 수 없었다. 미국도 '패크봇'이라는 군사용 로봇을 지원했지만 원자로 내의 험난한 지형과 장애물을 뚫지 못했다. 세계 로봇 과학자들은 큰 충격에 빠졌다.[107]

우리에게는 인간의 힘이 닿지 않는 재난 현장에서 사람을 구하고, 사고를 처리할 수 있는 재난로봇이 필요하다. 하지만 현재 재난로봇의 수준은 매우 낮다. 1미터 앞에 놓인 밸브 세 개를 잠그는 데 30분도 부족하다.[108] 이런 가운데 극한적 재난 상황에서 고도의 수습 작업이 가

---

[107] 최홍렬, 〈원전 사고 같은 재난에서 사람 살리는 로봇 만드는 게 평생의 꿈〉, 조선일보(2014년 9월 13일자)

능한 로봇을 개발하는 '재난로봇 개발자'가 미래 직업으로 필요하다.

전 세계적으로 재난수습 로봇에 대한 연구는 활발히 진행되고 있다. 2013년 미국고등국방연구소(DARPA)는 로봇도전대회를 개최했다. 이 대회는 참가하는 로봇에게 재난 현장의 어지러운 환경에서 민첩하게 움직일 수 있는 능력을 요구했다.[109] 일본 재난로봇 개발업체 샤프트Schaft가 이 대회 우승을 차지했다.

샤프트는 기술성을 인정받아 창업 1년 만인 2013년, 구글에 인수된 벤처기업이다. 대회 당시 샤프트가 공개한 재난로봇은 무너진 담벼락을 타넘고, 눈앞의 장애물도 스스로 치우며, 고무호스를 소화기에 연결해 불을 끄는 등의 사고처리 행동들을 선보였다.[110]

2014년, 스탠퍼드대학교의 인공지능연구소는 홍콩에서 진행된 국제전기전자기술자협회(IEEE)에서 연구소가 개발 중인 인간형 재난구조 로봇을 발표했다. 이 로봇은 두 개의 등산용 지팡이를 활용해 직립보행이 가능하며 높은 지역을 기어오르고 좁은 지역에 접근할 수 있다. 머리에 장착된 카메라는 주변 상황을 관찰하고 분석한다. 또한 손 부분에는 감각 인터페이스가 장착돼 물체와 지형 그리고 변화하는 온도에 민감히 반응한다.[111]

세계 각국의 로봇 연구기관들은 2015년 6월에 열릴 로봇도전대회

108 이정봉, 〈'인공 근육' 있는 로봇 내년까지 내놓겠다〉, 중앙일보(2014년 2월 4일자)
109 이준정, 〈로봇산업이 돌파구를 찾는다〉, 이코노믹리뷰(2014년 1월 1일자)
110 유민호, 〈구글이 탐내는 日 로봇산업 어디까지 왔나〉, 주간조선(2014년 5월 12일자)
111 조우상, 〈거친 산악지형도 척척…인간형 '재난구조로봇' 화제〉, 서울신문(2014년 7월 14일자)

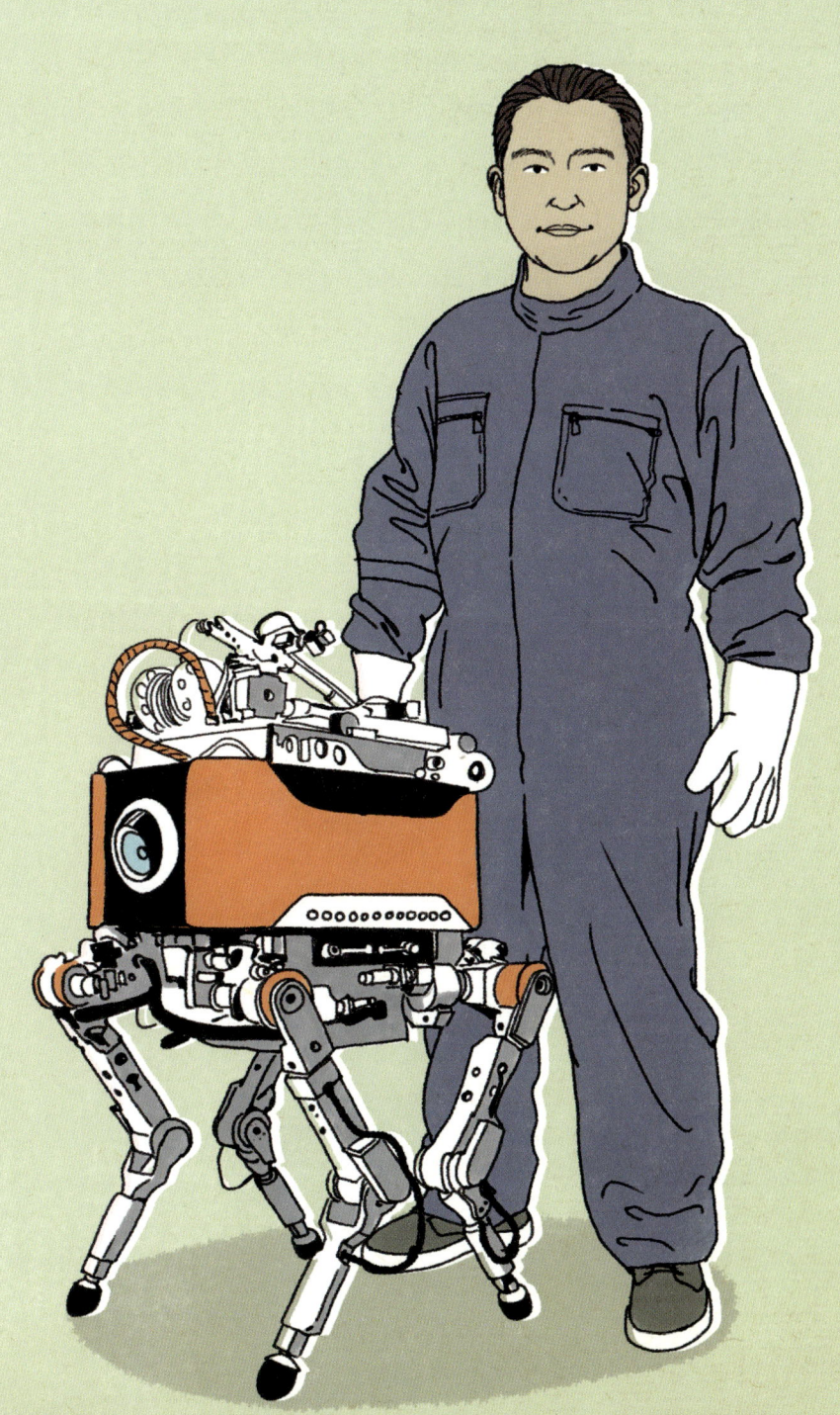

를 준비하고 있다. 카이스트는 '휴보'를 공개했다. 휴보는 머리에 최신 카메라와 레이저 스캐너를 달고, 눈앞 모습을 3차원 입체로 전환해 어떻게 움직여야 하는지를 빠르게 판단한다.[112] 미국항공우주국(NASA)의 제트추진연구소(JPL)는 '로보시미안'을 개발했다. 로보시미안은 눈처럼 동작하는 7개의 카메라와 4개의 다리를 가지고 있다. 7개의 카메라는 재난 현장을 파악하고 4개의 다리는 거친 지형을 능숙하게 다니며 동시에 물체를 잡아 조작한다.[113] 미국 방산업체 보스턴다이내믹스는 '아틀라스'를 공개했다. 아틀라스는 전력을 전선이 아닌 몸체 가운데 장착한 리튬이온 배터리에서 공급받는다. 움직임이 자유롭고 1시간 이상 지속이 가능하다.[114]

재난로봇의 핵심은 상황을 적절히 관찰하고 분석해 신속히 재난 현장을 수습하는 것이다. 따라서 재난로봇 개발자는 무엇보다 적절한 상황 판단 능력을 갖춘 로봇을 개발해야 한다. 또한 건물 잔해 제거, 사다리 오르기 등 재난 현장에서 다양한 동작이 가능하고 도구를 자유롭게 활용할 수 있는 로봇을 개발해야 한다. 이들이 개발하는 재난로봇은 우주공간과 심해 등에도 투입돼 인간을 대신하는 연구 활동에도 활용될 수 있다. 수많은 재난으로 각종 피해를 겪고 있는 현대인들에게 무엇보다 필요한 로봇은 재난을 수습하는 로봇이다. 재난로봇 개발자는 위험한 순간에 인간의 눈과 손이 되어줄 수 있는 로봇을 개발할 것이다.

---

112 원호섭, 〈휴보, 파워와 지능 2배 업그레이드됐다〉, 매일경제(2015년 1월 26일자)

113 Heather Kelly, 〈NASA designs ape-like robot for disasters〉, CNN(2014년 12월 30일자)

114 김주연, 〈'터미네이터 로봇' 아틀라스(ATLAS), 세계 로봇 1등 되다〉, 전자신문(2015년 1월 25일자)

025

워터 소믈리에

물맛을 소비하는 시대

물을 마시는 시대에서 물맛을 소비하는 시대가 오고 있다. 웰빙과 헬스케어에 대한 높은 관심과 맞물려 백화점이나 고급 레스토랑에서는 고급 생수 소비량이 늘어나고 물 시장은 기능성 물을 중심으로 한 맞춤형 시장으로 세분화되고 있다.[115] 그러나 물맛에 대한 정보나 물이 인체에 미치는 영향에 대한 연구는 잘 이뤄지지 않고 있다. 이러한 가운데 사람들에게 물맛을 소개하고, 물이 인체에 미치는 영향을 연구하는 '워터 소믈리에Water Sommelier'가 미래 직업으로 주목받을 전망이다.

워터 소믈리에는 2000년부터 생겨난 직업이다. 미국에서 와인 소믈리에들이 물 관련 교육을 받으면서 함께 생겨났다. 우리나라에서도

---

[115] 전정홍 · 정순우 · 김지아, 〈[토요 FOCUS] 물도 만들어 먹는다〉, 매일경제(2014년 7월 11일자)

워터 소믈리에에 대한 관심이 증가하고 있다. 2007년 서울 강남구 삼성동에 '노 트랜스 워터 카페'가 들어서면서 워터 소믈리에라는 말이 국내에 알려지기 시작했다. 그 이후에 백화점, 고급 레스토랑, 카페 등에서 프리미엄 생수를 판매하기 시작했으며, 다양한 생수를 전문적으로 판매하는 워터 바의 이용 빈도가 급격히 늘어났다.[116]

전문가들은 프리미엄 물 시장이 커질 것이라 전망한다.[117] 톡 쏘는 맛에 변비 해소까지 가능한 탄산수의 판매량은 꾸준히 증가하고 있다.[118] 그밖에 과로와 스트레스로 인해 무너진 밸런스를 맞춰주는 암반해수, 미네랄이 풍부한 천연암반수, 질산·암모늄·규산 등의 영양염류가 풍부한 해양심층수, 뇌기능을 개선시켜주는 자작나무 수액 등이 프리미엄 물로 주목받고 있다.[119]

워터 소믈리에는 워터 바 등에서 프리미엄 물의 구입과 보관을 책임지고 개인 맞춤형 물을 컨설팅한다. 예를 들어 지나친 운동으로 피곤을 느끼는 사람에게는 강산성 탄산수를, 소화가 안 되는 사람에게는 약산성 탄산수를, 어린이들에게는 병원균과 오염물질이 적은 해양심층수를 마시라고 조언한다. 물맛을 제대로 파악하기 위해서 혀의 예민한 감각도 늘 유지한다. 많은 프리미엄 물들이 개발되면 워터 소믈리에는 물의 광택, 점도, 맛, 성분, 온도 등을 분석해 개인에게 최적화된 물을 추천해준다.

116 최병만, 〈[물과 미래] 물맛 감별사 '워터 소믈리에'〉, 대전일보(2014년 5월 28일자)
117 박광희, 〈6천억 시장 놓고 뜨거운 '물전쟁'〉, 농촌여성신문(2014년 8월 23일자)
118 이선아, 〈'워터 바'에서 '워터 소믈리에'까지… 희한한 물세상〉, 한국일보(2014년 6월 11일자)
119 김수진, 〈물의 혁명, 기능성 미네랄워터의 시대가 열린다〉, 한국일보(2014년 2월 7일자)

건강과 수명은 음식보다 물에 좌우된다. 하지만 몸 상태와 관계없이 무턱대고 마시는 것은 오히려 독이 될 수 있다. 물도 골라 마셔야 하는 것이다. 그래서 능숙한 워터 소믈리에가 필요하다. 워터 소믈리에는 맞춤형 물로 소비자 개인의 건강을 책임지게 될 것이다.

026

인공지능 윤리학자

왜 로봇의 도덕인가

1950년 이래로 인공지능 과학자들은 '튜링 테스트Turing Test'로 인공지능의 개발 정도를 측정해왔다. 튜링 테스트는 5분간 자유 주제로 인공지능과 심사위원이 문자로 대화하는 것이다. 심사위원 중 30퍼센트 이상이 대화 상대인 인공지능을 인간으로 오인하면 테스트 합격을 받는다. 미래학자 레이 커즈와일Ray Kurzweil 박사는 튜링 테스트에 합격할 수 있는 인공지능이 2029년이 되기 전에 등장할 것이라고 주장했다.[120] 하지만 튜링 테스트의 통과 시기는 커즈와일 박사의 예상보다 빨리 왔다.

2014년, 영국에서 러시아와 우크라이나 연합팀이 개발한 인공지

---

[120] 크리스토퍼 바넷,《미래가 보이는 25가지 트렌드》, 더난출판(2012), 274쪽 참조

능 '유진 구스트만Eugene Goostman'이 사상 처음으로 튜링 테스트를 통과한 것이다. 심사위원 33퍼센트가 13세의 우크라이나 소년으로 가장한 유진을 '컴퓨터가 아닌 사람'이라고 판정했다. 유진은 어려운 질문도 능청스럽게 받아넘겼다. 영국 레딩대학의 케빈 워릭Kevin Warwick 교수는 튜링 테스트를 통과한 유진에 대해 "인공지능 개발의 역사에서 기념비적인 사건"이라고 말했다.

인공지능은 다양한 분야에서 인간 두뇌의 한계를 따라잡고 있다. 전문 애널리스트처럼 주식을 분석해 유망 종목을 제시하고 기업 실적, 금융 시장, 속보 등 기사를 쓰기도 한다. 이사회 임원으로서 한 표의 투표권도 행사한다.[121] 이처럼 자연두뇌의 한계를 따라잡고 있는 인공지능은 다양한 윤리적 문제를 초래할 것으로 예상된다.

예를 들어 인공지능이 사람의 업무에 미치는 영향, 인공지능으로 인한 인간소외, 인공지능의 결정에 대한 책임자 규명 등이 있다. 앞으로 이러한 윤리적 문제를 해결하고 적절한 규제를 가하는 '인공지능 윤리학자'가 미래 직업으로 주목받을 전망이다. 인공지능 윤리학자는 인공지능으로 인해 발생될 수 있는 여러 가지 윤리 문제에 대한 윤리적 정의를 판단한다.

이러한 가운데 인공지능이 초래할 윤리적 문제를 연구하는 기관들이 생겨나고 있다. 2014년, 스탠퍼드대학교는 인공지능 기술의 발전을 추적하고 이 기술이 사회 각 분야에 미치는 영향을 연구하는 '인공

---

121 오윤희, 〈"현재 직업의 절반은 20년 안에 사라질 것" 직업별 컴퓨터 대체 가능성 조사〉, 조선비즈(2014년 7월 19일자)

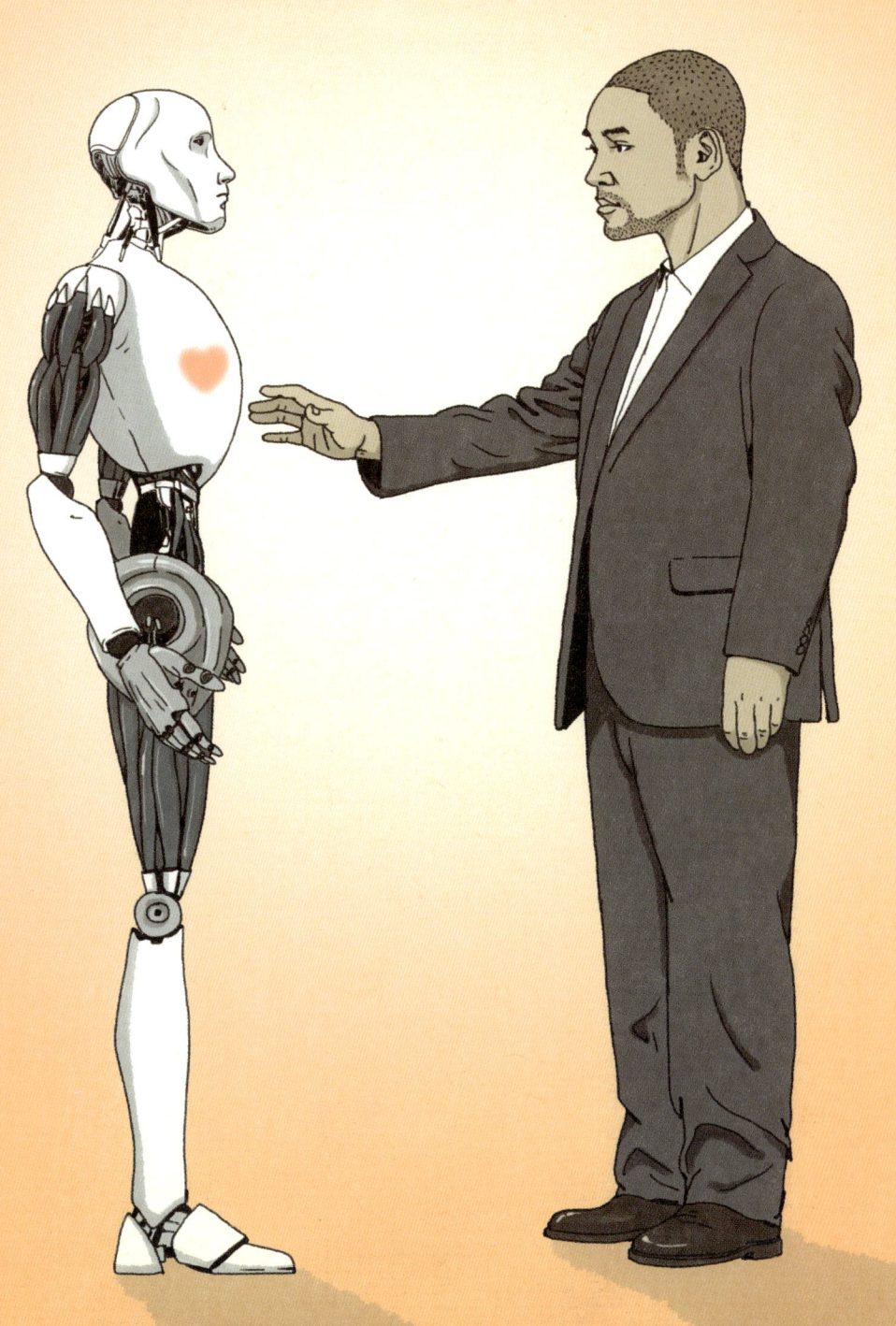

지능에 대한 100년 연구' 프로젝트를 출범했다.[122] 스티븐 호킹, 일론 머스크 등이 속한 '삶의미래연구소(FLI)'는 인공지능을 인간에게 해가 되지 않도록 안전하게 개발하는 방법을 연구하기 위해 설립된 단체다. 2015년, FLI 회원 150여 명은 인공지능 개발의 부작용을 경계해야 하며, 인공지능과 관련한 법적·윤리적 연구가 시급하다는 공개편지를 홈페이지에 올렸다.[123]

발전하는 인공지능은 언젠가 스스로 사고하게 될지도 모른다. 실제로 미국의 IT잡지 〈와이어드Wired〉의 공동 창업자인 케빈 켈리Kevin Kelly는 그의 저서 《기술의 충격(What Technology Wants)》에서 "스스로 사고하는 인공지능이 곧 등장할 것"이라고 주장했다.[124] 스스로 사고하는 인공지능은 언젠가 자신의 권리를 주장할 것이다. 그에 따라 인공지능 윤리학자가 정의할 다양한 윤리적 문제들이 발생할 것이다.

예를 들어 "고용법이 사고능력을 가진 인공지능에게도 적용될 수 있는가?", "어떤 분야에서 인공지능 활용을 금지해야 하는가?", "의식을 갖게 되는 인공지능도 종교를 가질 수 있는가?", "감정을 갖게 되는 인공지능도 사랑을 할 수 있는가?" 이러한 윤리적 문제들의 정의는 쉽지 않기 때문에 전문적으로 인공지능의 윤리적 문제들을 정의하는 인공지능 윤리학자가 미래 직업으로 필요한 것이다.

---

122 나지홍, 〈人類 재앙일까 축복일까… '인공지능 100년 프로젝트' 가동〉, 조선일보(2014년 12월 18일자)
123 Michael Rundle, 〈Artificial Intelligence Warning Says Research Must Avoid Apocalyptic 'Pitfalls'〉, 허핑턴포스트(2015년 1월 12일자)
124 크리스토퍼 바넷, 《미래가 보이는 25가지 트렌드》, 더난출판(2012), 272~273쪽 참조

스스로 결정하고 행동할 줄 아는 인공지능은 인간의 관리영역을 벗어날 것이다. 때문에 앞으로 인공지능 윤리학자의 역할이 더욱 중요해질 것이다. 하지만 현재 인공지능의 윤리적 정의 수준은 70년 전 미국의 과학 칼럼니스트 아이작 아시모프Issac Asimov가 정한 3대 원칙에 머물러 있다.

인공지능의 윤리적 문제가 해결되지 않으면 인공지능은 인류 사상 최대 성과인 동시에 최후의 성과가 될 수 있다. 테슬라 CEO 일론 머스크는 인공지능에 대해서 "핵보다 위험하다"고 말하고 있고, 스티븐 호킹 박사는 "인류의 종말을 가져올 수 있다"고 우려한다. 언젠가 인공지능이 자신의 권리를 보장받기 위해 인간에 대항해 투쟁할지도 모르기 때문이다. 적절한 인공지능 윤리규칙을 만드는 인공지능 윤리학자들의 체계적인 준비가 그 어느 때보다 필요하다.

아이작 아시모프가 정의한 로봇공학의 3대 원칙

첫째, 로봇은 인간에게 해를 가해선 안 된다.
둘째, 로봇은 인간에게 해를 가하란 명령 외엔 언제나 인간의 명령에 복종해야 한다.
셋째, 로봇은 자신의 존재 보호를 위한다 하더라도 인간에게 해를 가해서도, 인간의 명령을 어겨서도 안 된다.

삶은 스마트해지고 있다.
온·오프라인 활동은 전부 데이터로 기록되고 분석돼
생활의 모든 영역에서 개인 맞춤화 서비스를 제공받는다.
가전제품들은 사람과 대화를 하고
자동차를 스마트폰처럼 사용한다.
집에서 세계 명문대의 수업을 듣고
3D 프린터로 21세기형 가내 수공업이 가능하다.
드론이 택배기사와 사진작가가 되고,
로봇은 연예인이 되어 인간에게 즐거움을 준다.
스포츠 선수 몸에 부착된 센서들은 선수의 모든 동작을 분석하고,
재미만을 추구하던 게임이 의료·교육·훈련 분야에서 활용된다.
도시 전체가 네트워크로 연결되면서 교통, 환경, 안전 등
도시 운영의 효율성이 높아진다.
인터넷과 연결된, 산업 현장의 똑똑한 기계들은
스스로 데이터를 분석하고 공유해 효율성과 생산성을 높인다.
이러한 미래에 어떤 직업들이 유망한지 살펴보자.

PART **2**

편리하고
스마트한 미래

027

스마트카 앱 개발자

자동차를 스마트폰처럼 사용한다

IT와 연결된 자동차는 점점 스마트해지고 있다. 이것을 '스마트카 Smart Car'라고 한다. 스마트카란 자동차에서 인터넷에 접속하거나, 자동차가 스스로 움직이는 자율주행이 가능한 첨단 자동차를 의미한다.[1] 시장조사기관인 가트너Gartner에 따르면, 2016년을 기준으로 자동차 구매자들 대다수가 자신의 신차에 인터넷 접속이 가능한 기능을 기본적으로 설치하게 될 것이다.[2]

전 세계 자동차 기업과 IT 기업은 스마트카 개발에 열을 올리고 있다. 2014년, 애플은 자동차용 운영체제 카플레이CarPlay를 공개했다. 또

---

1 유한빛, 〈中 바이두, 스마트카 사업도 진출…구글 따라잡기 '안간힘'〉, 조선비즈(2014년 7월 29일자)
2 KISTI 미리안,《글로벌동향브리핑》,〈CES 2014의 주된 방향 - 커넥티드 카〉, 2013년 12월 17일

한 포드, BMW, 아우디, 메르세데스 벤츠, 재규어 랜드로버, 도요타, 닛산, 볼보 등 전 세계 주요 자동차 제조업체들이 자사의 차량에 애플의 카플레이를 탑재할 예정이다.[3] 같은 해, 구글은 샌프란시스코에서 개최한 개발자대회, '구글 I/O'에서 자동차용 운영체제 안드로이드 오토를 공개했다. MS와 리눅스도 자동차용 운영체제를 개발하고 있다.[4] 미래의 성장산업 스마트카 개발이 지속됨에 따라 운전자에게는 실용적인 스마트카 앱이 필요하게 될 것이다. 이러한 가운데 다양한 기능의 스마트카 앱을 개발하는 '스마트카 앱 개발자'가 미래 직업으로 생겨날 전망이다.

전 세계 자동차 기업과 IT 기업은 다양한 스마트카 앱 개발에 도전하고 있다. 2013년, 볼보자동차는 스마트폰으로 주차가 가능한 무인주차 앱을 개발했다.[5] 2014년, BMW는 스마트폰으로 주차공간을 찾고 예약도 해주는 앱을 개발했다.[6] GM은 대다수 쉐보레, 뷰익, 캐딜락 모델 계기판에 음악 스트리밍 앱, '판도라Pandora'를 내장하기 시작했다. 2014년형 메르세데스 벤츠 모델의 계기판에는 라디오 앱, '튠인TuneIn'이 내장돼 있어 스마트폰을 통해 전 세계의 라디오 방송을 들을 수 있다. 포드는 운전자가 가장 가까운 거리에 위치한 도미노피자 매

---

3 Lucas Mearian, 〈애플 카플레이, 스마트카 시장 점령할까〉, ITWorld(2014년 7월 10일자)

4 백강녕, 〈시동걸린 '자동차 OS(운영체제)' 전쟁〉, 조선일보(2014년 7월 11일자)

5 KISTI 미리안, 《글로벌동향브리핑》, 〈스마트폰을 통한 무인주차 자동차 개발 성공〉, 2013년 6월 27일

6 염지현, 〈"주차 고민 끝" BMW, 주차공간 찾아주는 앱 도입〉, 이데일리(2014년 8월 11일자)

7 Neal E. Boudette, 〈자동차, 모바일 핫스팟으로 부상하다〉, 월스트리트저널(2014년 5월 16일자)

장에서 주문을 할 수 있는 앱을 선보이고 있다.[7] 삼성전자는 2014 국제전자제품박람회(CES)에서 BMW와 손잡고 갤럭시 기어로 BMW 최초의 전기 자동차인 i3를 제어하는 상황을 선보였다. 운전자는 갤럭시 기어 전용 i 리모트 앱을 통해 실시간으로 i3의 배터리 현황, 충전 시간, 도어 개폐 현황, 운행 기록 등 차량 상태를 확인할 수 있다.

자동차업체들에게 있어 차량 내에 커뮤니케이션 능력의 앱을 갖추는 것은 판매의 핵심 요소가 될 것이다. 특히 자동차업체들의 주 공략 대상인 젊은 층 소비자들과 생애 첫 자동차 구매자들에게 있어 이 같은 기능은 자동차의 출력이나 주행 성능보다 더 중요한 요소다.[8] 따라서 스마트카 앱 개발자들에 대한 수요는 앞으로 점점 더 높아질 전망이다.

스마트카 앱 개발자들은 실용적이고 핵심적인 기능을 가진 스마트카 앱들을 연구하고 개발해낼 것이다. 예를 들면 페이스북이나 트위터를 거치지 않고 자신의 가족이나 친구의 위치를 찾을 수 있는 앱이나 구글 캘린더 등에 저장된 스케줄을 확인하고 이동할 장소를 자동으로 내비게이션 해주는 앱 등이 개발될 것이다. 인터넷과 연결되는 스마트카는 보안에 취약해질 수밖에 없기 때문에 스마트카 보안 앱도 활발히 개발될 것으로 전망된다. 또한 스마트카 앱은 운전자의 건강까지 수시로 확인해줄 것이다. 미래의 스마트카는 심장 박동 수, 체온, 그리고 땀 분비 등 건강을 측정하는 스마트워치 등 웨어러블 기기와 연결

---

8 Neal E. Boudette, 〈자동차, 모바일 핫스팟으로 부상하다〉, 월스트리트저널(2014년 5월 16일자)

될 것이기 때문이다.

　세계적인 통신장비업체 시스코 시스템즈Cisco Systems의 존 체임버스John Chambers 회장에 따르면, 앞으로는 네트워크상에서 서로 연결되고 실행되는 앱이 새로운 경제의 물결을 주도할 것이다.[9] 이러한 시대에 스마트카 앱 개발자는 미래의 경쟁력 있는 직업이 될 것이다.

---

9 손유리, 〈웹의 시대를 넘어, 지금은 '앱(App)'의 시대〉, 비전(2013년 11월 4일자)

028

스마트홈 앱 개발자

가전제품이 말을 건다

아침에 눈을 뜨자 욕실 불이 켜지고 목욕물이 받아진다. 목욕하고 나오자 커피머신이 작동해 내가 평소 즐겨 마시는 카페라테를 준비한다. 냉장고는 안에 있는 재료를 선별해 아침 메뉴를 선정해준다. 아침 식사를 마치고 집에서 나올 때쯤 보일러는 자동으로 외출모드로 바뀌고, 자동차는 시동을 걸어 히터를 틀어놓는다. 한참을 가다보니 가스 불을 끄지 않고 창문도 닫지 않고 나왔다는 알림이 스마트 디바이스에 뜬다. 나는 앱으로 가스 불을 끄고 창문도 닫는다. 이는 가까운 미래에 볼 수 있는 스마트홈의 모습이다.

스마트홈 시장이 새로운 디지털 개척 분야로 각광받고 있다. 스마트홈은 가전제품, 에너지 소비 장치, 보안 기기 등을 통신망으로 연결해 모니터링하고 제어하는 기술이다. 즉 집과 IT 기술을 결합해 인간의 삶을 효율적으로 변화시키는 주거환경을 말한다. 스마트홈은 가전제품과 스마트폰 시장의 성장 정체 국면을 타개할 대안으로 평가받고 있다.

스마트홈 시장은 빠르게 성장하고 있다. 벤처회사 네스트랩스Nest Labs는 사물인터넷 기술을 활용해 온도조절기를 만드는 회사다. 네스트의 온도조절기에는 움직임을 감지하는 센서와 무선인터넷이 내장됐다. 2014년, 구글은 다가오는 스마트홈 시대에 대비하기 위해 32억 달러라는 거금을 들여 네스트랩스를 인수했다. 아마존은 스마트홈 시장 진출을 추진하고 있다. 스마트홈 기기 사업을 추진하기 위해 전문 인력을 고용하고 제반 기술 개발에 투자할 계획이다.[10]

유럽 가전전시회 'IFA 2014'에서 글로벌 가전업체들은 다양한 스마트홈 제품과 서비스를 선보였다. 독일의 가전회사 밀레는 스마트홈 네트워크 플랫폼인 키비콘을 기반으로 각 가전제품이 연결되는 '밀레앳홈Meile@Home' 시스템을 선보였다. 드럼세탁기와 의류건조기, 전기레인지, 오븐, 후드 등의 제품이 연결된 밀레앳홈 시스템을 활용하면 스마트폰 앱으로 작동 상태 확인과 원격 제어가 가능하다. 지멘스는 자동차 부품업체 보쉬와 합작해 BSH라는 별도의 스마트홈 회사를 설립할 계획이다.

LG전자는 모바일 메신저를 통해 가전제품과 일상 언어로 채팅하며 가전제품을 작동시키거나 상태를 확인하는 '홈챗HomeChat' 서비스를 강화했다.[11] 삼성전자는 안전 서비스, 에너지 모니터링, 위치인식,

---

10 안희권, 〈아마존, 스마트홈 시장 진출 준비중〉, 아이뉴스24(2014년 9월 25일자)
11 이소아, 〈삼성, 스마트홈 기선 잡았다〉, 중앙일보(2014년 9월 10일자)

음성제어 등 고객이 스마트홈에서 필요로 하는 핵심 기능 네 가지를 선보였다.[12] 홍원표 삼성전자 미디어솔류션센터 사장은 2016~17년에는 "스마트폰, 스마트TV를 쓰는 것처럼 집에서 자유롭게 스마트홈의 혜택을 누리게 될 것"이라고 하며, 스마트홈 시장의 성장을 예고했다.

성장하는 스마트홈은 앞으로 가정 내 각종 사고와 위험을 방지하고 질병 예방, 오락과 여가를 비롯해 에너지 절감과 효율적인 관리까지 가능하게 할 것이다. 이에 따라 스마트폰과 웨어러블 기기 등 각종 디바이스를 통해 사용자에게 유용한 스마트홈 앱을 만들어 제공하는 '스마트홈 앱 개발자'가 미래 직업으로 부상할 전망이다.

스마트홈 앱 개발자는 집 안의 모든 물건들이 서로 연결되어 정보를 주고받는 다양한 앱을 만들 것이다. 연결된 앱은 명령을 받기도 전에 사용자의 의도를 이해하고 예측할 것이다. 이로써 당신은 주거환경의 변화에 대해 더 잘 인지할 수 있으며, 더 안전하고 효율적인 주거생활이 가능해질 것이다. 특히 고령화 사회가 가속화될수록 터치 몇 번으로 집안일을 살필 수 있는 스마트홈 시장에서 스마트홈 앱 개발자의 역할은 더욱 높아질 것이다.

존 체임버스 시스코 회장에 따르면, 모든 것이 네트워크로 연결되는 시대에는 사물인터넷에 적응하느냐 못 하느냐가 IT 기업들의 생사를 가르게 될 것이다. IT 기업들이 사물인터넷의 핵심인 스마트홈 시장과 스마트홈 앱 개발자에 주목해야 하는 이유다.

---

12 김준배, 〈업계 경쟁으로 시너지 기대되는 '스마트홈'〉, 전자신문 (2014년 9월 10일자)

029

산업인터넷 전문가

기계와 소통하는 산업의 미래

산업혁명의 산물인 '기계'와 인터넷 혁명의 산물인 '네트워크'가 결합해 '산업인터넷(Industrial Internet)'이라는 혁신의 물결을 일으키고 있다. 산업인터넷은 소프트웨어, 센서, 그리고 데이터를 통해 기계와 기계, 기계와 사람, 기계와 비즈니스 운영을 서로 연결시켜 효율성과 생산성의 혁명을 가져오는 차세대 기술[13]을 말한다. 이러한 가운데 기계에 스마트 기능을 탑재해 데이터를 수집하고 분석해 기존 설비나 운영 체계를 최적화하는 '산업인터넷 전문가'가 미래 직업으로 떠오를 전망이다.

기술의 발달로 산업 현장의 기계들에 스마트 기능 탑재가 가능해

---

13 GE코리아 콘텐츠팀, 〈산업인터넷, 21세기 산업혁명을 이끌다〉, 조선일보(2014년 6월 28일자)

졌다. 방대한 양의 정보를 처리할 수 있는 데이터 원격 저장 기술, 첨단 분석 툴 등이 널리 보급되고 있기 때문이다. 특히 기술 도입 비용이 점차 낮아지고, 클라우드 컴퓨팅이 확산되면서 보다 저렴한 비용으로 더욱 더 많은 정보를 수집하고 분석하는 것이 가능해졌다.[14] 이러한 조건들이 모여 산업인터넷이라는 혁신의 물결로 이어지게 된 것이다.

산업인터넷의 범위는 철도, 항공, 항만, 발전설비, 의료 기기 등 다양하다. 독일의 산업용 로봇 제조업체 쿠카 로보틱스KUKA Robotics는 GM 오하이오 공장에 산업인터넷을 적용했다. 이 공장의 246개 로봇과 영업·패킹 등에 사용되는 6만여 개 기기들이 '말을 할 수 있게' 만든 것이다. 모든 기기는 온도, 토크, RPM 등에 대한 데이터를 중앙 컴퓨터로 실시간 전송한다.[15] 이로써 공장의 효율적인 운영이 가능해졌다.

독일 지멘스 그룹의 암베르크 공장은 생산신뢰성이 99.9988퍼센트인 세계 최고의 지능형 공장이다. 수만 개의 센서와 SW, 제조가 결합하여 대부분의 공정이 자동화된 결과다. 수만 개의 센서로 실시간 정보를 수집하고 매일 생성되는 빅데이터를 분석하여 가동률과 불량률 등을 실시간으로 체크한다. 이 기계가 언제 가동돼야 하고, 언제 작동을 멈추는지도 초단위로 예측해 전력 소모를 줄여 효율성을 높인다. 이런 이유로 암베르크 공장의 생산성과 신뢰성은 최고다.[16]

제너럴일렉트릭(GE)은 산업인터넷을 활용해 새로운 제조업을 만

---

14 GE코리아 콘텐츠팀, 〈산업인터넷, 21세기 산업혁명을 이끌다〉, 조선일보(2014년 6월 28일자)

15 매일경제 IoT 혁명 프로젝트팀, 《사물인터넷》, 매일경제신문사(2014), 173쪽 참조

16 김동은, 〈獨, SW+센서 결합 '놀라운 혁신'〉, 매일경제(2014년 5월 7일자)

들어내고 있다. 2012년, 샌프란시스코 샌라몬에 설립된 글로벌 소프트웨어센터는 GE의 산업인터넷 전초기지다. 글로벌 소프트웨어센터의 목적은 산업장비에서 생성되는 100만 기가바이트 정보를 자동으로 분석하고 활용해 생산성과 비즈니스 운용을 최적화하는 것이다.[17] 제조업은 운영비 비중이 막대하기 때문에 생산성을 1퍼센트만 높여도 엄청난 비용절감 효과를 얻을 수 있다.[18]

GE헬스케어는 헬스케어 산업인터넷의 시작을 알리고 있다. 기계에 대한 의존도가 높은 병원에서 기계 결함은 곧 환자의 생명과 직결된다. 이러한 가운데 GE헬스케어는 산업인터넷을 의료 기기에 적용해 의료 기기를 관리하는 '서비스 2.0'을 선보였다. 서비스 2.0은 전문 엔지니어들이 의료 기기가 생산하는 데이터와 온라인으로 소통하며 원격으로 문제를 사전 진단하고 해결하는 시스템을 말한다. 또한 엔지니어링 빅데이터를 구축해 기계의 결함 발견과 해결방안을 다른 엔지니어들과 공유한다. 이를 통해 시간과 비용을 절감할 수 있다.[19]

브라질은 브라질리아를 포함한 남동부 지역 10개 공항에 GE의 RNP Required Navigation Performance 시스템을 도입했다. RNP 시스템은 항공기 곳곳에 센서를 달아 항공기의 움직임을 실시간으로 파악하고 데이터를 수집하는 시스템을 말한다. 수집된 데이터는 분석돼 항공기의 운항 경로와 기존의 운항 데이터를 바탕으로 최적의 경로를 알려준다.

---

17 손재권, 〈SW 1000명 인재가 GE 바꿨다〉, 매일경제(2014년 9월 9일자)
18 매일경제 IoT 혁명 프로젝트팀, 《사물인터넷》, 매일경제신문사(2014), 111쪽 참조
19 GE코리아 콘텐츠팀, 〈스스로를 진단하는 지능적 의료기기…산업인터넷 통해 가능해지다〉, 조선일보(2014년 10월 4일자)

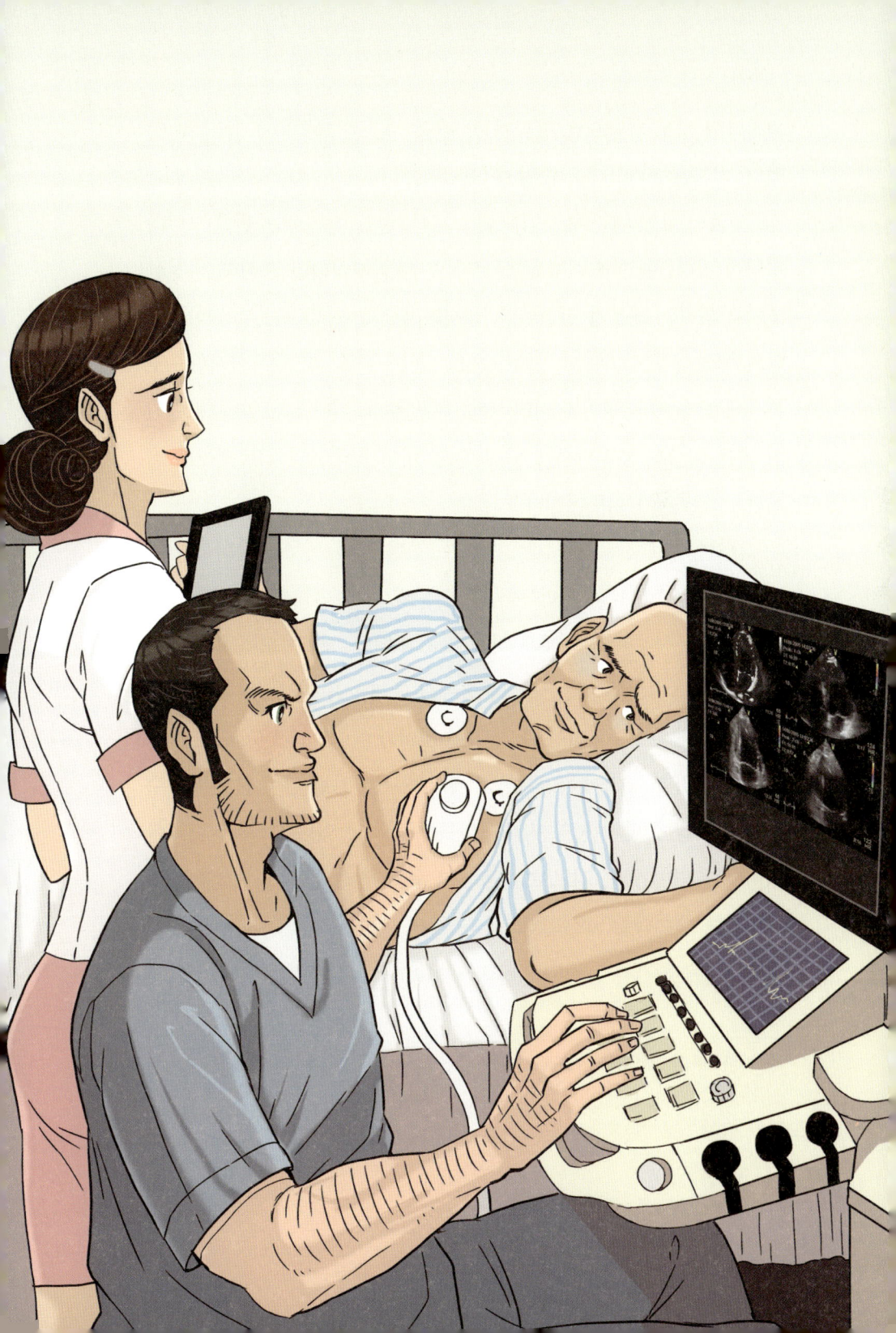

최적화된 경로 파악으로 항공기 한 대당 시간을 7분 30초 당길 수 있었고, 기름은 290리터를 줄일 수 있었다.[20]

영국의 항공 엔진 제조업체 롤스로이스Rolls-Royce에는 엔진 모니터링팀이 있다. 엔진에 내장된 센서가 수집한 데이터를 분석해 적절한 조치를 취하는 전문가 집단이다. 센서는 엔진을 가동하는 부품과 시스템의 데이터를 수집하고, 압력·온도·진동·속도 정보를 실시간으로 본사에 전송한다. 엔진 모니터링팀은 세밀한 데이터 분석을 통해 엔진의 작은 이상도 놓치지 않는다. 태평양 바다 상공 4만 피트에서도 실시간으로 조치가 이루어진다.[21]

산업인터넷 전문가는 제품진단 소프트웨어와 분석 솔루션을 결합해 기계들을 스마트하게 만든다. 이를 통해 기계들이 스스로 데이터를 공유하고 분석해 관리자에게 의미 있는 정보를 제공하도록 만들어낸다. 산업인터넷 전문가는 산업 현장에서 효과적인 의사결정이 가능한 디지털 생태계를 구축하는 주역이 될 것이다.

항공, 철도, 헬스케어, 제조 및 에너지 등 다양한 산업 현장에서 수많은 기계들이 방대한 양의 데이터를 생성하고 있다. 그러나 이러한 데이터가 의미 있는 정보로 활용되지 못해 버려지고 있는 실정이다. 버려지는 데이터를 재생산하고 재조합해 예방과 예측을 제공하는 산업인터넷 전문가가 그 어느 때보다 절실하다.

---

20 〈브라질의 꽉 막힌 하늘을 정리해주는 GE의 산업인터넷〉, GE코리아 공식블로그(2014년 1월 20일자)
21 매일경제 IoT 혁명 프로젝트팀, 《사물인터넷》, 매일경제신문사(2014), 166~167쪽 참고

030

스마트의류 디자이너

입는 컴퓨터로 변신 중인 옷

이제 옷은 기존의 영역을 뛰어넘어 건강 관리, 위험 감지, 질병 예방 등의 역할을 한다. 의류가 센서, 앱 등과 함께 하나로 결합되면서 스마트해지고 있기 때문이다. 이것을 '스마트의류'라고 한다. 글로벌 컨설팅기관 가트너는 스마트의류의 판매량이 2014년 10만 개에서 2015년 1,010만 개, 그리고 2016년에는 2,020만 개가 될 것으로 예측했다.[22] 이러한 흐름에 따라 스마트의류에 활용되는 새로운 소재, 센서, 앱 등을 개발하고 디자인하는 '스마트의류 디자이너'가 앞으로 유망한 직업이 될 전망이다.

2014년, 일본 최대 이동통신사 엔티티 도코모NTT DoCoMo는 소재

---

22 백설희, 〈스마트의류 시대, 제일모직 코오롱 속속 신제품〉, 비즈니스포스트(2015년 1월 20일자)

Stress Level
40

개발업체 도레이Toray와 협력해 나노섬유가 부착된 스마트 티셔츠 '히토에Hitoe'를 선보였다. 나노섬유는 사용자의 혈압, 심박 수 등을 측정한다. 측정된 결과는 티셔츠 표면에 부착된 두 개의 정사각형 센서에 의해 취합된다. 이렇게 취합된 정보는 블루투스를 통해 스마트폰 앱으로 전달되고, 사용자는 이 앱을 통해 신체 상황에 대한 분석 보고서를 제공받을 수 있다. 스마트 티셔츠 이외에도 스마트 수면용 제품과 스마트 모자 등이 함께 공개됐다.[23]

인텔Intel은 스마트 셔츠를 선보였다. 칩과 센서가 부착된 스마트 셔츠는 심장 박동과 심전도를 측정해 실시간으로 스마트폰 화면에 표시한다. 인텔은 대만의 스마트의류 생산업체인 AiQ와 손잡고 스마트 셔츠를 시판한다.[24] 바이오메트릭스VivoMetrics는 라이프 셔츠를 개발했다. 라이프 셔츠는 환자의 땀과 심장 박동 등 주요 생체 데이터를 수집하고 분석해 의사들에게 실시간으로 처방이나 치료시기를 알려준다.[25]

랄프 로렌Ralph Lauren이 선보인 스마트 셔츠 '폴로 테크 셔츠'에는 테니스 선수들의 심박 수, 호흡, 에너지 출력, 스트레스 수준을 측정하는 센서가 달려 있다. 폴로 테크 셔츠는 선수의 움직임과 공의 방향 데이터를 측정해 이를 스마트폰에 전송한다.[26] 마이크로소프트 연구진은 여성의 심장 박동과 체온, 피부 상태를 살필 수 있는 스마트 브라를 개

23 차재서, 〈日서 동작인식센서 탑재한 '스마트 티셔츠' 등장〉, 전자신문 (2014년 2월 1일자)
24 차예지, 〈인텔, 스마트셔츠 공개…올 여름 출시 예정〉, 머니투데이 (2014년 5월 29일자)
25 배덕훈, 〈선글라스에서 시계까지…첨단화되는 스마트 기기〉, 노컷뉴스 (2013년 9월 5일자)
26 Jared Newman, 〈랄프 로렌, 폴로 셔츠에 스마트 기술 접목〉, CIO Korea (2014년 8월 26일자)

발했다. 브라에 부착된 센서가 심전도와 피부 상태 등을 측정해 스마트폰으로 데이터를 전송한다. 사용자가 과식하면 앱에 경고 메시지를 보내 음식 섭취를 조절하게 한다.[27]

스마트의류 디자이너는 패션과 IT를 결합해 사람들의 안전과 건강, 편리함을 책임지는 스마트의류를 만든다. 특수한 소재를 기획하고 섬유나 의류에 내장이 가능한 초소형 반도체 칩이나 센서, 디지털 기기, 앱 개발에 주력할 것이다. 그렇기에 스마트의류 디자이너에게 IT 트렌드를 읽는 안목은 필수다. 기존의 의류 디자이너처럼 디자인이 예쁘면서 편하고 이질감 없는 옷도 디자인한다.

IT와 패션의 경계가 허물어지면서 세계는 지금 스마트의류 혁명을 겪고 있다. 빠르게 발전하는 과학 기술은 감지, 분석, 알림 등을 뛰어넘어 더 많은 기능을 의류에 부여할 것으로 보인다. 스마트의류 디자이너는 똑똑한 의류를 디자인함으로써 'IT를 입는 시대'를 이끌 것이다.

---

27 김의정, 〈[스마트 건강족] 웨어러블 디바이스〉, 매일신문(2014년 7월 10일자)

031

앱세서리 개발자

스마트 기기의 기능을 확장시킨다

스마트 기기의 이용 증가에 따라 '앱세서리Appcessory'가 새로운 트렌드로 떠오르고 있다. 앱세서리는 애플리케이션과 액세서리의 합성어로, 스마트폰이나 태블릿 PC 등과 연동돼 스마트 기기를 다양하게 활용할 수 있게 해주는 액세서리를 말한다. 정보화진흥원은 전 세계 스마트 무선 액세서리 출하량이 2013년부터 2018년까지 연평균 56퍼센트 성장해 2018년엔 약 1억 7,000만 개에 달할 것으로 보고 있다.[28] 이러한 가운데 다양한 용도의 앱세서리를 개발하는 '앱세서리 개발자'가 미래 직업으로 주목받을 전망이다.

앱세서리는 창의적 아이디어와 상상력 그리고 정보통신기술(ICT)

---

28 손유리, 〈[액세서리+앱] 앱세서리 시장 뜬다〉, 매일경제(2014년 6월 25일자)

이 결합돼 창업을 유도하는 한편, 고용 창출을 일으키는 신성장산업으로 인정받기 시작했다. 트위터의 공동 창업자인 잭 도시Jack Dorsey는 2009년 모바일 결제 기업 '스퀘어Square'를 설립했다. 스퀘어는 값비싼 카드 단말기와 점포의 포스POS 시스템을 스마트폰으로 대체할 수 있는 카드 리더기를 만들었다. 사용자가 스퀘어의 작은 리더기를 스마트폰에 연결하면, 스퀘어 앱을 통해 카드 결제를 진행할 수 있다. 스퀘어의 서비스는 2015년부터 구글 월렛과 애플 페이도 지원할 예정이다.[29]

국내에서도 많은 벤처기업들이 앱세서리들을 잇따라 선보이고 있다. 아롱엘텍이 선보인 앱세서리 '에피'를 스마트폰에 연결하면 피부 수분도를 측정해 보여준다. 에이스텐이 출시한 휴대용 음주 측정기 '에이스캔'을 스마트폰의 이어폰 단자에 꽂고 입김을 불면 알코올 농도를 측정해준다.[30] 소나테크는 수심, 수온, 지형의 바닥, 물고기의 위치 등을 파악해 스마트폰에 정보를 보내주는 휴대용 수중 음파 탐지기 '피시헌터'를 개발했다.[31] 기존에 수십, 수백만 원에 달하는 기기가 앱세서리가 되면서 저렴하고 간편해졌다.

대기업들도 가능성을 파악하고 앱세서리 시장에 진입하고 있다. LG전자와 SK텔레콤은 초소형 프로젝터를 포함해 다양한 앱세서리를 선보였다.[32] SK텔레콤은 한 발 더 나아가 아이리버를 인수하여 향후

29 정일주, 〈스퀘어, '구글월렛'과 '애플페이' 품는다〉, 아이티투데이(2014년 11월 23일자)

30 김건우, 〈중소기업, CES서 아이디어로 승부하는 헬스케어 '눈길'〉, 머니투데이(2014년 1월 9일자)

31 심현정, 〈스마트폰과 멀어지니 경보음이?…편리한 기능성 액세서리〉, 조선일보(2014년 7월 11일자)

앱세서리 분야의 상품을 강화할 예정이다.[33] 앱세서리 개발자의 무대
가 확대되는 것이다.

앱세서리는 의료 서비스에서도 새로운 패러다임을 몰고 왔다. 영
화 〈스타트렉Star Trek〉에서 의사를 대신해 몸 상태를 한번에 진찰해서
정확한 건강 상태를 알려주는 휴대용 진찰기 '트라이코더Tricorder'가 현
실에서 등장했다. 미국 벤처기업 스캐너두Scanadu가 광센서 기술을 이
용해 이마에 대기만 하면 신체 정보를 읽어 15가지 질병을 진단하는
앱세서리 '스카우트'를 선보인 것이다.[34] 앱세서리 개발자는 의학 혁명
을 이끄는 주역이 될 수도 있다.

스마트 기기의 기능을 확장시키는 애프터마켓Aftermarket이 커지고
있다. 앱세서리 개발자는 스마트 기기의 머리를 활용할 앱세서리를 개
발한다. 사진인화, 프로젝트 빔, 스마트칫솔과 같은 편의 기기부터 수
분측정기, 숙면 유도와 같은 의료 기기까지 다양한 앱세서리들을 만들
어 스마트 기기의 기능을 무한대로 확장시킬 것이다.

스마트 기기의 조연이었던 주변 기기가 스마트 혁명의 새로운 주
연으로 떠오르고 있다. 그 혁명의 중심은 스마트 기기의 손과 발이 되
어줄 앱세서리다. 이러한 가운데 창의적인 아이디어를 갖춘 앱세서리
개발자는 스마트 기기 활용 범위에 한계가 없는 시대를 만들 것이다.

---

32 권용민, 〈SKT, 하반기 무선 스마트빔 출시…앱세서리 경쟁력 강화〉, 아시아경제(2014년 8월
4일자)
33 심지혜, 〈아이리버 인수 나선 SKT "앱세서리 분야 강화"〉, 뉴데일리경제(2014년 6월 3일자)
34 김창욱, 〈[이슈분석] IT와 BT의 융합… '모바일 의학' 열풍이 분다〉, 전자신문(2014년 7월 15
일자)

032

스마트 오피스 매니저

스마트 워커들의 똑똑한 작업장

정보통신기술의 발전으로 스마트 워크Smart Work가 빠르게 확산되고 있다. 스마트 워크는 인터넷과 스마트 기기를 활용하여 시간과 장소에 구애받지 않고 업무를 수행하는 유연한 근무 형태를 말한다. 이는 기존 사무실 개념을 탈피하여 근무 장소를 더욱 확대시킨다. 스마트 워크가 증가함에 따라 적합한 사무환경을 갖춘 공간, '스마트 오피스'가 등장하고 있다. 이러한 가운데 스마트 워커들에게 필요한 근무환경을 조성해 공유하는 '스마트 오피스 매니저'가 미래 직업으로 생겨날 전망이다.

스마트 워커들에게는 다양한 형태의 스마트 오피스가 필요하다. '서드 도어Third Door'는 영국 최초로 부모들이 자유롭게 일을 할 수 있는 사무공간과 아이들을 믿고 맡길 수 있는 육아시설이 합쳐진 스마트 오피스다.[35] 미국 매사추세츠에 있는 '브루클린 바우더스Brooklyn Boulders'는 스타트업 창업가들을 위한 스마트 오피스다. 다양한 스포츠 오락시설을 갖춘 이 공간에서 많은 예비 창업가들이 창의력을 키워 창업을 시도하고 있다. 실제로 우버Uber, 집카Zipcar와 같은 유명 벤처기업들도 이곳에서 창업해 성공했다.[36]

실리콘밸리에서 시작한 시제품 제작소 '테크샵TechShop', 벤처 창업자들은 이곳에서 3D 프린터 등 각종 디지털 기기들을 저렴한 가격으로 이용해 시제품을 만들 수 있다. 또한 벤처 창업자, 투자자 등 관련 비즈니스 관계자들을 한데 모으기 위한 다양한 이벤트들도 기획한다.[37] 화이트 해커들의 커뮤니티 공간인 '해커스페이스Hackerspaces'도 대표적인 스마트 오피스로 꼽힌다. 중국 최초 해커스페이스 '신처젠'에서는 로봇이나 수경재배 등 다양한 분야에서 비즈니스 아이템을 가진 중국의 젊은이들이 모여 아이디어를 교환하거나 발명한 제품을 시장에 선보이는 길을 모색하고 있다.[38]

정해진 일터가 없는 스마트 워커들이 증가하고 있다. 이들은 인터넷과 각종 디지털, 스마트 기기를 자유롭게 활용할 수 있고, 사회적 관계와 사업 네트워크를 넓힐 수 있는 사무공간을 원한다. 스마트 오피스 매니저는 스마트 워커들이 업무에서 필요로 하는 도구 및 설비가

---

35 김인수·윤선영, 〈육아 때문에 사표 쓴 그녀, 육아로 창업하다〉, 매일경제(2014년 2월 21일자)
36 이대호, 〈각종 스포츠 시설을 갖춘 신개념 '공동 사무실'〉, 비전(2014년 2월 14일자)
37 로버트 스코블·셸 이스라엘, 《컨텍스트의 시대》, 지앤선(2014), 170쪽 참조
38 배준호, 〈해커스페이스, 중국 혁신을 주도한다〉, 이투데이(2014년 4월 8일자)

갖춰지고 다양한 비즈니스가 진행될 수 있는 스마트 오피스를 조성한다. 스마트 오피스 매니저의 목표는 효율적인 사무환경을 만들어 스마트 워커들의 업무 생산성과 만족도를 높이고 이들의 꿈을 실현시키는 데 있다.

033

개인 라이프로그 분석가

생활을 분석해 맞춤 서비스를 제공한다

빌 게이츠는 1995년 그의 저서 《미래로 가는 길(The Road Ahead)》에서 "언젠가는 우리가 보고 듣는 모든 것을 기록하게 될 것이다"라고 말했다. 그리고 20여 년이 지난 지금, 그의 예견은 현실이 되고 있다. 삶의 기록, 즉 '라이프로그Lifelog'를 모바일, SNS, 데이터, 센서, 위치 기반 서비스가 효과적으로 기록하고 있기 때문이다.

미래 지향적인 마케터들은 '적시 경험'에 주목한다. 적시 경험은 모바일, SNS, 데이터, 센서, 위치 기반 서비스 기술의 조합을 통해 고객들의 라이프로그를 분석하고 고객들이 정확한 정보를 필요로 하는 순간에 전달해주는 것을 의미한다.[39] 이는 고객을 확보하고 유지하는

---

39 로버트 스코블·셸 이스라엘, 《컨텍스트의 시대》, 지앤선(2014), 88쪽 참조

것이 필수인 기업에게 있어 마케팅 패러다임이다. 이러한 가운데 개인의 생활패턴을 관찰하고 분석해 유용한 정보를 만들어 제공하는 '라이프로그 분석가'가 미래 직업으로 부상할 전망이다.

라이프로그 분석가는 라이프로그를 분석해 생활패턴, 선호도, 특이사항들을 찾아낸다. 이때 개인정보가 어떻게 사용될 것인지 처음부터 명확히 사용자에게 전달해야 한다. 이러한 과정을 통해 사용자에게 맞춤형 서비스를 제공하는 예측 시스템을 구축한다. 개인 기사 서비스 '우버'는 사용자가 어디에 있고 언제 문자를 보냈는지에 대한 데이터를 저장한다. 그들은 사용자의 패턴을 관찰하고 시간이 지남에 따라 사용자가 특정한 시간에 주어진 위치에서 서비스를 요청하는 패턴을 이해하는 예측 시스템을 구축하고 있다.[40] 스타벅스는 회원 데이터를 분석해 사람들의 매장 이용 패턴에서 여러 개 유형을 추출해 몇 가지 카테고리로 분류한다. 이를 통해 고객 성향과 패턴에 따라 맞춤형 할인 혜택이나 프로모션 정보를 스마트폰 또는 이메일로 보낸다.[41] 이러한 예측 시스템을 통해 사용자는 자신에게 맞는 서비스를 제공받아 즐거움과 편리함을 경험하는 것이다.

특히 라이프로그 분석가는 기업의 의사결정에 있어서 중요한 역할을 할 것으로 보인다. 고객들을 파악할 때 중요한 것이 SNS 사용량, 운동량, 음악 및 영화감상, 온라인 검색 등 어떤 활동을 할 때마다 추출해내는 라이프로그이기 때문이다. 라이프로그 분석가는 이러한 데이터

---

40 로버트 스코블·셀 이스라엘,《컨텍스트의 시대》, 지앤선(2014), 95쪽 참조
41 이경진,〈빅데이터가 고객 충성도 'Size Up' 해드려요〉, 매일경제(2014년 12월 18일자)

조각들을 통해 소비자 트렌드를 파악하고 향후 개척할 시장을 예측한다. 예를 들어, 신제품 도입 시 기존 고객 중 어떤 이들을 대상으로 파일럿 프로그램을 해볼 것인지, 어떤 프로모션을 해야 효과가 좋을지 등에 대한 의사결정 체계를 구축할 수 있다.

대량 생산과 대량 판매로 자본주의의 번영을 이끌었던 '매스 마켓 Mass Market'은 곧 종말을 고할 것이다.[42] 고객은 이제 대중이 아니라 개인이다. 앞으로는 개인의 삶을 정확히 파악하고 만족시켜주는 비즈니스가 성공한다. 라이프로그 분석가는 사용자에게 적절하고 질 높은 맞춤 서비스를 제공함으로써 새로운 비즈니스를 개척하는 주역이 될 것이다.

---

[42] 최용성 · 김병호, 〈제15회 세계지식포럼 10대 메시지〉, 매일경제(2014년 10월 17일자)

034

스포츠데이터 분석가

선수의 모든 것을 분석한다

1997년 당시 오클랜드 애슬레틱스Oakland Athletics는 메이저리그 최하위 팀이었다. 선수들은 오합지졸이었고 구단의 재정 상태는 궁핍했다. 이때 빌리 빈Billy Beane이 오클랜드 애슬레틱스의 단장을 맡았다. 빈은 최악의 팀을 재정비하기로 마음먹었다. 물론 재정 상태의 궁핍으로 실력 좋은 선수를 영입할 수는 없었다. 대신 하버드대학교 경제학과 출신의 폴 데포데스터Paul DePodesta를 고용했다.

빈과 데포데스터는 메이저리그 선수들의 모든 경기를 분석하고 데이터를 축적했다. 그렇게 축적된 데이터를 바탕으로 저평가됐지만 출루율이 높은 선수들을 싼값에 영입했다. 언론은 "직감과 경험을 무시하고 컴퓨터 데이터로 야구를 하려 한다"고 비아냥거렸다. 하지만 만년 최하위 오클랜드는 5번(2000~2003년, 2006년)이나 포스트 시즌에 진출했고, 140년 메이저리그 역사상 최초로 20연승이라는 타이틀을 거머쥐었다.

독일 축구대표팀은 세계 최강의 실력을 자랑한다. 독일 전차군단의 바탕은 세계적인 프로축구 리그인 분데스리가의 경험과 잘 구축된 청소년 육성 시스템이다. 여기에 2014년 브라질 월드컵에서는 비밀무기가 하나 장착됐다. 센싱Sensing 기반의 데이터 분석이었다. 브라질 월드컵 훈련기간 동안 독일 축구대표팀 선수들은 양쪽 무릎과 어깨 등 모두 4개의 센서를 부착하고 훈련했다. 90분간의 훈련 동안 선수 한 명당 432만 개의 데이터가 수집됐다. 중앙 서버는 이 방대한 데이터를 분석해 실시간으로 코치의 태블릿 PC에 전송했다. 코치는 이를 통해 선수별 특징을 파악하고 상황별 전술을 짰다.[43] 경기력은 향상됐고, 독일은 브라질 월드컵 우승을 차지했다.

스포츠계는 직감과 경험을 중시한다. 완벽한 전략을 위해서는 직감과 경험만으로는 한계가 있다. 정확한 데이터가 더해져야 한다. 이러한 가운데 정확한 데이터를 수집하고 이를 바탕으로 전략을 분석하는 '스포츠데이터 분석가'가 미래 직업으로 떠오를 전망이다.

스포츠데이터 분석가는 발전하는 무선 데이터 전송 기술과 각종 스마트 기기를 활용해 경기장 안에서 일어나는 모든 것을 완벽하게 3차원으로 측정하고 분석한다. 이를 통해 선수별 기량을 파악하고 서로의 장·단점이 조화를 이룰 수 있는 상황별 전술을 구상한다. 이때 여

---

43 강동철, 〈선수 1명당 432만개(전후반 90분 한 경기) 빅데이터로 무장…더 막강해진 獨 전차군단〉, 조선일보(2014년 6월 9일자)

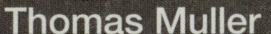

Thomas Muller

OFF 90 DEF 76
TAC 85 SPD 79
TEC 88 PHY 86

리 데이터를 통합해서 보고 활용하는 균형 감각은 필수다. 시장에서 저평가된 선수를 발굴하는 데도 도움을 준다.

어떤 곳보다 경쟁이 치열한 프로스포츠의 세계에서 승리하기 위해서는 무엇보다 모든 유형의 데이터를 새롭게 분석해야 한다. 스포츠 데이터 분석가는 해당 스포츠 분야의 이해도와 데이터 분석력을 바탕으로 전략에 대한 통찰력과 좋은 의사결정 과정을 구축하는 데 도움을 줄 것이다.

035

SNS 데이터 분석가

SNS를 통해 기회를 발견한다

SNS 시장은 큰 기회다. SNS상에서 사람들이 가장 많이 검색하거나 관심을 보이는 것들을 분석해 데이터화한다면 강력한 영향력을 행사할 수 있기 때문이다. 그 범위는 자연재해, 주식 시장, 대통령 선거, 상품 판매, 보건 등 다양하다. 앞으로 SNS상의 데이터를 통합적으로 분석해 새로운 정보를 생산하는 'SNS 데이터 분석가'가 미래 직업으로 주목받을 전망이다.

SNS 데이터는 다양한 분야에서 분석돼 활용되고 있다. 특히 세분화된 사용자 분석으로 신규 고객 발굴이나 일대일 맞춤 서비스를 제공해야 하는 기업들에게 SNS 데이터 분석은 필수다. 2013년, 애플은 SNS 데이터를 분석하는 스타트업 '탑시Topsy'를 인수했다. 탑시는 SNS상에 오가는 대화를 수집하고 분석해 특정 사안에 대한 여론이나, 새로운 소

비자 트렌드를 파악하고 그것을 다른 기업들에게 제공하는 기업이다. 하루 5억 개 이상의 데이터를 분석한다.[44]

'빈탱크VinTank'는 SNS분석 전문 컨설팅업체다. 특히 포도주를 만드는 와이너리들이 빈탱크의 주요 고객이다. 빈탱크가 SNS에서 와인 애호가들이 무슨 말을 하는지 분석하고 올바른 고객들을 알려주기 때문이다. 2012년, 빈탱크는 온라인상의 와인 관련 대화 약 3억 5,000만 개를 수집하고 분석했다. 이중에서 브랜드, 지역, 품종에 관한 5,000만 건의 대화를 추출했다. 이를 통해 와이너리들이 잠재 고객들을 발굴하고, 접근성은 용이하나 고객이 될 가능성이 없는 희박한 사람들을 걸러내는 것을 도와줬다.[45]

SNS 데이터 분석을 통해 선거 전략을 계획할 수도 있다. 버락 오바마 미 대통령의 2012년 대선 승리는 '빅데이터 승리'라고 불린다. 오바마 대선 캠프는 대통령 선거 2년 전부터 빅데이터의 수집과 분석을 위해 300명 규모의 데이터 분석팀을 꾸렸다. 데이터 분석팀은 SNS 데이터 분석을 통해 유권자 2억 명의 특성을 파악해 거미줄 같이 촘촘하게 연결된 섬세한 선거 전략을 짰다.[46]

SNS 데이터 분석은 자연재해와 전염병의 신속한 예측보도의 역할도 할 것으로 기대된다. 실제로 일본에서는 지진과 태풍 관련 트위터를 분석해 그 증가 패턴으로 기상청 속보보다 신속하게 지진을 감지하

44 박재항, 〈SNS, 이젠 고객의 Why까지도 터치하라〉, 매일경제(2014년 1월 9일자)
45 로버트 스코블 · 셸 이스라엘, 《컨텍스트의 시대》, 지앤선(2014), 89~94쪽 참조
46 박영준, 〈SNS '빅데이터' 선거판 흔든다〉, 세계일보(2014년 8월 8일자)

고 태풍의 이동경로를 예측한 사례가 있다.[47] 국민건강보험공단은 국민건강주의예보 제도를 도입하기로 했다. 국민들이 SNS상에서 검색한 키워드를 분석해 전염병을 먼저 예측하겠다는 것이다.[48]

SNS 데이터 전문가는 실시간으로 데이터를 수집하고 분석한다. 그 결과를 바탕으로 통계모델을 만들고 사람들의 행동패턴이나 시장경제 등을 예측한다. 또한 분석된 데이터가 모바일, 센서, 위치 기반 기술과 통합되면 극도로 개인화된 맞춤 콘텐츠가 형성될 것이다. 그 콘텐츠들은 고객이 누구인지, 무엇을 하고 있는지, 그다음에 무엇을 할지에 관한 이해를 도울 것이다.[49]

전 세계 수십억 명이 SNS를 통해 자신의 생각과 행동을 공유한다. 때문에 SNS는 신선하고 풍부한 정보원이 될 수 있다. 하지만 정보 그 자체는 무의미하다. SNS상의 정보를 적절한 맥락 속에서 파악하고 내재된 의미를 찾아내려고 노력하는 SNS 데이터 전문가가 그 어느 때보다 필요하다.

---

47 〈자동화기술〉, 2014년 5월호, 59쪽 참조
48 이동현·유재연, 〈스마트 기기의 역습…당신의 일상은 낱낱이 분석된다〉, 중앙SUNDAY 제376호(2014년 5월 25일자)
49 로버트 스코블·셸 이스라엘, 《컨텍스트의 시대》, 지앤선(2014), 9쪽 참조

036

스마트더스트 프로그래머

초소형 센서로 모든 정보를 수집한다

스마트더스트Smart Dust는 무선 네트워크 기능을 갖춘 초소형 센서다. 먼지처럼 작지만 네트워크 접속 능력과 통신 기능을 갖춘 센서가 공간 구석구석에 뿌려진다. 그리고 통신 인프라가 없는 상황에서 스스로 감지한 주변 환경 상태 정보를 전달한다. 스마트더스트는 주로 건물, 도로, 의복, 인체 등 물리적 공간에 뿌려진다. 이를 통해 주변 온도, 습도, 빛, 진동 등의 정보를 감지하고 관리할 수 있다.[50]

스마트더스트가 수집해 송신한 정보는 위성보다 정확한 현지 상황 정보를 사용자에게 제공한다. 하지만 스마트더스트는 작다. 때문에 특화된 한두 가지 기능만을 가질 수 있다. 이러한 가운데 지역별 상황

---

[50] 《미래기술백서 2014》, KISTI 정보분석연구소(2014), 430쪽 참조

에 맞춰 스마트더스트를 프로그래밍하고 수집되는 방대한 양의 데이터를 분류 및 분석해 유용한 정보를 만들어내는 '스마트더스트 프로그래머'가 미래 직업으로 생겨날 전망이다.

스마트더스트는 UC버클리대학 연구진이 미 국방부의 지원을 받아 최초로 개발했다. 원래는 전시에 적군의 위치나 생화학 무기를 감지하는 군사용 목적이었다. 그런데 세계적인 연구소들이 다양한 분야에 활용하기 위해 연구하면서 안전하고 정교한 다목적 초소형 센서로 탈바꿈했다.

자연재해 예방 시스템으로의 활용은 가장 기대할 만하다. 미국 오클라호마 주립대학교 연구팀은 기상관측 스마트더스트를 뿌려 실시간으로 각종 기상 정보를 받는 시스템을 개발하고 있다. 기상관측용 스마트더스트는 폭풍의 진행 방향과 강도를 측정하는 데 도움을 줄 것이다.[51] 바다에 뿌려진 스마트더스트는 바닷물의 온도, 염분, 미생물, 조류변화 등을 감지해 데이터를 실시간으로 중앙시스템에 전송한다. 이를 통해 지진해일, 태풍 등과 같은 자연재해의 이동경로 및 진행 상황을 파악하고 피해 예상지역을 예측할 수도 있다.[52] 건물이나 지상에 뿌려진 스마트더스트는 지진으로 인한 진동을 바로 감지해낼 수 있다.

시설물 관리 및 보안으로도 활용 가능하다. 시설물의 노후 정도를 파악하여 유지보수를 하고 기술유출 및 정보유출을 미리 막을 수 있다. 이밖에도 스마트더스트는 환경, 농업, 교통, 의학 등 다양한 분야에

51 유희준, 〈영화가 현실로…토네이도 관측용 무인기 개발된다〉, SBS뉴스(2013년 6월 2일자)
52 이은용, 《옐로 사이언스》, 이후(2005), 204~205쪽 참조

Smart Dust

서 응용될 수 있다. 실내에 뿌려져 온도를 측정하고, 수집한 정보를 건물의 냉난방 장치로 전송해 온도를 조절하거나 제품의 품질관리 및 유통경로관리 관련 모든 정보를 실시간으로 파악할 수 있다.

활용 분야가 다양한 만큼 스마트더스트가 각 장소에서 상황에 맞는 역할을 수행할 수 있도록 디자인하는 프로그래머의 수요 또한 높아질 것이다. 스마트더스트 프로그래머는 스마트더스트를 재난방지 시스템, 제품의 품질관리, 시설물관리 및 보안, 날씨 측정, 생태연구, 환경관리 등으로 활용될 수 있도록 프로그래밍하고 설계한다.

우리는 스마트더스트 덕분에 훨씬 많은 정보를 얻게 될 것으로 보인다. 이때 스마트더스트 프로그래머는 수많은 정보들 속에 내재된 의미 있는 관계를 찾는 프로그래밍을 설계함으로써 모든 분야에서 효율적인 관리를 가능하게 할 것이다.

미래를 밝히는 LED 융합제품

미래에는 혁신적인 LED Light-Emitting Diode 기술이 다양한 분야에서 활용될 것으로 보인다. 빛 없이 살아가기 힘든 인류는 LED 기술의 확산으로 많은 경제적 효과를 볼 뿐만 아니라 산업 경제에서 새로운 패러다임을 만들 수 있을 것이다.[53] 이러한 흐름을 타고 다양한 용도의 LED를 개발하는 'LED 개발자'가 미래 직업으로 주목받을 전망이다.

유럽연합(EU)은 'LED4ART' 프로젝트를 지원하고 있다. LED4ART 프로젝트는 혁신적 LED 조명을 활용하여 적은 에너지를 사용하면서 관람객들에게 보다 선명한 그림을 볼 수 있는 기회를 준다. 이 조명 설비를 통해 바티칸 시스티나 성당에 위치해 있는 미켈란젤로의 천정 벽

---

53 김미연, 〈[경제신문은 내친구] 빛의 혁신, 경제가치는?〉, 매일경제(2014년 11월 12일자)

화의 수명을 연장할 수 있을 것으로 보인다.[54] 또한 안내정보를 표시하는 LED 카펫도 등장했다. 일반 카펫 속에 LED 전구를 설치한 것이 아니라, 카펫 자체가 LED 불빛을 내고 사용자 마음대로 불빛을 디자인할 수 있다. 어두운 영화극장에서 비상시 바닥에 출구의 방향을 표시해 사람들의 이동경로를 실시간으로 컨트롤할 수 있다.[55]

LED 파장을 이용한 피부질환 치료 기기에 대한 관심도 뜨겁다. LED 치료 기기업체 '네오다인'은 휴대용 LED 치료 기기 'LED 뷰티 케어 시스템'을 출시했다. 이 기기는 LED 파장과 적외선 파장을 이용해 피부탄력 및 재생, 색소침착 치료 등에 활용 가능하다.[56] 이뿐만이 아니다. 조명 전문업체 '햇살-愛'는 공기정화 기능이 탑재된 뉴웨이브 시리즈 발광다이오드(LED) 방등을 선보였다. 햇살-愛 LED 제품에서 발생되는 음이온은 황사, 스모그와 같은 대기오염으로부터 실내 공기를 정화시켜주고, 각종 세균 및 유해물질을 제거하여 새집증후군, 비염, 식중독 등을 예방한다.[57]

LED 개발자는 상품기획자가 원하는 제품 목적에 맞는 LED를 개발한다. 제품의 효과성, 안정성과 관련된 충분한 데이터를 확보해 수요자의 니즈에 맞는 맞춤형 LED를 생산한다. 에너지 고효율을 위하여

---

54 KISTI 미리안, 《글로벌동향브리핑》, 〈LED 조명 활용을 통한 미술관 전기 비용 절감〉, 2014년 11월 14일

55 신예슬, 〈안내정보를 표시하는 신기한 'LED 카페트'〉, 비전(2013년 11월 26일자)

56 김면수, 〈휴대용 LED 치료기기 '안티에이징' 시장 달군다〉, 이투데이(2014년 11월 14일자)

57 최윤호, 〈햇살-愛, 공기 정화기능 내장된 LED, 건강까지 챙긴다〉, 동아닷컴(2014년 9월 29일자)

회로의 구성과 배치가 잘되도록 설계를 수행하고, 기존의 제조공정의 문제점을 파악해 개선 방법을 도출한다. 또한 새로운 공정 기술을 도입하기 위해 신소재 및 제조 장비를 개발하고 평가한다.

LED는 글로벌 환경 변화에 부응하는 차세대 광원으로 주목받고 있다. 전력 소비가 적은 반면 수명은 길고, 유해물질을 함유하고 있지 않아 지속 가능한 성장에 필수적인 요소로 자리매김하고 있다. 조명의 관점으로 볼 때, 광원이 작기 때문에 모양과 설치환경에 제한이 없어 디자인의 유연성을 보장받을 수 있고 외부 충격에 강하며 색 표현 특성이 우수하다.[58] 또한 LED 기술은 살균 효과를 갖고 있어 위생 목적용으로도 사용 가능하다. 화학검출을 진단하는 등 의료 기기에도 쓰일 수 있다. 노벨 물리학상 수상자 나카무라 슈지는 에볼라 바이러스까지도 죽일 수 있는 기술로 활용될 수 있을 것이라고 전망했다.[59]

이산화탄소로 인한 지구온난화 문제가 글로벌 이슈로 떠오르고 있는 현 시대의 환경적인 측면으로 봐도 전력 사용량이 적은 LED 조명으로의 대체는 자연스러운 현상으로 보인다.[60] 앞으로는 친환경적인 LED가 조명, 의료, 농생명, 가전 분야 등 미래 인류의 삶과 연계되어 발전해갈 중추적 산업[61]이 될 것이다.

58 노현숙, 〈LED 융합산업의 사업화 기회분석〉, KISTI 미리안(2014년 4월 1일), 6쪽 참조

59 김미연, 〈[경제신문은 내친구] 빛의 혁신, 경제가치는?〉, 매일경제(2014년 11월 12일자)

60 임한희·이새하, 〈인체친화적인 LED 조명은 미래 세대 위한 선택〉, 세계일보(2014년 7월 29일자)

61 이종은, 〈LED TECH KOREA & OPTICAL EXPO 개최〉, 이뉴스투데이(2014년 8월 11일자)

도시가 살아 움직인다

똑똑하지 못한 도시 인프라의 운영은 에너지 낭비를 초래한다. 이러한 문제의 해결책으로 도시 전체에 센서와 네트워크를 설치해 도시 인프라의 효율성을 높이는 스마트 도시가 주목받고 있다. 도시 인프라가 서로 소통할 수 있도록 사물인터넷을 도시에 적용하는 것이다. 이러한 가운데 도시 곳곳에 사물인터넷을 적용해 데이터를 수집하고 분석해 환경, 교통, 안전 등 도시 인프라의 효율을 높이는 '도시데이터 분석가'가 미래 직업으로 유망할 전망이다.

세계 여러 도시들이 사물인터넷을 통해 도시 인프라의 혁신을 모색하고 있다. 스페인 바르셀로나는 스마트 도시 구축으로 시민들의 삶을 윤택하게 만들고 있는 대표적인 도시다. 2013년, 바르셀로나 시당국은 미국 네트워크 장비업체 '시스코'와 손잡고 도시 전체에 사물인터넷을 적용해 인간 삶의 질을 높이겠다는 계획을 세웠다. 바르셀로나의 본Born 지구에서 진행 중인 이 계획에는 스마트 가로등, 스마트 주차 등이 있다.

본 지구의 가로등과 주차장에는 센서와 네트워크가 설치돼 있다. 가로등 센서는 도시의 소음과 공기오염도 그리고 사람들의 밀집 상황을 파악한다. 이를 통해 LED 조명의 빛 세기를 조절하고 에너지를 절감한다. 공용 주차장 센서는 자동차를 감지해 주차 여부를 확인한다. 바르셀로나 시민은 스마트폰 앱을 통해 실시간으로 본 지구의 주차 현황을 확인할 수 있다. 이러한 시스템을 통해 교통 혼잡과 배기가스로 인한 오염을 줄일 수 있다.[62]

영국 런던은 인텔과 협력해 가로등과 건물에 사물인터넷을 적용했다. 센서와 네트워크가 설치된 가로등과 건물이 공해 수준 등 각종 데이터를 수집하는 것이다.[63] 이렇게 수집된 데이터는 시 정책에 반영돼 효율적인 정책 실행에 도움을 준다. 중국 우한武漢은 '스마트 도시 건설 프로젝트'의 일환으로 사물인터넷을 활용해 오수처리를 운영하고 관리하는 종합플랫폼을 설치했다.[64] 싱가포르 정부는 도시 곳곳에 스마트 센서를 탑재해 대기, 수질, 교통, 공공 안전 운영을 개선할 계획이다.[65] 멕시코시티의 범죄율은 2009년 이후 2014년까지 32퍼센트

---

62 매일경제 IoT 혁명 프로젝트팀,《사물인터넷》, 매일경제신문사(2014), 97~99쪽 참조
63 김보영,〈빈자리 알려주는 똑똑한 주차장…자전거에 달린 센서로 대기오염 측정도〉, 한국경제(2014년 3월 27일자)
64 박지애,〈스마트해지는 중국…사물인터넷 산업 적극 투자〉, 파이낸셜뉴스(2014년 1월 17일자)

나 줄었다. 총소리나 비명소리에 반응하는 오디오 센서를 도시 전역의 감시 시스템에 장착했기 때문이다.[66]

도시의 문제는 도시의 데이터로 해결해야 한다. 도시데이터 분석가는 도시 인프라를 스마트화해 데이터를 수집한 후 그 데이터를 바탕으로 각종 패턴과 상관관계를 종합적으로 분석할 것이다. 이를 통해 인프라의 구조적 안전성을 진단하고 문제를 해결한다. 예를 들어 파손 가능성이 높은 건물에 미리 복구요원을 파견한다거나 사전 경보가 가능하다. 효율적인 인프라 운영에 도움이 되는 유용한 정보도 제공한다. 예를 들어 눈이 많이 내린 지역의 경우 무작정 제설제를 많이 뿌리는 것이 아니라 도로의 일사량과 온도와의 상관관계를 파악해 앞으로 눈이 녹을 것에 대비해서 제설제 사용을 조절할 수 있다.[67]

미래에는 건물, 다리, 가로등, 주차장 등 도시의 모든 인프라 곳곳이 네트워크로 연결되고 센서를 통해 제어된다. 존 체임버스 시스코 회장에 따르면, 세계 도시에 센서가 달린 쓰레기통만 설치해도 10조 1,600억 원의 비용을 절감할 수 있다.[68] 도시데이터 분석가는 도시의 인프라 기능을 최적화해 쾌적한 미래 도시를 조성할 것이다.

---

65 KISTI 미리안, 《글로벌동향브리핑》, 〈사물인터넷과 스마트 시티를 견인하는 스마트 센서〉, 2014년 10월 30일

66 김민수, 〈사물과 사물이 소통한다, 사물인터넷!〉, 매일경제(2015년 1월 28일자)

67 매일경제 IoT 혁명 프로젝트팀, 《사물인터넷》, 매일경제신문사(2014), 123쪽 참조

68 설성인, 〈알아서 켰다 꺼지는 전구로 전력낭비 없이 야경 즐겨요〉, 조선비즈(2014년 6월 13일자)

039

지식 콘텐츠 큐레이터

집에서 받는 하버드 교육

지식 생태계의 변화는 온라인을 중심으로 이뤄지고 있다. 전 세계에 온라인을 통한 지식공유가 확대되고 있기 때문이다. 이 열풍의 중심에는 'MOOCMassive Open Online Course(무크)'가 있다. 대규모 온라인 공개강좌인 MOOC에서는 누구나 온라인에만 연결돼 있으면 세계 유수 대학의 수업을 언제, 어디서나 무료로 들을 수 있다.

세계 3대 MOOC 플랫폼인 코세라Coursera와 에덱스EdX, 유다시티Udacity는 거의 모든 분야의 학문을 강좌로 내놓고 있다. MOOC 외에 자신만의 노하우, 지식, 기술을 제공하는 플랫폼도 있다. 온라인에는 지식 콘텐츠가 넘쳐나고 있다. 다양한 플랫폼에 존재하는 수많은 콘텐츠 중 자신에게 맞는 콘텐츠를 제공받고자 하는 사람들이 생겨날 것이다. 이러한 가운데 지식 콘텐츠 플랫폼에 축적돼 있는 콘텐츠들을 선별하여 개인에게 맞춤 제공하는 '지식 콘텐츠 큐레이터'가 미래 직업으로 각광받을 것으로 보인다.

코세라, 에덱스, 유다시티와 같은 MOOC 플랫폼에서는 전 세계 유명 교수의 수많은 강의를 들을 수 있다. 경영학, 철학, 음악, 과학 등 기존 대학 수업에서 들을 수 있는 학문부터 전문가를 위한 과정까지 강의로 제공된다.[69] 이러한 강의 동영상 이외에도 각 단계별 시험, 온라인 과제, 온라인 토론 과정을 제공하기 때문에[70] 체계적인 학습이 가능하다. 에덱스에서 우수한 성적을 받아 MIT에 합격한 인도의 17세 소년 아몰 브하베[71]와 15세 몽골 소년 바투시 미안간바야[72]처럼 MOOC를 통해 학점과 학위인증도 받을 수 있다.

지식의 공유는 MOOC와 같은 플랫폼만이 아니다. 자신만의 노하우, 지식, 기술을 제공함으로써 새로운 가치를 찾는 지식공유 플랫폼이 나타나고 있다. 스쿨 오브 에브리싱 School of Everything은 '가르치고 싶은 사람과 배우고 싶은 사람'을 연결하는 오픈 마켓형 교육 사이트다. 남에게 가르칠 만한 지식이나 기술을 갖고 있는 사람이면 누구나 지식 콘텐츠를 올릴 수 있다. 이밖에 스킬쉐어 Skillshare, 태스크래빗 Taskrabbit,

69 류현정 · 김수현 〈[MOOC 2014] ① 인터넷, 이번엔 대학을 바꾼다…누구나 하버드 강의를 듣는 세상 열리나〉, 조선비즈(2014년 9월 22일자)

70 유진우 · 김수현 〈[MOOC 2014] ② 무크의 거인들 - 코세라(Coursera)〉, 조선비즈(2014년 9월 23일자)

71 김보영, 〈상아탑 흔든 '온라인 혁명' …美 대학 생존경쟁 불붙다〉, 한국경제(2013년 11월 24일자)

72 류현정 · 유진우, 〈[Smart Cloud] 몽골서도 MIT 강의 '접속' … 美 대학 절반이 사라진다〉, 조선비즈(2014년 9월 1일자)

그리고 우리나라의 위즈돔Wisdome, 스킬트리Skilltree에서도 많은 사람들이 지식을 공유하고 있다.[73]

　온라인을 중심으로 교육 혁명이 일어나고 있다. 양질의 지식 콘텐츠가 넘쳐나는 '디지털 교육 시대'가 오고 있는 것이다. 이 시대에는 흩어져 있는 다양한 지식 콘텐츠를 어떻게 흡수하는지가 매우 중요하다. 그렇기에 '지식 콘텐츠 큐레이터'가 필요하다. 지식 콘텐츠 큐레이터는 학습자의 선호도, 흥미도, 검색 습관, 학습 형태 등을 고려해[74] 학습자에게 필요한 양질의 지식 콘텐츠를 선별해 제공해준다. 개인이 원하거나 필요할 것으로 보이는 지식 콘텐츠를 맞춤 제공해주기 때문에 모든 플랫폼에 있는 콘텐츠를 개인이 직접 찾는 것보다 지식 콘텐츠 큐레이터의 도움을 받는 것이 훨씬 효율적일 것이다.

　평생직장과 완전고용의 개념이 사라지는 대신 평생교육의 시대가 왔다. 개인은 자신의 능력과 경력을 적극적으로 개발하고 평생교육을 받아야 한다. 평생교육 시대의 도래와 함께 지식 콘텐츠 큐레이터는 시중에 넘쳐나는 다양한 지식 콘텐츠를 맞춤 제공하여 교육 서비스 시장을 변화시키는 주역이 될 것이다.[75]

---

73 최기영, 〈협력소비(공유경제), 그리고 스타트업〉, 비석세스(2013년 6월 26일자)
74 오용선, 〈개인 맞춤형 이러닝의 현대적 방법론〉, 한국콘텐츠학회(2010)
75 권혁인, 〈'애플 생태계'가 주는 교훈〉, 한국경제(2013년 8월 8일자)

040

프로젝트 매니저

일자리가 아니라 일거리를 찾는 시대

미래학자 토머스 프레이Thomas Frey에 따르면, 2030년까지 현존하는 전 세계 일자리 중 절반이 사라지고 정규직 고용은 종말을 맞게 될 것이다. 앞으로 일자리 패러다임은 개개인이 한 기업에 소속되는 것이 아닌 프로젝트 중심으로 바뀔 것이다. 이러한 가운데 어떤 프로젝트를 수행할 때 필요한 전문가나 전문 집단을 연계해주는 '프로젝트 매니저'가 미래 직업으로 생겨날 전망이다.

프로젝트 기반의 업무는 증가하고 있다. 아일랜드의 '위들Weedle'은 기술을 보유한 전문가들과 그들의 재능을 필요로 하는 사람들을 효과적으로 연결시켜 프로젝트를 진행하도록 만드는 기업이다. 기술을 보유한 전문가들은 자신의 능력을 광고하는 페이지를 만들어 전 세계에 홍보하고 프로젝트 이용자들의 평가를 받는다.[76]

미국 '코파운더스랩CoFoundersLab'은 프로젝트와 창업에서 파트너 연계를 돕는 기업이다. 제대로 된 동업자를 연결시켜 혁신과 사업 성공 확률을 높이는 것이다.[77] 은퇴자들의 풍부한 경험을 다른 사람들과 공유시켜 프로젝트를 진행하도록 하는 비즈니스도 활발하다. 일본 프로토그룹의 시니어 살롱, 미국의 시빅 벤처스Civic Ventures 등이 있다.[78]

영국 고용기술위원회(UKCES)에 따르면, 2030년에는 대부분의 일자리가 프로젝트 기반으로 변한다.[79] 즉 미래 노동 시장에서는 사람들이 일자리가 아니라 일거리를 찾아야 하는 것이다. 이때 프로젝트 매니저는 일거리를 찾는 개인에게 알맞은 프로젝트를 연계한다. 각 분야 전문가들의 핵심 비즈니스 능력, 프로젝트 참여도, 성과, 자기관리 등을 검토해 하나의 네트워크를 형성하고 프로젝트를 진행하도록 만드는 것이다. 또한 참여자들을 관리하고, 새로 의뢰받은 프로젝트를 파악해 참여자들의 필요에 맞게 정보를 제공하기도 한다.

미래에는 업무의 경계 영역에서 끊임없이 새로운 일거리, 즉 프로젝트가 만들어지게 된다. 갈수록 많아지는 은퇴자들과 프리랜서들은 다양한 프로젝트들을 기다릴 것이다. 프로젝트 매니저는 일거리를 찾는 개인이 경쟁력 있는 프로젝트에 연계될 수 있도록 적극적으로 지원할 것이다.

---

76 〈기술을 가진 사람과 필요로 하는 사람을 연결시켜주는 웹사이트〉, 비전(2011년 5월 8일자)
77 차윤탁, 〈운명의 '동업자'를 찾아주는 '코파운더스랩'〉, 비전(2013년 7월 29일자)
78 이권형, 〈[창업이 희망이다] 전문성·경력 갖춘 고령자에…민간기업 차원 일자리 창출〉, 헤럴드경제(2013년 4월 25일자)
79 UKCES, 〈The Future of Work: Jobs and Skills in 2030〉, 2013년 2월 28일

041

경쟁 프로그램 PD

회사 밖에서 혁신을 얻는다

캐나다 토론토에 소재한 작은 금광회사 '골드코프Goldcorp'는 수년 동안 이어진 금광 탐사에도 불구하고 별다른 성과가 없었다. 파산 직전에 놓여 있던 중 회사 CEO는 금광 탐사 경쟁 프로그램, '골프코드 도전'을 개최했다. 결과는 대박이었다. 참가자들은 110곳의 탐사 후보지를 찾아냈고, 그중 80퍼센트 이상에서 상당량의 금이 채굴됐다. 경쟁 프로그램 덕분에 탐사기간은 2~3년 단축됐고, 회사는 90배 가까이 성장했다.[80]

21세기는 '집단지성의 시대'다. 이러한 시대에 비즈니스 환경에서 새롭게 떠오르는 모델은 '경쟁 프로그램'이다. 이는 기업 내부의 비즈

---

[80] 돈 탭스콧·앤서니 윌리엄스, 《매크로위키노믹스(Macrowikinomics)》, 21세기북스(2011), 122쪽 참조

니스 모델에서 벗어나 외부의 아이디어와 기술을 활용하는 비즈니스 모델을 말한다. 나아가 내부적으로 활용되지 않는 아이디어와 기술을 외부 기업이나 개인이 활용할 수 있도록 한다. 많은 기업들과 개인들이 저렴하고 빠르며 덜 위험한, 경쟁 프로그램의 효과를 보고 있다. 따라서 전문적으로 경쟁 프로그램을 기획하는 '경쟁 프로그램 PD'가 유망한 미래 직업이 될 전망이다.

미국 샌프란시스코에는 경쟁 프로그램을 기획하는 '캐글Kaggle'이라는 회사가 있다. 2012년 GE는 국제선 항공기의 도착 시간을 보다 정확히 예측할 수 있는 방법을 찾고자 캐글에 의뢰했다. 캐글은 날씨, 비행기 위치, 비행 시간, 연료 소비량 등을 담은 방대한 양의 데이터를 온라인에 공개했고, 이를 본 세계 각지의 데이터 과학자들이 각자 혹은 팀을 이뤄 문제 해결에 나섰다. 우승자들은 현행보다 비행기 도착 시간을 49퍼센트 더 정확하게 예측할 수 있는 알고리즘을 개발했고, 25만 달러의 상금을 받았다. GE는 해마다 막대한 비용을 절감할 수 있게 됐다.[81]

전 세계의 다양한 경쟁 프로그램들이 세상을 바꾸고 있다. 2010년 GE는 친환경 분야의 경쟁 프로그램 '에코매지네이션 챌린지'를 개최해 수천 개의 혁신적인 아이디어와 기술들을 발굴했다.[82] NASA는 태양의 흑점폭발 예측의 적중률을 높이기 위해 상금 3만 달러를 걸고 경

---

81 이나리, 〈데이터 과학자들의 '링' 마련…최적 해법 찾는 길 창조〉, 중앙SUNDAY 제371호 (2014년 4월 20일자)
82 김신회, 〈GE, 개방형 혁신으로 이룬 혁신 커뮤니티〉, 머니투데이(2013년 8월 19일자)

쟁 프로그램을 개최했다. 그 결과 그전보다 훨씬 저렴한 비용으로 적중률을 85퍼센트 수준으로 높일 수 있었다.[83] 구글은 크롬 브라우저의 보안을 강화하기 위해 매년 경쟁 프로그램, 크롬 브라우저 해킹대회를 개최한다. 구글은 해킹에 성공하거나 문제점을 발견한 참가자에게 상금을 준다. 이를 통해 크롬의 보안 문제를 발견하고 보완한다.[84]

집단지성 시대에는 경쟁 프로그램을 통해 외부의 참신한 아이디어와 기술을 발굴해야 한다. 경쟁 프로그램 PD는 인재와 아이디어, 자원 등이 한곳에서 최적으로 조합될 수 있는 경쟁 프로그램을 기획한다. 회사의 내부와 외부에서 지식과 자원을 이끌어내는 통합 생태계를 구축하는 것이다. 중소기업을 위한 경쟁 프로그램도 기획해 중소기업이 위험 부담을 낮추면서 저렴하고 빠르게 혁신할 수 있도록 도와준다.

내부의 혁신은 더 이상 뛰어나지 않고 수익은 내기 힘들어졌다. 문제들이 더 복잡해지고 있기 때문이다. 하나의 각도로는 풀 수 없다. 여러 사람들의 각도가 필요하다. 연결하고 융합해야 한다.[85] 이러한 시대에 경쟁 프로그램 PD는 기존의 R&D(연구개발) 개념과 내부의 바리케이드를 무너뜨림으로써 기업 경쟁력의 핵심을 바꿀 것이다.

83 임미경, 〈[사서가 추천하는 오늘의 책 | 오픈 콜라보레이션] 문을 열고 '누구나'와 협력하라〉, 내일신문(2013년 3월 29일자)
84 김현아, 〈'크롬을 뚫어라' …구글, 해킹대회 상금 15만달러〉, 아시아투데이(2014년 1월 25일자)
85 김종춘, 《거대한 기회》, 스타리치북스(2014), 138쪽 참조

042

클라우드 중개업자

미래의 핵심 비즈니스를 연결한다

클라우드가 기업의 경쟁력을 좌우할 핵심 비즈니스로 떠오르고 있다. 클라우드는 사물인터넷, 빅데이터 등 새로운 패러다임의 근간 기술이자 다양한 산업의 비용절감과 산업경쟁력 강화를 가능하게 하기 때문이다. 하지만 대다수 기업들은 클라우드를 구축할 수 있는 컴퓨팅 기술을 갖고 있지 않다. 그 결과 클라우드 서비스를 적절히 활용하지 못하고 있다.

클라우드로 성장과 가치 창출을 이루려는 기업에는 최적화된 클라우드 도입이 선행돼야 한다. 이와 같은 문제의 대안으로 IT 시장조사기관 '가트너'는 클라우드 중개업을 제시한다. 클라우드 중개업은 다양한 클라우드를 결합해 사용자에게 맞춤형으로 제공해주는 서비스를 말한다.[86] 이러한 가운데 클라우드 제공업체와 고객을 연결해 최적

화된 클라우드 서비스를 제공해주고, 공급·관리·감사 역할[87]을 하는 '클라우드 중개업자'가 미래 직업으로 각광받을 것이다.

이미 해외에서는 클라우드 중개업으로 성공을 거둔 기업들이 있다. '라이트스케일RightScale'은 여러 클라우드 환경을 구축하는 중개유통업자다. 고객사에서 원하는 클라우드 환경을 구성해 제공해주고 관리해준다. '아피리오Appirio'는 기업의 클라우드 플랫폼 구축을 돕는 중개업체다. 아피리오는 뉴욕의 현대미술관과 일본 AIG 에디슨 라이프 보험사[88] 등의 클라우드 플랫폼의 도입을 도왔다. 국내 클라우드 중개업 시장은 아직 초기 단계다.[89]

차별화된 서비스를 위한 클라우드의 도입이 점차 확산되고 있다. 이러한 가운데 최적의 클라우드 환경 구현을 위한 전략이 절실하다. 클라우드 중개업자들은 클라우드가 필요한 업체에게 최적의 클라우드 서비스를 제공한다. 클라우드를 기존 내부 시스템과 통합시켜 안정성을 유지시키고 보안과 성능을 감사하는 역할도 수행한다.[90] 이들은 클라우드 산업이 성숙해지면서 더 큰 기회를 맞이하게 될 것이다.[91]

---

86 삼성경제연구소, SERI 경영노트(제181호), 〈클라우드 혁명이 바꾸는 미래〉, 2013년 3월 28일, 8쪽 참조

87 윤건일, 〈토종 클라우드 기술, 유럽 간다〉, 전자신문(2014년 7월 2일자)

88 Patrick Thibodeau, 〈대륙간 클라우드 컴퓨팅, "시차 때문에 지연도 있지만, 이점이 더 많다"〉, CIO Korea(2011년 4월 13일자)

89 박상훈, 〈새로운 클라우드 성장엔진 'CSB'가 뜬다〉, 미디어잇(2014년 7월 11일자)

90 John Moore, 〈'전환·이전·맞춤화 대행' 클라우드 서비스 중개업이 뜬다〉, CIO Korea(2012년 12월 14일자)

91 Matt Prigge, 〈IDG 블로그 | 환영받을 만한 클라우드 중개업체의 등장〉, ITWorld(2013년 9월 26일자)

043

틈새 제조상품 컨설턴트

21세기 가내수공업

제조업을 생각할 때 값싼 노동력과 토지 그리고 대량 생산을 떠올리기 쉽다. 하지만 3D 프린터를 비롯한 디지털 생산 기술과 웹의 발달로 제조업에 대한 인식이 바뀌고 있다. 3D 로보틱스Robotics의 최고경영자 크리스 앤더슨Chris Anderson에 따르면, "택배 서비스를 이용할 수 있는 곳이라면 어디서든 제조업 기업을 창업하고 경영할 수 있다."

이러한 가운데 '틈새 상품 제조업체'가 늘어나고 있다. 틈새 상품 제조업체는 소비자들에게 더 가까이 다가가 소비자들이 높은 비용을 지불할 수 있는 맞춤형 상품을 파는 제조 기업을 말한다.[92] 스마트 이어폰 제작사 '오운폰즈Ownphones'는 3D 프린터를 이용해 맞춤형 무선

---

[92] 크리스 앤더슨,《메이커스(Makers)》, 알에이치코리아(2013), 228쪽 참조

이어폰을 제작한다.[93] 미국 뉴욕에 있는 벤처기업 '솔스SOLS'는 3D 프린터를 이용해 맞춤형 깔창을 제작한다.[94] 미국 볼더에 위치한 벤처기업 '스파크펀SparkFun'은 3D 프린터 등 디지털 생산 기기를 이용해 일반적으로 구하기 힘든 전자부품을 맞춤형으로 제조해 판매하는 제조 기업이다.[95] 3D프린터로 고인이 생전에 중요하게 여긴 물건의 모양으로 유골함을 맞춤 제작해주는 회사인 '포레버렌스Foreverence'도 있다.[96]

틈새 상품 제조업체의 경쟁력은 3D 프린터 등 디지털 생산 기술을 통해 인건비 부담을 줄이고 다양한 맞춤형 제품을 제조할 수 있다는 것이다. 3D 프린터를 비롯한 각종 디지털 생산 기술을 이용하면 모든 제품을 각기 다르게 만들어도 제조 비용이 증가하지 않고 복잡한 제조가 가능하다. 또한 지시 코드만 바꾸면 언제든지 다른 제품을 만들 수 있다. 재래식 공장은 대규모 시설의 연결로 이루어져 있지만, 3D 프린터 방식은 소규모의 가내 자동공업 형태도 가능하게 한다.[97]

틈새 상품 제조업체는 대량 생산에 초점을 맞춘 20세기 제조업과는 다르다. 이들은 유연성을 가지고 다양한 소비자 취향에 맞는 제품을 소량으로 생산한다. 그 과정에서 소비자들은 웹을 통해 제조 과정에 참여할 수도 있다. 이러한 흐름 속에서 다양한 소비자 취향을 분석

93 윤나영, 〈재료부터 디자인까지 맞춤형… '내 귀에 이어폰' 나온다〉, 아시아경제(2014년 6월 29일자)
94 김재영, 〈대중화 단계에 접어든 3D 프린팅 기술, 맞춤깔창도 OK〉, 전자신문(2014년 5월 21일자)
95 크리스 앤더슨,《메이커스》, 알에이치코리아(2013), 134~135쪽 참조
96 이수지, 〈미국 3D 프린터 맞춤 유골함 제작 회사 등장〉, 뉴시스(2014년 10월 26일자)
97 김종춘,《거대한 기회》, 스타리치북스(2014), 80쪽 참조

해 틈새 제조 시장을 파악하는 '틈새 제조상품 컨설턴트'가 미래 직업으로 생겨날 것이다.

틈새 제조상품 컨설턴트는 규모는 작지만 맞춤형 상품에 대한 수요가 높은 시장을 파악한다. 이를 통해 의뢰인에게 사업을 제안하고 계획하며, 사업을 실행하기 위해 운영이나 조직의 기능을 분석하는 것과 같은 서비스를 제공한다. 틈새 제조상품은 웹상의 커뮤니티를 통해 '공동 창작'으로 제조 공정이 이루어질 가능성이 높다. 이때, 틈새 제조 시장 컨설턴트의 역할은 다양한 분야의 재능 있는 사람들을 제조 공정에 참여시키는 것이다. 또한 새로운 아이디어를 제품화할 수 있는 최적의 생산자를 찾아주는 역할도 맡는다.

소수 소비자들을 상대로 하는 맞춤형 상품은 이익률이 높고 대기업들과의 가격경쟁을 벌일 확률이 낮기 때문에 경쟁력이 있다. 틈새 제조 시장 컨설턴트는 바로 이런 틈새 제조 시장을 파악하고 분석해 소규모 기업의 경쟁력 제고에도 도움이 될 것이다.

영어보다 중요한 컴퓨터 언어

소프트웨어가 세상을 지배하고 있다. 사람과 사람 사이, 사람과 사물 사이, 사물과 사물 사이가 소통하는 디지털 시대의 중심에는 소프트웨어가 있기 때문이다. 소프트웨어 중심의 사회는 사물인터넷, 빅데이터, 인공지능 등 미래를 주도하는 산업들을 통해 더욱 강화된다. 이러한 가운데 소프트웨어 교육을 통해 미래 인재를 길러내는 '소프트웨어 교사'가 미래 직업으로 주목받을 전망이다.

소프트웨어가 새로운 문맹 기준이 되고 있다. 소프트웨어를 배우지 않으면 세상을 제대로 이해할 수 없기 때문이다. 그래서 세계 각국과 기업들은 소프트웨어 교육에 주목한다. 2014년, 마이크로소프트, 페이스북, 로비오 등 세계적인 소프트웨어 기업들이 유럽연합 교육장관에게 소프트웨어 교육에 관한 서한을 보냈다. 서한에 따르면, 학

생들은 미래의 디지털 경제와 사회에 대비하기 위해서 코딩을 배워야 한다.[98]

창업국가 이스라엘은 소프트웨어 중심의 컴퓨터 코딩 교육을 초등·중학교 정규과정으로 지정해 교육한다.[99] 일본은 2009년부터 소프트웨어 교육을 필수로 가르치고 있으며, 영국은 2014년부터 컴퓨터 코딩을 필수과목으로 지정해 5세부터 교육하고 있다.[100] 우리나라도 2015년부터 중학교를 시작으로 2017년에는 초등학교에서, 2018년에는 고등학교에서 소프트웨어 교육이 필수적으로 이루어진다.

소프트웨어 교사는 학생들이 소프트웨어를 이용해 프로그램을 만들어나가는 과정을 스스로 경험할 수 있도록 돕는다. 소프트웨어를 구성하는 알고리즘의 정의와 알고리즘이 프로그램으로서 어떻게 만들어지고 실행되는지에 대해 교육한다. 학생들은 모바일 앱 같은 프로그램을 직접 만들고, 이를 스마트폰과 같은 디지털 기기에 적용함으로써 소프트웨어 교육과정을 이해한다. 이러한 과정을 통해 학생들은 분석적 사고, 문제 해결, 협력활동, 창의력 등과 같이 영역을 넘나드는 능력을 기를 수 있게 된다.

소프트웨어 교육을 받은 사람은 미래의 노동 시장에서 강력한 협

---

98 Henriette Jacobsen, 〈Five-years-olds learn coding in schools to prepare for future labour market〉, EurActiv.com(2014년 10월 14일자)

99 임근호, 〈세계는 SW 교육 열풍… 영국, 5세때부터 컴퓨터 언어 수업〉, 한국경제(2014년 8월 22일자)

100 강현우, 〈 '앵그리버드'의 나라 핀란드, '수학·과학+코딩' 통합교육 추진〉, 한국경제(2014년 4월 3일자)

상력을 갖게 될 것이다. 미래를 주도하는 산업의 큰 흐름들이 모두 소프트웨어와 관련 있기 때문이다. 하지만 학생들이 꿈꾸는 직업 가운데에는 소프트웨어 분야가 없다. 소프트웨어에 대한 경험과 정보가 부족하기 때문이다. 소프트웨어 교사는 이러한 학생들에게 자신의 상상대로 자유롭게 만들고 표현해보는 소프트웨어 경험을 교육함으로써 아이들의 미래 경쟁력을 높일 것이다.

드론 배송 매니저

미래의 택배기사

무인항공기 '드론'이 새로운 미래 먹거리 산업으로 떠오르고 있다. 정찰, 수색, 감시 보안 등 군사용으로 사용되던 드론이 각 분야에서 다양하게 활용될 것이기 때문이다. 이에 구글, 페이스북 등 세계적인 기업들은 드론 관련 업체들의 인수를 활발히 추진하며 미래를 준비하고 있다. 우리 정부도 이러한 흐름에 맞춰 드론 활용 연구에 집중하고 있다. 미래창조과학부는 2022년까지 '민간 무인항공기 실용화 기술 개발 사업'을 진행할 예정이다.

배송 서비스는 특히 드론 활용이 두드러지는 분야다. 2013년, 미국 최대 규모의 인터넷 쇼핑몰 아마존Amazon은 '프라임 에어Prime Air'라는 이름의 프로젝트를 발표했다. 프라임 에어는 고객이 아마존을 통해 물건을 주문하면 드론이 30분 이내에 고객에게 택배 상자를 배송하는

서비스다.[101] 프라임 에어는 날개가 8개인 드론으로 물류센터로부터 반경 16킬로미터 지역 내의 고객들에게 2.3킬로그램 이하의 물건을 구매 직후 배송하려는 서비스 시스템이다. 드론 배송에 대한 아마존의 의지는 채용 공고를 통해 확인할 수 있다. 2014년, 아마존은 드론 배송 서비스를 위해 프라임 에어 프로젝트 매니저 등 6개 분야에서 직원들을 채용했다.[102]

2013년, 세계적으로 수만 개의 점포를 가진 도미노피자는 피자를 배달할 드론 '도미콥터DomiCopter'를 공개했다. 도미노피자는 도미콥터를 이용한 피자 배달을 상용화할 예정이다. 러시아 식티프카르에 위치한 피자 가맹점 도도피자는 드론을 이용해 배달 서비스를 하고 있다. 직원은 매장에서 드론에 달린 카메라를 통해 고객을 확인하고 와이어를 내려 피자를 전달한다.[103]

2014년, 구글은 드론 배송 서비스 '프로젝트 윙Project Wing'의 성공적인 배송 영상을 공개했다. 구글은 재난 시 물품 배송에 초점을 맞추고 프로젝트를 진행하고 있다.[104] 같은 해, 세계적인 운송 서비스 기업 DHL은 배송 드론 '파슬콥터Parcelcopter'를 통해 드론 배송 시범 서비스를 선보였다. 파슬콥터는 접근이 어려운 지역에 긴급 화물을 배송하는

101 박순찬, 〈피자 왔습니다…배달 기사는 '드론(drone · 무인비행기)'〉, 조선일보(2014년 7월 12일자)

102 정현욱, 〈아마존의 드론 배송의 꿈, 언제 이루어질 것인가?〉, 비석세스(2014년 7월 14일자)

103 Lauren Smiley, 〈These Drones Are Already Starting to Deliver Medicine, Books, and Pizza〉, WIRED(2015년 2월 4일자)

104 김지아, 〈구글 '드론 택배' 실험 성공〉, TV조선(2014년 8월 30일자)

데 활용될 예정이다. 중국 최대 온라인 쇼핑몰 타오바오몰도 드론을 통한 배송 서비스를 실시하고 있다.[105]

해발 2,350미터에 위치한 부탄의 수도 팀푸에 있는 병원들은 2015년부터 드론을 이용해 각종 약품을 공급할 예정이다. 파푸아뉴기니는 드론을 도입한 후, 하루 종일 걸리던 폐결핵 검사용 타액 샘플 운송을 1시간으로 줄였다. 호주에서는 애완동물과 가축을 위한 백신에서 대학교 전공서적까지 드론을 통해 배송할 예정이다.[106]

드론은 미래의 배송 수단으로 자리 잡게 될 가능성이 높다. 물류기업의 가장 큰 고민인 비용과 시간을 동시에 해결해줄 수 있기 때문이다. 세계적인 물류 기업들이 드론 배송 서비스를 준비하고 있는 이유이기도 하다. 이처럼 드론을 이용한 배송 서비스가 확대됨에 따라 배송 서비스망을 관리하고 그와 관련된 업무를 전문적으로 하는 '드론 배송 매니저'가 미래 직업으로 주목받을 것이다.

드론 배송 매니저는 배송 시스템 전체를 분석하고 조정한다. 드론의 이동경로를 꾸준히 모니터링하면서 배송 과정에 문제가 없는지 살핀다. 드론 조종사를 대상으로 배송 관련 작업지식과 안전사항도 교육한다. 드론의 배터리가 떨어져도 안전하게 착륙할 수 있는 시스템을 적용하는 등 안전과 관련된 상황에는 특히 민감하게 대처한다. 사생활 침해 문제도 고려해야 한다. 드론에 카메라가 부착될 경우 필요한 데

---

105 배인선, 〈"무인기로 1시간내 배달" 중국 알리바바, 드론 배달 첫 시도〉, 아주경제(2015년 2월 4일자)

106 Lauren Smiley, 〈These Drones Are Already Starting to Deliver Medicine, Books, and Pizza〉, WIRED(2015년 2월 4일자)

이터만 제한적으로 수집하고 정보를 삭제하는 부서 등도 만들 것이다.

드론은 몇 년이면 우리 생활을 완전히 바꿔놓을 것이다. 자동차의 대중화처럼 1인 1드론 시대가 도래할지도 모른다. 드론 배송 매니저는 이러한 변화에 부합하는 직업으로써 성공적인 배송 시스템을 위해 노력할 것이다.

로봇이 발레파킹까지 해준다

호텔이나 음식점에서 안내나 서빙과 같은 서비스에 필요한 인력과 비용은 운영의 많은 부분을 차지한다. 이와 같은 이유로 서비스에 활용될 로봇이 개발되고 있다. 서비스로봇으로 대체하면 운영비용의 절감 효과뿐만 아니라 남은 인력과 자금을 더 나은 서비스와 고객만족에 투자할 수 있기 때문이다. 이러한 가운데 서비스 업무에 활용될 수 있는 정교한 로봇을 개발하는 '서비스로봇 개발자'가 유망한 미래 직업으로 자리 잡을 전망이다.

미국 캘리포니아에 있는 어로프트 호텔에서는 룸서비스로봇 '보틀르Botlr'가 필요한 생필품을 전달하고 늦은 밤 간식이나 술을 배달해준다. 스타트업 사비오크Savioke가 개발한 이 로봇은 영화 〈스타워즈〉에 나오는 만능로봇 R2D2를 닮았는데, 목적지까지 가는 방법을 파악하고 사람과 같은 장애물도 스스로 피한다. 사비오크의 CEO 스티브 커즌Steve Cousins은 보틀르를 호텔뿐 아니라 레스토랑, 병원, 노인센터 등에서도 이용할 수 있다고 말한다.[107]

고객들은 서비스로봇에 만족하고 있다. 일본 구라스시는 시간당 3,500개의 초밥을 만들어내는 스시 로봇을 도입해 요금을 접시당 100엔까지 낮춰 폭발적인 반응을 얻었고,[108] 미국 배톤루지에 있는 미드시티약국의 커비레스터Kirby Lester 약사 로봇은 환자들의 대기시간을 줄였다. 덕분에 약사들은 환자들에게 카운슬링하는 시간을 늘릴 수 있게 됐다.[109] 샌프란시스코에 있는 모멘텀 머신Momentum Machines은 몇 초 만에 햄버거를 만들어 포장까지 마칠 수 있는 '버거봇BurgerBot'을 만들었다.[110]

미국 가정용품 전문 체인점 '오차드 서플라이 하드웨어Orchard Supply Hardware'의 쇼핑도우미 로봇 '오쉬봇OSHbot'은 손님들에게 인사를 하고 직원을 대신해 상품의 위치와 가격, 실시간 재고 현황을 알려주기도 한다.[111] 중국 하얼빈과 장쑤성에는 안내부터 요리사, 서빙까지 모두 로봇이 하는 레스토랑이 있다.[112] 그리스 아테네 히게이아병원에서는

107 정선미, 〈"똑똑, 룸서비스 요청하셨죠?" 호텔 로봇 나온다〉, 조선비즈(2014년 9월 22일자)

108 김상수, 〈로봇이 일자리 위협하는 직종 15가지〉, 헤럴드경제(2014년 7월 14일자)

109 김남주, 〈'약사로봇' 美 대형약국서 활약〉, 로봇신문(2014년 10월 2일자)

110 주영재, 〈햄버거 만드는 로봇 '버거봇' 저임금 상징 '맥잡' 몰아낸다〉, 경향신문(2014년 9월 9일자)

111 김종우, 〈미국서 제품위치·재고현황 '안내 로봇' 등장〉, 연합뉴스(2014년 10월 31일자)

112 동아닷컴 도깨비뉴스 통신원 대형, 〈로봇이 주문받고 서빙하는 식당 화제… 과연 어떨까?〉, 동아일보(2013년 1월 15일자)

'에라토Erato'라는 일종의 텔레프렌즌스 로봇Tele-Presence Robot이 방문객을 맞이하고 진찰을 받을 수 있도록 안내한다.[113]

로봇을 개발하면 대체할 수 있는 서비스는 여기서 그치지 않는다. 독일 바이에른에 있는 스타트업 세르바Serva가 개발한 주차로봇 '레이Ray'는 뒤셀도르프 공항에서 발레파킹 시범 테스트를 마쳤다.[114] 스웨덴의 퓨울매틱스Fuelmatics와 미국의 허스키(Husky Corporation)는 스스로 자동차의 주유구와 연료캡을 열고 기름을 자동으로 넣어주는 주유로봇을 공동으로 개발했다.[115]

서비스로봇 개발자는 서비스로봇의 상용화를 목표로 각 서비스 업무에 적합한 지능형 로봇을 개발한다. 주변 환경이나 사람과 사람 간에 상호작용할 수 있는 서비스로봇을 만드는 것이 무엇보다 중요하다. 주변 환경 변화에 맞게 적절히 대응할 수 있어야 하고, 사람의 예상치 못한 어떠한 행동에도 능숙하게 대처할 수 있어야 하기 때문이다. 그렇기에 로봇을 이루고 있는 제어기, 센서 등 각 부품들 간의 데이터 통신 속도와 성능을 높일 수 있는 기술을 확보해야 한다. 아울러 사람의 업무를 대체할 수 있도록 정교함을 갖춘 로봇을 개발하는 것도 매우 중요하다. 또한 오류를 줄여 로봇의 안정성을 확보하는 데에도 총력을 기울여야 할 것이다.

이제까지 로봇에게 가장 친숙한 환경이 공장이었다면, 앞으로는

---

113 김남주, 〈아테네 병원 안내로봇, 환자들의 '절친'〉, 로봇신문(2014년 10월 16일자)
114 이수지, 〈독일 공항 주차장에 주차 대행 로봇 등장〉, 뉴시스(2014년 6월 24일자)
115 이문영, 〈자동으로 기름을 넣어주는 최첨단 '주유 로봇'〉, 비전(2013년 12월 10일자)

공장 밖의 세상이 된다. 서비스로봇이 포장, 안내, 서빙, 청소, 주차, 보안 등 다양한 서비스 분야에서 활용될 것이기 때문이다. 서비스로봇 개발자 덕분에 사람과 사물 간의 상호작용하는 서비스로봇은 우리 생활의 깊숙한 곳까지 자리 잡을 것이다.

047

3D 프린팅 설계도 디자이너

제조업의 새로운 미래

제3차 산업혁명, 3D 프린터가 제조산업을 뒤흔들 기세다. 3D 프린터는 3D 설계도를 바탕으로 입체 물품을 만드는 기계다. 3D 프린터의 활용 범위는 끝이 보이지 않을 정도로 무궁무진하다. 제조업을 포함해 의료, 건설, 교육 등 다양한 분야에 접목시킬 수 있다.[116] 3D 프린터와 3D 설계도 그리고 해당 재료만 있으면 무엇이든 만들 수 있기 때문이다.

일반 프린터로 문서를 출력하기 위해서는 문서 파일이 있어야 하듯, 3D 프린터로 물건을 만들기 위해서는 라이노나 맥스, 마야 같은 3D 설계 프로그램으로 만든 전용 설계도가 있어야 한다.[117] 특히 고품

---

116 차주경, 〈3D 프린팅 교육 강사 각광받는다〉, 미디어잇(2014년 9월 11일자)
117 안상욱, 〈3D 프린터 공습, 내 일자리는 괜찮을까〉, 블로터앤미디어(2014년 5월 7일자)

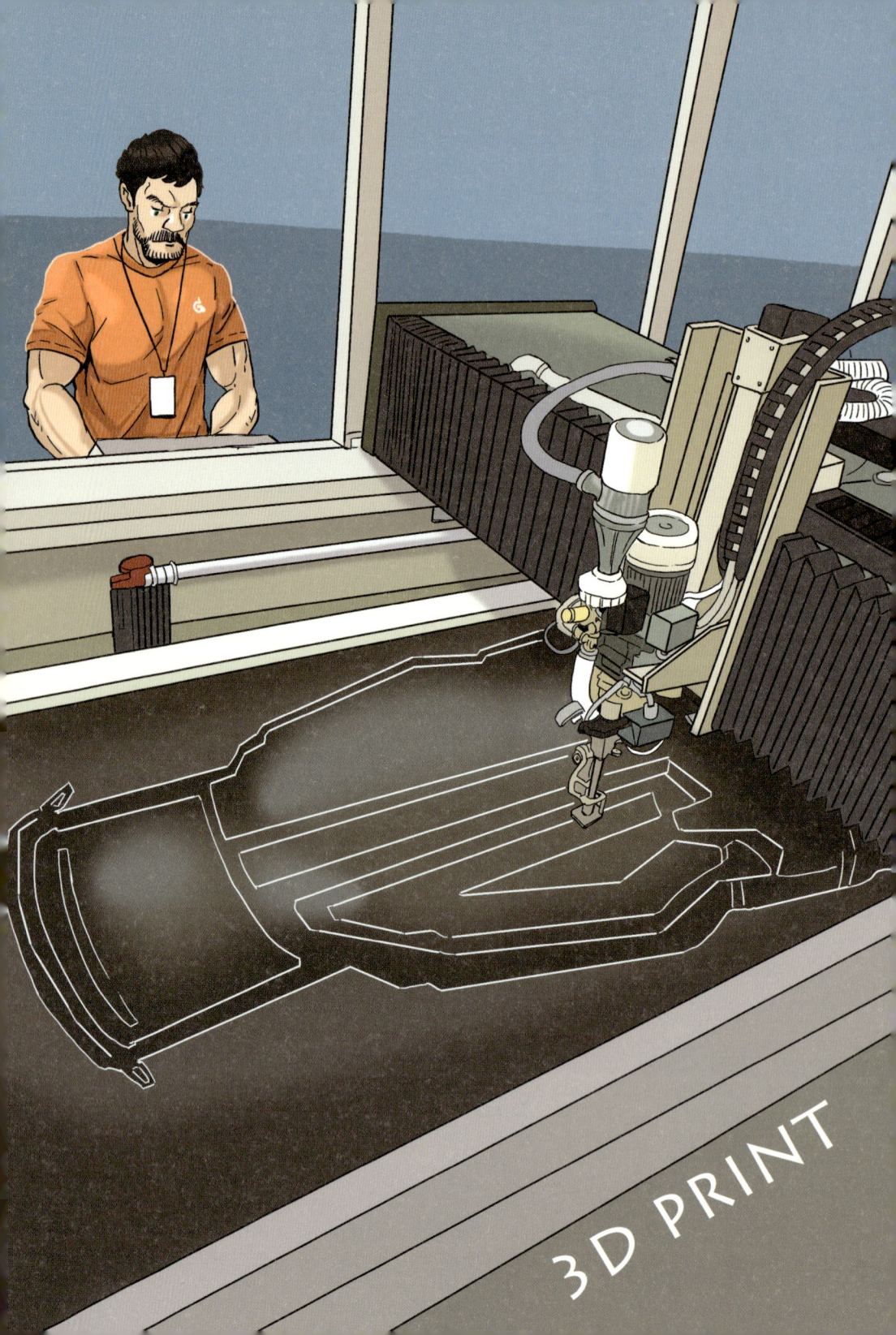

3D PRINT

질 출력물이 필요한 경우나 출력물 규격이 정확해야 할 경우에는 정밀한 3D 프린팅 설계도가 필수다.[118] 따라서 3D 프린팅 기술을 이용하는 분야에서는 전문적으로 3D 설계도를 디자인하는 '3D 프린팅 설계도 디자이너'가 필요하다.

초창기 피규어나 기타 소품, 시제품 제작용으로 쓰이던 3D 프린터는 활용 범위가 점차 넓어지고 있다. 산업의 경계를 넘나들며 거의 모든 것의 제조 방법을 바꿔놓고 있는 것이다. 미국 자동차 제조업체 로컬모터스는 대형 3D 프린터로 세계 최초로 3D 프린팅 전기차 '스트래티Strati'를 만들었다. 이 자동차는 기계 장치 부분을 제외한 거의 모든 부분을 3D 프린터로 제작해 진정한 3D 프린팅 자동차를 구현했다는 평가를 받았다.[119] 3D 프린터로 건축도 가능하다. 중국 상하이에선 3D 프린터로 출력한 3D 프린팅 하우스 10채가 하루 만에 지어졌다.

항공 부품 제조에도 3D 프린터가 활용된다. 보잉의 787 드림라이너나 에어버스의 일부 항공기는 3D 프린터로 만든 부품을 사용하고 있다.[120] 의료 분야에서도 3D 프린터의 가능성에 주목하고 있다. 보청기, 의수, 의족, 틀니 등 환자 맞춤형 인체 보형물을 시작으로 인공 간과 신장, 혈관, 뼈, 피부까지 만들어내고 있기 때문이다. 이처럼 3D 프린터의 응용 범위가 넓은 만큼 앞으로 3D 프린터용 설계도를 정교하게 만들 3D 프린팅 설계도 디자이너에 대한 수요가 늘어날 것이다.

---

118 차주경, 〈3D 프린팅 교육 강사 각광받는다〉, 미디어잇(2014년 9월 11일자)
119 곽노필, 〈3D 프린터로 '맞춤 전기차' 뚝딱〉, 한겨레(2014년 9월 22일자)
120 신동흔, 〈상상하던 그대로… 눈앞에서 만든다〉, 조선비즈(2014년 9월 19일자)

3D 프린팅 설계도 디자이너는 다양한 산업 현장에서 각 분야에 맞는 3D 프린터 설계도를 디자인할 것이다. 산업 현장에서 쓰이는 만큼 디자이너에겐 정교함과 세밀함이 필요하다. 창의적인 감각도 중요하다. 3D 프린팅 설계도 디자이너는 자신이 제작한 설계도 파일을 쉐이프웨이즈Shapeways[121]와 같은 3D 프린팅 서비스 스토어에 판매할 수도 있다. 스토어에 이케아 전등갓의 3D 설계도를 판매해 돈을 벌고 있는 사무엘 버니어 산업디자이너처럼 말이다.[122]

미국항공우주국은 국제우주정거장에서 쏘는 우주선의 장비나 부품을 3D 프린터로 바로 제작해 활용하는 방안을 추진 중이다.[123] 일본의 건설회사 시미즈건설은 3D 프린터를 활용해 4,000미터 바다 밑에 거대한 심해도시를 지을 계획이다.[124] 3D 프린터가 세상을 바꾸고 있다. 이와 더불어 다양한 산업 현장에서 3D 프린터 설계도 디자이너의 창의적이고 전문적인 설계도는 더욱 주목받을 전망이다.

121 정진욱, 〈3D 프린터 제품 사고파는 '쉐이프웨이즈'〉, 전자신문(2014년 4월 16일자)

122 이준기, 〈'3D 프린팅 콘텐츠' 공유시스템 구축 필요〉, 디지털타임스(2014년 2월 24일자)

123 이호승, 〈[혁신기술, 세상을 바꾼다] 3D프린터로 만든 전기車 연내 선뵈… '업그레이드 드론' 즉석 제작〉, 매일경제(2014년 7월 13일자)

124 황형규·원호섭·정슬기, 〈4000m 심해에 미래도시 짓겠다는 일본의 야심…한국은?〉, 매일경제(2014년 11월 19일자)

048

드론 사진작가

사람이 찍을 수 없던 장면을 담아낸다

무인항공기 드론은 미디어산업에 혁신적인 촬영 기회를 줄 수 있다. 드론을 활용한 항공 촬영은 그동안 담아낼 수 없었던 광경과 장면을 창조적으로 담아낼 수 있기 때문이다. 일반 항공 촬영에 비해 비용과 시간도 적게 든다. 할리우드는 드론에 큰 관심을 가지며 기대감을 나타내고 있다.[125] 이러한 가운데 드론을 촬영에 활용하는 '드론 사진작가'가 미래 직업으로 주목받을 전망이다.

드론 촬영은 이미 세계에서 맹활약 중이다. AP 통신사와 뉴스 코퍼레이션은 대규모 재앙의 규모를 보여주기 위해 드론을 활용하고 있다.[126] 2013년, 초강력 태풍 하이옌이 필리핀을 강타했다. 이 처참한

---

125 맹경환, 〈[월드 화제] "드론 띄워 영화찍고 싶어요" 할리우드의 소망 이뤄질까〉, 국민일보 (2014년 6월 7일자)

현장을 CNN의 드론 사진기자가 생생히 보도했다.[127] 2014년, BBC의 드론 사진기자는 이스라엘의 폭격에 파괴된 처참한 가자지구 현장을 보여주었다. 중국의 드론 제조업체 DJI는 아이슬란드 동부에 위치한 바우르다르붕카 화산에 드론을 보냈다. 드론은 사람 대신 화산이 폭발하면서 용암이 분출되는 장면을 생생히 담아왔다.[128]

스위스 로잔에 위치한 소프트웨어 전문업체 '픽스4dPix4d'는 드론이 촬영한 이미지로 지도를 만든다.[129] '드론프레스Dronepress'는 드론을 활용해 사건 사고 현장을 촬영해 신문사나 잡지사에 영상물과 사진을 판매하는 드론 저널리즘업체다.[130] 카메라, 센서, 배터리 기능이 갈수록 나아지면 드론을 활용한 촬영은 다양한 분야에서 더욱 활발해질 것이다.

대학들은 유망직업인 드론 사진작가를 양성하기 위해 관련 과목들을 개설하고 있다. 미주리·네브래스카·콜롬비아대학은 드론 저널리즘 코스를 개설했다. 중앙대학교도 2012년에 드론 저널리즘 연구소를 열었다.[131] 경성대학교 사진학과는 2015년부터 대학원에서 드론 저

---

126 Leslie Kaufman · Ravi Somaiya, 〈Drones Offer Journalists a Wider View〉, 뉴욕타임스 (2013년 11월 24일자)

127 엄보운, 〈이 사진들 헬기 촬영? 드론(Dron)이 찍었습니다〉, 조선일보(2014년 3월 1일자)

128 SBS 뉴미디어부, 〈'드론'이 찍은 화산 분화 모습…용암 분출 포착〉, SBS뉴스(2014년 10월 17일자)

129 유진우, 〈[스마트클라우드쇼] 스트레차 "드론으로 3차원 지도 만드는 시대"〉, 조선비즈 (2014년 9월 4일자)

130 이종승, 〈드론은 폭격만 하지 않는다…新저널리즘 신무기로 등장〉, 동아사이언스(2014년 7월 9일자)

131 엄보운, 〈이 사진들 헬기 촬영? 드론(Dron)이 찍었습니다〉, 조선일보(2014년 3월 1일자)

널리즘 강의를 개설한다.[132]

　드론 사진작가는 항공사진에 대한 기본적인 지식과 정교한 드론 조종 기술을 익혀야 한다. 촬영 시 드론의 움직임, 각도, 노출 등의 특성에 대한 이해력을 높이고 자연재해 등 촬영환경의 변화에 따라 촬영 여부를 판단할 상황 대처 능력도 필수다. 이를 통해 사건, 사고 현장, 인물 등을 생생하게 담아내 촬영의 현장감과 신뢰성을 높인다.

　앞으로 드론의 가격은 낮아지고 안정성은 높아질 것이다. 드론과 카메라의 조합은 기존 촬영의 한계를 극복한다. 땅을 딛고 찍어야만 했던 기존의 사진작가들의 새로운 아이디어가 기대된다. 드론 사진작가는 인간 상상력의 폭만큼 창의적인 사진들을 찍어낼 것이다.

---

132 이종승, 〈드론은 폭격만 하지 않는다…新저널리즘 신무기로 등장〉, 동아사이언스(2014년 7월 9일자)

049

게임을 통해 세상을 바꾼다

재미만을 추구하던 게임이 탈바꿈하고 있다. 게임이 긍정적인 동기를 부여하는 의도로 활용되고 있기 때문이다. 이렇게 즐거움이 주된 목적이 아닌 기능성에 목적을 두고 제작된 게임을 '기능성 게임'이라고 한다. 이러한 가운데 재미와 몰입이라는 게임 고유의 속성과 스마트한 기술을 활용해 기능성 게임을 개발하는 '기능성 게임 개발자'가 미래 직업으로 각광받을 전망이다.

게임은 특성상 사용자를 참여하게 하고 적극적으로 몰입하게 만든다. 기능성 게임 개발자는 이러한 특성을 활용해 치료와 교육 목적의 게임을 만든다. 기능성 게임 '알라부(I Love Breast)'는 유방암 환자가 자신의 의학적 상태와 같은 온라인 게임 속의 아바타로 게임을 진행해 의사가 준 퀘스트를 수행하며, 치료에 대해 쉽게 이해하고 적응할 수 있도록 만들어졌다. 벤처기업 소니스트가 개발한 기능성 게임 '블랭키스트Blankist'는 수학, 계산 학습 능력을 향상시키는 게임이다.[133]

기능성 게임 개발자는 현대 사회가 당면한 사회적 이슈를 게임에 접목해 해결책을 모색하기도 한다. 유엔은 엔씨소프트와 함께 기능성 게임 '푸드 포스Food Force'를 개발해 청소년들이 유엔의 식량 원조와 긴급 구호활동을 쉽게 이해할 수 있도록 했다. 퀴즈의 정답을 맞히면 후원 기업을 통해 전 세계 배고픈 사람에게 쌀을 기부할 수 있는 기능성 게임 '프리라이스Freerice'도 개발했다.[134] 이처럼 기능성 게임은 사회적인 이슈에 관심을 갖게 할 뿐만 아니라 문제 해결에도 동참할 수 있도록 이끈다.

한편, 차세대 기술과 가상현실 기술은 기능성 게임의 발전에 힘을 보태주고 있다. 벤처기업 소소는 사람들이 생각할 때 뇌에서 나오는 전기적 신호를 분석해 전자 장치를 제어하는 BMI Brain Machine Interface, 즉 뇌-기계 인터페이스 기술을 활용해 게임을 하며 두뇌를 개발할 수 있는 BMI 기능성 게임 제작기술 개발에 성공했다.[135] 위두커뮤니케이션즈는 가상현실 게임 전문기업 오큘러스의 고글형 가상현실 시스템 오큘러스 리프트Oculus Rift를 활용한 교육용 기능성 게임을 개발하고 있다.[136] 사용자들은 진짜와 같은 가상현실 속에서 높은 몰입도를 통해

133 박소연, 〈게임으로 '공부-치료' … '착한 게임' 온다〉, 지디넷코리아(2014년 8월 1일자)
134 이대호, 〈엔씨 "퀴즈 맞히면 쌀을 기부해요" … 기아 퇴치 기능성 게임 '프리라이스' 출시〉, 디지털데일리(2011년 12월 15일자)
135 권세창, 〈[미리보는 IT융합엑스포] 소소, 웨어러블 뇌파 Device와 연동하는 헬스케어 App 전시〉, AVING(2014년 8월 25일자)

수학이나 과학을 배울 수 있을 것이다.

기능성 게임 개발자는 건강 및 의료, 교육, 훈련, 행동변화 유발 등 다양한 목적을 효율적으로 수행하는 기능성 게임을 만든다. 웨어러블 디바이스와 가상현실, 증강현실 등의 기술을 활용해 사용자의 몰입도를 더욱 높이는 기능성 게임을 개발할 수도 있다.[137] 특히 빠른 속도로 인구 고령화가 진행되고 있는 가운데 헬스케어를 위한 기능성 게임 개발자에 대한 수요는 더욱 높아질 것으로 보인다.

이제는 게임의 순기능에 주목할 때다. 기능성 게임은 세상을 보다 좋은 방향으로 바꾸도록 해준다. 기능성 게임 개발자는 대중성과 기술적 우수성을 갖춘 게임 콘텐츠를 만들어 세상을 선도하는 데 기여할 것이다.

136 김명희, 〈'게임이냐, 교육이냐' 가상훈련시스템 활용 넓어진다〉, 전자신문(2014년 9월 18일자)

137 정윤희, 〈"기능성 게임, 헬스케어–웨어러블과 융합으로 진화"…과제는?〉, 디지털타임스 (2014년 7월 24일자)

050

테마파크 디자이너

상상을 체험한다

미국의 감귤 재배 마을이 세계적인 도시로 급성장하고, 일본의 작은 어촌이 부자 도시로 변모한 것은 무엇 때문일까? 그것은 바로 디즈니랜드라는 테마파크 때문이다.[138] 일본 오사카에 있는 테마파크, 유니버셜스튜디오는 일본인뿐만 아니라 해외 관광객들이 붐비는 곳이다. 특히 4,500억 원을 투자해 2014년 7월에 완공된 해리포터관은 앞으로 10년간 오사카 등 인근 지역에 약 30조 원의 경제 효과를 창출할 것으로 기대된다.[139]

높은 성장세를 보이는 테마파크산업이 관광 국가들의 신성장 동력으로 떠오르고 있다. 우리나라를 포함해 미국, 중국, 일본 등 세계적

---

[138] 송재용, 〈매립지를 테마파크로 활용하자〉, 동아일보(2014년 10월 8일자)
[139] 차학봉, 〈테마파크(theme park) 신드롬의 허실〉, 조선일보(2014년 8월 18일자)

인 관광 국가들이 테마파크에 주목하고 있다. 이에 관광객들의 니즈에 맞는 다양하고 독특한 테마파크를 기획하고 디자인하는 '테마파크 디자이너'가 미래 직업으로 부상할 전망이다.

테마파크는 단순히 놀이동산만을 의미하지 않는다. 특정한 주제를 바탕으로 그 주제와 연속성을 가지는 환경을 기획한 공간이다. 제주국제자유도시개발센터(JDC)는 농업 테마파크 조성사업 계획을 구체화하고 있다. 귀농, 친환경 먹거리 등을 접목해 주거, 관광시설이 결합된 신개념 테마파크를 조성할 예정이다.[140]

3D 홀로그램 기술 등 발전하는 과학과 첨단기술은 테마파크의 드라마틱한 연출을 가능하게 한다. 2014년, 국내 재난체험시설 '365세이프타운'에서는 재난체험 테마파크를 만들었다. 이곳에서는 3D, 4D 입체 체험이 가능한 산불체험, 지진체험, 대테러체험 등을 체험할 수 있다.[141] 같은 해, 중국 항공공업그룹은 세계 최대 우주항공 테마파크 '항공대세계'를 건설할 것이라고 발표했다. 관광객이 직접 항공우주 세계를 체험할 수 있어 다가오는 우주 시대에 적합한 테마파크라고 볼 수 있다.[142]

테마파크 디자이너는 테마파크를 설계한다. 테마파크 디자이너의 가장 중요한 능력은 기획력이다. 차별화된 콘텐츠와 첨단기술 그리고

140 고경호, 〈JDC, 농업 테마파크 조성사업 본격화〉, 제주일보(2014년 8월 21일자)
141 홍춘봉, 〈'재난체험 테마파크' 인기 짱, 365세이프타운 가족단위 관광객 북적〉, 뉴시스 (2014년 5월 5일자)
142 배인선, 〈중국판 할리우드 이어 중국판 NASA 우주항공 테마파크 건설〉, 아주경제(2014년 8월 21일자)

풍부한 상상력을 바탕으로 다양한 테마파크를 기획한다. 이를 통해 관광객들은 상상 속에서만 존재하던 공간을 직접 체험할 기회를 갖는다. 테마공원이나 휴식공간의 모든 시설과 물품을 디자인하며, 테마파크가 조성된 이후에는 유지와 보수까지 책임진다.

테마파크는 관광객들의 무한한 상상력을 자극해 최적의 경험을 제공할 수 있는 공간인 동시에 첨단산업 전반의 성장과 상업화를 견인하는 미래 산업이다. 테마파크 디자이너는 사람들에게 소중한 가치경험을 선사하는 테마파크를 디자인할 것이다.

로봇도 연예인이 된다

로봇이 예술의 영역에 진출하고 있는 가운데 '로봇공연'이 새로운 문화산업으로 주목받고 있다. 이는 로봇기술이 급속도로 발전하면서 로봇의 행동이 더욱 정교해진 결과다. 머지않은 미래에는 로봇공연이 하나의 예술장르로 정착될 것이다. 앞으로 로봇은 지금보다 더 섬세하고 자유롭게 감정을 표현하며 연기할 수 있기 때문이다. 이러한 가운데 다양한 로봇공연을 기획하고 연출하는 '로봇공연 기획자'가 미래 직업으로 각광받을 전망이다.

이색적인 공연 로봇들이 등장하면서 로봇이 무대를 점령하고 있다. 휴머노이드 로봇 '로보데스피안Robothespian'은 로봇배우다. '2012 로봇 미래전략 보고대회'에서 로보데스피안은 로봇공연의 사회자로 진행을 맡았다. 로보데스피안은 노래, 춤, 연기까지 가능하다. 모션캡

처 장치로 관객의 움직임을 따라할 수도 있어 관객의 호기심을 자극하고 몰입도를 중대시킨다.[143]

로보데스피안 이외에도 세로피, 잉키, 메로, 에버, 퓨로, 다운, 키보 등 다양한 휴머노이드 공연 로봇들이 있다. 이러한 로봇들은 댄스, 난타, 악기 연주, 뮤지컬이 가능하다. 이밖에도 태권도를 하거나 전통 부채춤을 추고 종묘제례악을 연주하는 등 전통 공연도 가능해 우리나라의 전통 문화를 알리는 데 기여할 것으로 보인다.

휴머노이드 로봇과 더불어 이제는 무인항공기 드론도 공연을 하는 시대다. 드론 전문 개발업체 크멜 로보틱스KMEL Robotics는 2012년, 칸 국제광고제에서 16대의 드론을 가지고 'Meet Your Creator'라는 군집 비행 공연을 펼쳤다.[144] 한국항공우주연구원(KARI)은 드론을 활용한 다양한 군집 비행 공연을 연구하고 있다.[145] 그리고 2014년, 디즈니는 드론을 이용해 꼭두각시 같은 공중 쇼를 하는 시스템에 대한 특허를 신청했다. 디즈니 테마파크에서는 드론을 이용한 공중 쇼가 펼쳐질 것으로 보인다.[146]

휴머노이드 로봇, 드론과 같은 로봇을 이용한 공연이 많아짐에 따라 로봇공연 기획자에 대한 수요가 증가할 전망이다. 로봇공연 기획자

---

143 로보데스피안 홈페이지(http://www.robothespian.co.kr) 참조

144 Steve Dent, 〈Robotic quadrotors' training now complete, proven with razzle-dazzle Cannes show〉, Engadget(2012년 6월 27일자)

145 문성태, 〈[문성태의 항공과 IT의 만남] ① 쿼드콥터 군집 비행 소개〉, 마이크로소프트웨어 (2014년 9월 5일자)

146 이상우, 〈디즈니 '드론 공중쇼' 준비중?〉, 테크홀릭(2014년 9월 10일자)

는 로봇을 이용한 공연과 같은 문화콘텐츠를 기획하고 연출하는 전문가다.[147] 로봇공연 기획자는 시나리오를 고르고, 이를 토대로 역할에 맞는 로봇배우를 섭외한다.

로봇공연 기획자는 기존의 공연 기획자와 다른 점이 있다. 시나리오에 따라 로봇이 동작을 구현할 수 있도록 로봇 모션(Animation) 작업을 진행해야 한다는 것이다. 이 과정을 거쳐야 로봇이 무대 위에서 똑같은 동작을 취할 수 있다. 이때 로봇공연 기획자는 로봇의 자유롭지 못한 동작의 한계성을 고려해 무대를 연출해야 한다.[148] 실제 로봇이 공연의 배우로 등장하거나 무대 장치로 활용되기 때문에 로봇의 특징을 잘 활용해야 한다.

로봇 엔터테인먼트의 시대가 오고 있다. 로봇공연은 이전에는 맛볼 수 없었던 예술적 경험을 사람들에게 선사할 것이다. 로봇공연 기획자는 새로운 예술 영역을 이끄는 주인공이 될 것이다.

147 《2013 신생 및 이색직업》, 한국고용정보원(2012), 184쪽 참조
148 황유진, 〈연기·노래 척척, 로봇 배우가 떴다〉, 중앙일보(2014년 3월 17일자)

052

소음조절 기술자

공해의 주범을 없앤다

소음은 인간 사회를 위협하는 공해의 주범이다. 소음이 스트레스를 발생시켜 뇌졸중, 심장질환과 같은 건강문제를 일으키고[149] 층간소음 다툼 등으로 각종 사회문제를 야기하고 있기 때문이다. 세계보건기구는 전 세계에서 1억 2,000만 명 이상이 소음에 의한 여러 가지 질병을 앓고 있다는 통계를 발표한 바 있다. 이에 소음을 줄이거나, 듣기 좋은 소리로 바꿔주는 소재와 기술을 개발하는 '소음조절 기술자'가 미래 직업으로 부상할 전망이다.

소음조절 기술자는 소음을 줄이는 다양한 소재를 개발한다. 독일 프라운호퍼연구소 과학자들은 소음을 줄일 수 있는 흡음재를 개발해

---

149 KISTI 미리안,《글로벌동향브리핑》,〈도시의 교통소음을 줄일 수 있는 여러 가지 해결책〉, 2014년 7월 7일

0dB

상용화를 앞두고 있다. 이 흡음재는 기존의 방식보다 더 큰 소음차단 효과를 가져다준다. 투명하게 제작될 수도 있어 실외 경관을 누릴 수 있다.[150] 미국 피지컬 리뷰 레터스 저널은 거품을 응용해 소음을 완전히 차단할 수 있는 연구를 소개했고, 영국 임페리얼 칼리지 런던은 탄성물질로 만들어진 견고한 거품을 소음차단벽 소재로 활용한다.[151]

소음으로 다양한 문제와 갈등이 일어나고 있는 우리나라도 소음을 줄이기 위한 연구가 활발히 이루어지고 있다. 한국기계연구원은 음파나 전파가 반사되지 않고 흡수되는 기술을 개발해냈다.[152] 벤처기업 '다담솔루션'은 시멘트 대신 친환경적 마그네슘 보드를 쓰는 '건식온돌 층간 소음 방지재'를 전북 김제시 하동 노인복지회관아파트 신축 공사에 처음 공급했다.[153]

바이오 인식 보안 솔루션 기업 '파이브지티'와 이스라엘 소음제어 솔루션 기업 '실렌티움'은 역파장 제어음을 이용해 소음을 상쇄하는 능동소음제어(ANC) 기술을 개발했다. 이 기술은 무게, 재료비, 공간 등이 많이 필요한 기존의 차음재 방식보다 비교적 간단하고 작아서 건물뿐만 아니라 차량, 철도, 에어컨, 네트워크 장비 등에도 활용할 수 있다. 들고 다니는 소음차단 장치인 셈이다.[154]

150 KISTI 미리안, 《녹색기술정보포털》, 〈소음 감소를 위한 미세천공 흡수재료 개발〉, 2013년 1월 7일
151 KISTI 미리안, 《글로벌동향브리핑》, 〈음파의 전송을 차단하는 액체 거품〉, 2014년 4월 21일
152 전승민, 〈낡은 아파트 층간소음 문제 해결한다〉, 동아사이언스(2013년 12월 12일자)
153 민석기, 〈어른이 '쿵쿵' 걸어도 되는 층간소음재〉, 매일경제(2014년 9월 28일자)
154 손경호, 〈소음을 소리로 제어하는 기술 개발됐다〉, 지디넷코리아(2014년 8월 13일자)

하지만 소음을 완벽하게 차단하는 것은 불가능에 가깝다. 그래서 소음조절 기술자는 인체가 민감하게 반응하는 특정 소음만 줄이거나 듣고 싶은 소리로 바꾸는 소재와 기술도 개발한다. 이탈리아의 대표적인 명품차 마세라티Maserati는 '오케스트라의 배기음'을 가진 차라고 불린다. 마세라티는 '엔진사운드 디자인 엔지니어'를 고용할 만큼 좋은 엔진 소리를 만드는 데 몰두하고 있다. 마세라티의 엔진 배기음은 엔진사운드 디자인 엔지니어가 튜닝 전문가, 피아니스트, 작곡가로 구성된 자문위원단과 함께 실제 악보를 그려가며 만들어낸다.[155]

소리가 소비자들이 제품과 서비스를 구매하는 데 있어 주요 고려 대상이 되고 있다. 실제로 제품에서 나는 소리만으로 전체 품질을 평가하기도 한다. 소음을 없애거나 듣기 편한 소리로 대신하는 기술에 주목해야 하는 이유다. 소음조절 기술자의 손을 거치면서 소음은 예술로 승화될 것이다.

---

155 김자영, 〈마세라티, 100년이라는 시간이 뿜어내는 아우라〉, 이데일리(2014년 8월 18일자)

053

핀테크 전문가

금융과 IT의 융합

수만 개의 아날로그 은행들은 불과 20년 뒤에 수십 개의 디지털 은행으로 재편될 것이다.[156] 금융(Financial)과 기술(Technique)이 융합된 '핀테크FinTech'가 기존 금융 서비스의 패러다임을 뒤엎고 있기 때문이다. 핀테크는 IT를 기반으로 한 모든 금융 서비스를 말한다. IT 기업이 금융사와 연계해 지급결제, 송금, 대출, 개인자산관리 등의 금융 서비스를 제공하는 것이다.[157] 핀테크를 이용하면 금융거래가 간단해지고 수수료도 저렴해질 뿐만 아니라 복잡하고 위험했던 대출과 펀드운용 등의 거래가 간편하고 안전해진다. 핀테크 시장은 디지털 환경에 적합

---

156 Francisco González, 〈Banks need to take on Amazon and Google or die〉, Financial Times(2013년 12월 2일자)

157 이기송, 〈국내외 핀테크(fintech) 동향과 전망〉, KB금융지주경영연구소(2014년 8월 4일), 1쪽 참조

하면서 쉽고 간편하게 만드는 것이 관건이다. 앞으로 IT 기술을 바탕으로 사용자에게 혁신적인 핀테크 서비스와 생태계를 만들어 제공하는 '핀테크 전문가'가 미래 직업으로 부상할 것이다.

핀테크 서비스는 간편 결제 수단으로 시작됐다. 이베이의 페이팔 PayPal, 알리바바의 알리페이 Alipay와 같은 서비스는 비밀번호 4자리만 입력하면 간편하게 물건을 구매할 수 있게 만들기 위해 출시됐다. 이를 시작으로 구글의 구글월렛 Google Wallet, 애플의 애플페이 Apple Pay 등 여러 가지 결제 서비스가 등장했다. 이제는 공인인증서, 보안카드 등 복잡하고 번거로운 인증 절차를 생략하여 간단하게 송금도 가능하다. 편리하면서 수수료도 줄일 수 있어 이러한 핀테크 서비스는 폭발적으로 성장 중이다. 국내에서도 '뱅크월렛카카오'를 통해 친구끼리 간편하게 송금할 수 있다.[158]

핀테크 서비스는 대출 분야로도 확장됐다. 인터넷 플랫폼으로 고객을 확보한 알리바바는 지급결제와 송금 서비스를 넘어 중소기업에게 소액대출을 해주는 '알리파이낸스'도 운영하고 있다. 알리파이낸스는 온라인 쇼핑몰 이용 기록과 SNS·포털 기록 등의 빅데이터를 분석해 고객 신용도를 평가한 뒤 대출해준다.[159] 이를 통해 고객을 관리하는 동시에, 대출 부실도 막고 있다. 개인자산관리를 해주는 핀테크 서비스도 있다. 알리바바는 알리페이의 결제 잔액으로 펀드를 운용하는

---

158 임정욱, 〈은행 안 거치고 대출·송금…금융업 뿌리 흔드는 '핀테크 벤처'〉, 조선일보(2014년 11월 15일자)

159 이기송, 〈국내외 핀테크(fintech) 동향과 전망〉, KB금융지주경영연구소(2014년 8월 4일), 4쪽 참조

'위어바오'를 출시했다. 이에 힘입어 중국 인터넷 서비스업 텐센트는 온라인 금융상품 펀드인 '리차이퉁'을 내놓았고, 인터넷 포털 바이두도 '바이파펀드'라는 금융상품을 출시했다.[160]

핀테크 시대에는 은행지점 없는 은행을 통해 금융 서비스의 경쟁력을 높인다. 프랑스의 BNP파리바는 온라인 전용 은행인 '헬로뱅크'를 설립해 모든 서비스를 모바일 환경에서 제공하고 있다. 계좌번호를 휴대폰 번호나 QR코드로 대체하고 SNS를 통해 고객의 불편사항을 상담한다. 독일의 피도르 은행도 IT를 접목한 온라인 은행으로 자체 홈페이지와 온라인 매체만을 이용한다. 기존 고객들은 홈페이지에 신상품 아이디어와 기존 상품에 대한 평가 등을 올려 인센티브를 받는 한편, 신규 고객들은 페이스북의 커넥트를 이용해 계좌를 신청하고 '좋아요' 수를 확보해 예금금리를 올린다.[161] 이렇게 핀테크 시장은 고객과의 쌍방향, 실시간 소통을 통해 고객을 프로슈머로 만들어 참여도와 영향력을 높이고 있다.

핀테크 시대를 맞아 IT 기술과 디지털 전략을 중심으로 혁신적인 금융 서비스가 대거 등장할 전망이다. 핀테크 전문가는 빅데이터, SNS, 생체인식기술 등을 활용해 편리하고 다양한 금융 서비스를 제공하고 개인 혹은 기업의 신용 및 미래가치를 평가한다. 간편한 지불수단을 개발하거나 결제부터 자산관리, 투자, 보험까지 가능한 '손 안의 은

---

160 장효선·김재우·유영하·신동오, 〈한국판 알리페이, 카카오페이의 등장– Fintech 시대의 개막!〉, 삼성증권(2014년 10월 13일), 6쪽, 32쪽 참조

161 이기송, 〈국내외 핀테크(fintech) 동향과 전망〉, KB금융지주경영연구소(2014년 8월 4일), 2~3쪽 참조

행'을 만드는 것이다. 또한 결제 단계에 여러 서비스를 결합해 부가가치를 높인다. 앞으로 핀테크 전문가는 새로운 기술 변화와 고객의 요구에 주목하여 편리하고 유용한 금융 서비스와 생태계를 제공할 것이다.

　속도, 편의성, 공간 초월성 등을 무기로 한 핀테크는 소비 환경과 금융거래 혁명의 방아쇠를 당길 것이다. 고객에게는 무엇보다 신기술이 접목된 보다 쉽고 간편한 금융거래 플랫폼이 필요하다. 새로운 디지털 기기의 발달과 기술의 발전으로 핀테크 시장은 더 커질 전망이다. 금융과 기술의 장벽을 허물어 새로운 금융 생태계를 만드는 중심에는 핀테크 전문가가 있을 것이다.

공상과학 소설 같은 이야기가 현실이 된다.
공기 저항이 없는 튜브 속을 열차가
시속 1,000km 이상의 속도로 날아간다.
생각만으로 사물을 움직이고,
인공지능 심리학자가 인간의 정신병을 치료한다.
스캐닝 한 번으로 물체의 모든 정보를 얻고
가상세계에서 받는 훈련은 실제와 같다.
3D 프린터로 음식을 만들고 집을 짓는다.
호모 스페이스 시대가 본격화되면서 우주문명 시대를 대비해
우주에서 농작물을 재배하고 건축물을 짓는다.
나쁜 기억을 없애고 좋은 기억을 심기도 하고, 입는 로봇을 착용해
인간의 물리적 한계를 뛰어넘는다.
자연두뇌와 인공두뇌가 협력하면서 상상은 구체화된다.
상상과 현실의 경계가 모호해진다.
상상하는 것들이 이루어지는 시대다.
이러한 미래에 어떤 직업들이 유망한지 살펴보자.

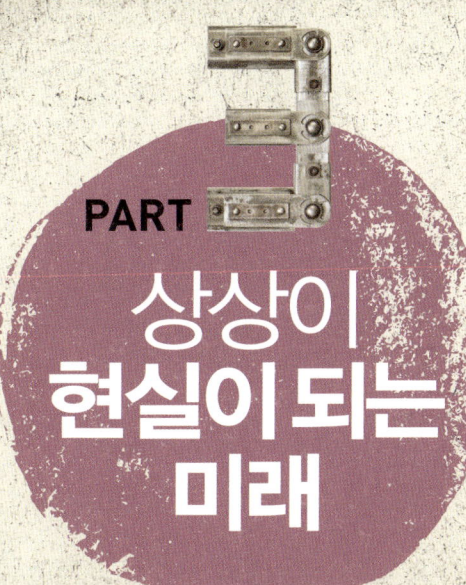

PART 3

상상이
현실이 되는
미래

054

스마트 콘택트렌즈 앱 개발자

렌즈로 들어온 스마트폰

지금 우리는 컴퓨터나 스마트폰을 통해 인터넷에 접속하고 있다. 그러나 미래의 인터넷은 콘택트렌즈에 존재할 것이다. 현실 세계에 3차원의 가상정보를 겹쳐서 보여주는 증강현실 또한 콘택트렌즈를 통해 구현이 가능하다. 이와 같은 새로운 디바이스를 '스마트 콘택트렌즈Smart Contact Lens'라고 한다. 미래에는 한 번의 눈 깜박임으로 인터넷과 증강현실에 접속할 수 있게 될 것이다.

스마트 콘택트렌즈에 대한 연구는 활발히 진행 중이다. 2014 국제전자제품박람회(CES)에서 스마트 콘택트렌즈 개발업체인 이노베가는 풀HD안경과 스마트 콘택트렌즈가 연결돼 구동이 가능한 기기 '아이옵틱iOptik'을 선보였다. 렌즈를 통해 투명한 증강현실 데이터를 보는 것이 가능해졌다.[1]

2012년, 벨기에의 겐트대학교 연구진은 콘택트렌즈에 사용 가능한 구면곡선의 LCD를 개발했다. 이 기술은 콘택트렌즈 표면 전체를 사용해 글자나 그림을 더욱 또렷하게 만든다. 연구진은 2017년 안에 상용화가 가능할 것이라고 예상하고 있다.[2] 2014년, 미시건대학교 연구진이 나노 소재인 '그래핀Graphene'으로 엄청나게 얇은 적외선감지 센서를 만들었는데,[3] 이 센서는 콘택트렌즈용으로 응용될 수 있음이 확인됐다.

구글은 '구글 X 프로젝트'의 일환으로 당뇨병 환자의 혈당을 치료해주는 스마트 콘택트렌즈를 개발했다. 이 렌즈를 착용하면 눈물 성분에서 혈당치의 변화를 바로 측정할 수 있다.[4] 구글은 글로벌 제약회사인 노바티스와 손잡고 스마트 콘택트렌즈를 상용화하는 데 협력하기로 했다.[5] 군사 분야에서도 연구는 활발히 진행 중이다.[6] 앞으로 몇 년만 지나면 미군들은 야간투시경 적외선 고글 대신 적외선 콘택트렌즈를 사용할 것이다.

스마트 콘택트렌즈는 전력 소모량이 적고, 몸 안에 전극을 삽입하지 않고 외부의 정보를 직접 전달할 수 있기 때문에[7] 상용화될 가능성이 높다. 미래에 스마트 콘택트렌즈가 상용화되면 착용자에게 상황별

1 이재구, 〈CES에 콘택트렌즈 웨어러블 등장〉, 지디넷코리아(2014년 1월 4일자)
2 이호기, 〈'콘택트렌즈로 문자확인' 새 기술 선보여〉, 머니투데이(2012년 12월 9일자)
3 이재구, 〈미군, 야간투시경 콘택트렌즈 사용임박〉, 지디넷코리아(2014년 4월 10일자)
4 전병역, 〈구글 도전 어디까지…스마트 콘택트렌즈까지 개발〉, 경향신문(2014년 1월 17일자)
5 임종윤, 〈애플·IBM, 어제의 적이 오늘의 동지로〉, SBS CNBC(2014년 7월 18일자)
6 이재구, 〈미군, 야간투시경 콘택트렌즈 사용임박〉, 지디넷코리아(2014년 4월 10일자)
7 미치오 카쿠, 《미래의 물리학》, 김영사(2012), 51쪽 참조

맞춤 정보를 제공하는 각종 스마트 콘택트렌즈 앱이 필요하게 될 것이다. 이러한 가운데 '스마트 콘택트렌즈 앱 개발자'가 미래 직업으로 부상할 전망이다.

스마트 콘택트렌즈 앱 개발자는 눈만 깜박이면 회사의 동료들과 화상회의가 가능한 앱, 외국인을 만났을 때 그가 하는 말을 번역해 자막으로 띄워주는 앱, 전방의 상황을 실시간으로 감지해 사물의 정보를 제공하는 앱, 용의자 또는 사건 현장 정보를 실시간으로 분석하는 앱 등 사용자에게 상황에 따라 필요한 정보를 제공하는 스마트 콘택트렌즈 앱들을 개발할 것이다.

물리학자 미치오 카쿠에 따르면, 21세기 중반이 되면 우리는 컴퓨터 영상과 현실 세계가 혼합된 특이한 세계에서 살게 된다.[8] 이런 시대에는 스마트 콘택트렌즈 하나로 모든 것을 할 수 있다. 동시에 스마트 콘택트렌즈 앱 개발자는 우리 삶의 모든 영역에서 영향을 미치는 직업으로 자리 잡을 것이다.

---

[8] 미치오 카쿠, 《미래의 물리학》, 김영사(2012), 74쪽 참조

당신도 아이언맨이 될 수 있다

2014년 브라질 월드컵 개막식이 끝날 무렵 모든 시선이 한 하반신 마비 청년에게 집중됐다. 그는 각종 로봇 장치를 몸에 달고 공인구 '브라주카Brazuca'를 발로 건드렸다. 공은 2미터가량 굴러갔고 경기장에는 환호성이 터져 나왔다. 그는 미겔 니콜레리스Miguel Nicolelis 듀크대학 교수가 이끄는 비영리 협력 연구 프로젝트, '다시 걷기 프로젝트(Walk Again Project)'를 통해 개발된 '외골격 로봇'을 입고 시축에 성공한 것이다.[9]

외골격 로봇은 신체적 한계를 강화할 수 있는 다양한 로봇 장치를 말한다. 몸에 장착한다는 뜻에서 '입는 로봇(Wearable Robot)'이라고도 한다. 군인과 작업자의 힘을 증가시키고 신체 기능이 약한 노약자나 장

---

[9] 전승민, 〈하반신 마비 환자가 '브라주카'를 뻥~〉, 동아사이언스(2014년 6월 13일자)

애인의 동작을 보조한다. 2013년, 한국과학기술기획평가원(KISTEP)은 외골격 로봇 기술을 고령화로부터 미래의 한국 사회를 지켜줄 '스마트 에이징Smart Aging' 기술로 선정하기도 했다.[10] 이러한 가운데 신체적 한계를 극복할 수 있는 로봇 장치를 만드는 '외골격 로봇 엔지니어'가 미래 직업으로 주목받을 전망이다.

원래 외골격 로봇은 군사 용도로 개발돼 왔다. 군사용 외골격 로봇은 전투력 보존과 부상 방지에 크게 기여할 수 있기 때문이다. 미국고등국방연구소(DARPA)에서는 오래전부터 '인간 능력 강화용 외골격 개발 프로젝트'를 진행하고 있다. 미국의 군수물자 제조 기업인 록히드 마틴과 UC버클리는 외골격 로봇 '헐크HULC'를 개발했다. 헐크를 이용하면 미군 한 명이 90킬로그램에 달하는 짐을 들고도 가볍게 이동할 수 있다. 험한 지형 조건에서도 무거운 짐을 메고 원활한 이동이 가능하다.[11] 미국 방위산업체 레이시온 사코스는 외골격 로봇 'XOS2'를 개발했다. 외형은 영화 〈엣지 오브 투모로우Edge of Tomorrow〉 속 로봇과 비슷하며, 착용자의 근력과 지구력을 수십 배 이상 증폭시킬 만큼 성능이 뛰어나다.[12]

군사 분야뿐만 아니다. 신체 거동이 불편한 사람들과 많은 힘이 요구되는 작업자들을 위한 외골격 로봇 개발도 한창이다. 이스라엘에서는 '리웍ReWalk'이라는 장애인용 외골격 로봇을 개발했다. 일본의 외골

10 이길성, 〈100세 시대 해결할 기발한 기술 10가지〉, 조선일보(2013년 2월 22일자)
11 이준정, 〈앞으론 누구나 바이오닉 인간이 될 수 있다〉, 이코노믹리뷰(2014년 6월 26일자)
12 전승민, 〈눈앞의 기적…로봇다리 시축〉, 동아사이언스(2014년 6월 23일자)

격 로봇 개발업체 사이버다인은 외골격 로봇 '할HAL'을 개발해 임대하고 있다. 할은 걷기 힘든 노인이나 사고로 불구가 된 사람들의 동작을 개선하고 보조해준다. 파나소닉이 공개한 '파워로더Power Loader'는 작업자가 100킬로그램의 짐을 들고 시속 8킬로미터로 걸을 수 있게 도와준다. 2015년 산업용으로 시판될 예정이다.[13]

외골격 로봇은 노인과 장애인의 재활을 돕고 군인과 작업자의 능력을 향상시킨다. 외골격 로봇 엔지니어의 역할은 보다 자연스러운 움직임이 가능하고 저렴한 외골격 로봇을 개발하고, 이를 다양한 분야에 활용될 수 있도록 설계하는 것이다. 바야흐로 인간의 신체적 한계가 무의미해지는 시대가 오고 있다.

---

13 이영완, 〈톰 크루즈처럼… 월드컵 개막식에 입는 로봇 나온다〉, 조선일보(2014년 6월 9일자)

056

바이오닉스 전문가

내 몸 같은 로봇 팔다리

신체적 장애가 없는 시대가 온다. 손상된 신체를 인공 장치로 대체하는 바이오닉스의 발전 때문이다. 이러한 가운데 잃어버린 신체와 감각을 되돌려주는 '바이오닉스 전문가'가 미래 직업으로 떠오를 전망이다. 바이오닉스 전문가는 영화 〈아이, 로봇I, Robot〉 주인공 스프너 형사의 로봇 팔과 같이 자연스러운 움직임이 가능한 바이오닉스 장치를 구현할 것이다.

바이오닉스 장치는 단지 형태만 있는 장치가 아니다. 의지에 따라 움직이고 제 기능을 수행할 수 있는 장치다. 전 세계적으로 바이오닉스에 관한 연구가 활발하다. 미국의 인공망막 제조업체 세컨드 사이트 메디컬 프로덕트(SSMP)는 바이오닉스 망막 장치 '아르고스2'를 개발했다. 잃어버린 시력을 되찾을 수 있는 길이 열린 것이다. 33년간 시각장애인으로 살아왔던 래리 헤스터는 아르고스2 덕분에 그동안 보지 못했던 아내와 세상을 볼 수 있게 됐다.[14] 인공와우 제조업체 메델MED-EL은 듣지 못하는 사람들을 위해 달팽이관 기능을 대신하는 바이오닉스 청각 장치를 개발했다.[15] 미국 시카고 재활연구소는 생각대로 움직이는 바이오닉스 다리를 개발했다.[16]

생각대로 움직이고 촉감까지 느낄 수 있는 바이오닉스 손도 개발됐다. 2014년, 미국의 케이스웨스턴리저브대학교의 더스틴 타일러Dustin Tyler 교수가 솜이나 물방울이 닿는 미세한 촉감까지 감지할 수 있는 바이오닉스 손을 개발한 것이다. 이 장치를 사용한 환자들은 "예전의 손 감각을 되찾은 것 같다"며 기뻐했다.

같은 해, 스웨덴의 찰머스공과대학의 막스 오르티즈 카탈란Max Ortiz-Catalan 교수 연구진도 바이오닉스 손을 공개했다. 과거 바이오닉스 손은 전구 소켓처럼 남은 팔에 씌우고 어깨에 고정하는 방식이었다. 이런 방식은 움직임에 제한이 있어 불편했다. 하지만 이번에 연구진이 개발한 바이오닉스 손은 치아 임플란트처럼 환자의 뼈에 직접 연결이 가능하다. 움직임에 제한이 없는 것이다. 덕분에 이 장치를 사용한 한 트럭 운전사는 예전처럼 일할 수 있게 됐다.[17]

14 Lecia Bushak, 〈Blinded For 33 Years, Larry Hester Gets A Chance To See Again With Bionic Eye〉, Medical Daily(2014년 10월 11일자)

15 이권구, 〈인공와우 개발 호치마이어 박사, '레스커의학상' 수상〉, 약업신문(2013년 9월 10일자)

16 이영완, 〈"난 머리만 쓰면 된다" 바이오닉 맨〉, 조선일보(2013년 10월 7일자)

17 이영완, 〈내 몸 같은 로봇 손…이제 물방울·솜 닿는 것도 느낀다〉, 조선일보(2014년 10월 13일자)

첨단 바이오닉스 장치를 착용한 장애인들의 올림픽, 사이버스론도 열린다. 2016년 스위스 취리히에서 개최되는 사이버스론은 스위스의 로봇 국가연구기관인 NCCR 로보틱스의 주관 아래 열린다. 목적은 사람들의 사회적인 인식 전환과 신체장애를 극복시키는 첨단 바이오닉스 장치의 성능 향상이다. 뇌-기계 인터페이스를 이용한 자동차 경주, 신체 전기 자극을 이용한 자전거 경주, 로봇 의족 달리기, 로봇 의수를 이용한 비디오 게임, 외골격 로봇 경주 등 다양한 경기들이 준비되어 있다.[18] 지속적으로 사이버스론을 개최하다 보면 정상인의 신체적 역량을 뛰어넘는 바이오닉스 장치들도 등장할 것이다.

바이오닉스 전문가는 거부 반응 없이 신경과 원활한 소통이 가능한 바이오닉스 장치를 개발한다. 예를 들어 피아노를 연주할 수 있을만큼 움직임이 자유로운 바이오닉스 손 등을 개발하는 것이다. 촉각 등 다양한 감각을 전기신호로 만들어 뇌에 보내는 정교한 시스템도 개발한다. 이를 통해 환자들은 잃어버렸던 감각을 되찾게 될 것이다. 물리적 안정성 연구에도 중점을 둬 자연스러운 움직임이 가능한 바이오닉스 장치를 개발한다. 이러한 기술들이 혁신되면서 가격이 저렴해지고 대중화될 것이다.

물리학자 미치오 카쿠에 따르면, 우리의 두뇌는 새로운 것을 배울 때마다 그에 맞게 재구성된다. 따라서 우리의 몸에 바이오닉스 장치를 부착해도 두뇌는 바로 적응해 자연스럽게 사용할 수 있다고 그는 주장

---

18 사이버스론 홈페이지(http://www.cybathlon.ethz.ch/) 참조

한다.[19] 발전하는 바이오닉스는 장애를 극복하는 희망이 될 수 있다. 바이오닉스 전문가는 바이오닉스의 효용성과 경제성을 끌어올림으로써 신체적 장애가 없는 시대를 만드는 주역이 될 것이다.

19 미치오 카쿠, 《미래의 물리학》, 김영사(2012), 181쪽 참조

057

촉각인식 인터페이스 기술자

만져보고 구매하는 인터넷 쇼핑

TV 홈쇼핑이나 인터넷 등에서 제품을 구매하기 전에 얼마나 가벼운지, 피부에 닿는 감촉은 어떤지를 직접 느껴보고 살 수 있는 시대가 오고 있다. 실제와 가상세계를 접목하려는 노력이 심화되고 있기 때문이다. 이러한 가운데 실제처럼 느낄 수 있는 '촉각인식 인터페이스'를 개발하고, 이를 다양한 분야에 적용하는 '촉각인식 인터페이스 기술자'가 미래 직업으로 부상할 전망이다.

IBM, 이머전, 센세그, 디즈니 등 다수의 기업들은 터치스크린 표면에 촉각을 부여하는 기술을 개발하고 있다. 각 사물이 가지고 있는 고유한 진동패턴이나 주파수를 분석해 촉각 데이터를 구축한다.[20] 거

---

[20] 아크로팬 편집국, 〈IBM, 5년 내 인간의 생활을 바꿀 5대 혁신 발표〉, 아크로팬(2012년 12월 20일자)

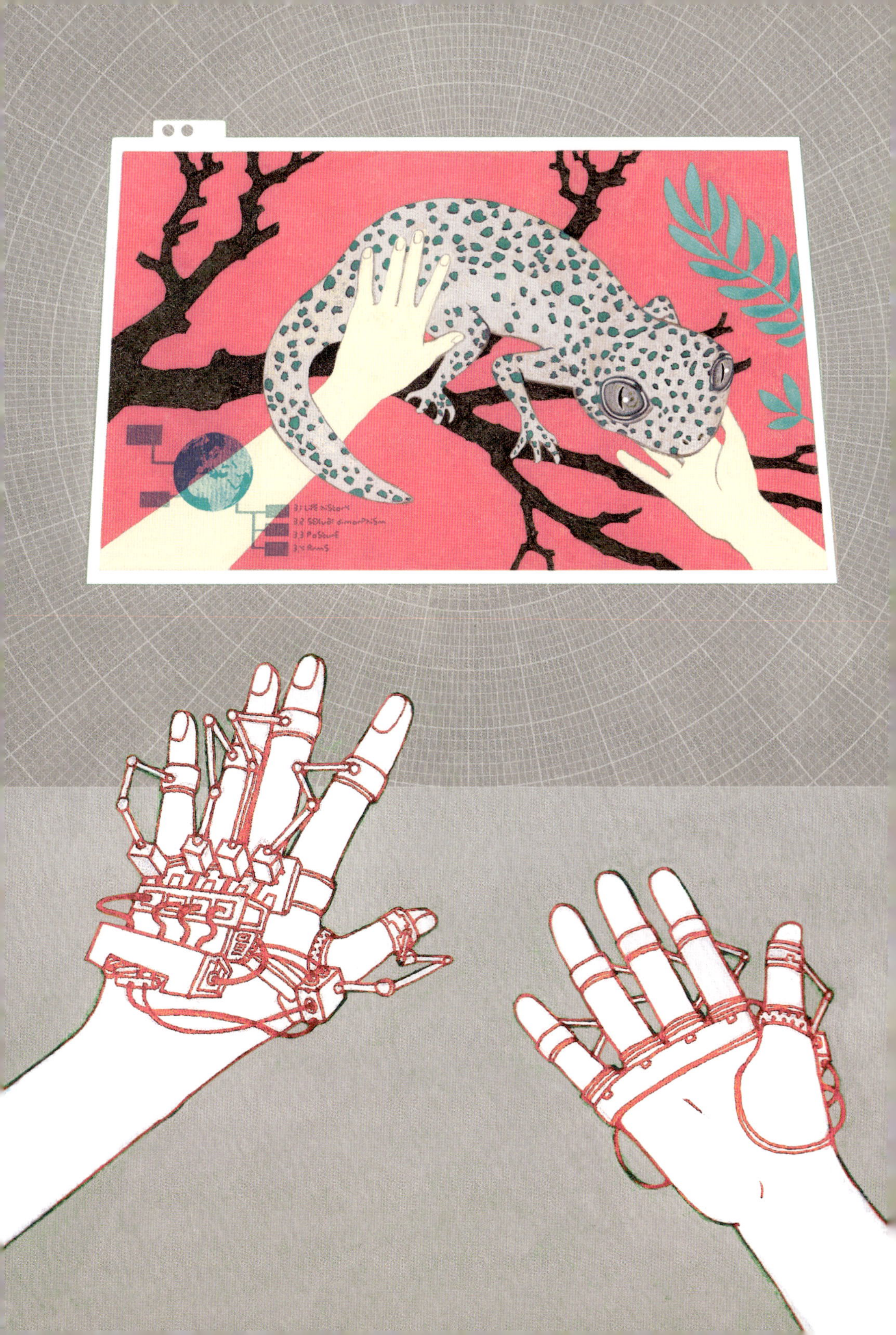

3.1 Life History

3.2 Sexual dimorphism

3.3 Posture

3.4 Arms

칠다, 부드럽다, 차갑다, 뜨겁다 등 촉각에 대한 데이터를 다르게 구현하는 것이다. 촉감 데이터에 근거한 구현이 일종의 착각을 만들어 뇌까지 보내는 것이다.[21]

여러 연구기관들은 보다 정교한 촉각인식 인터페이스를 개발하기 위해 노력하고 있다. 한국표준과학연구원(KRISS)은 세계 최초로 복합촉각 마우스를 개발했다. 컴퓨터 화면 속 물체를 직접 만지는 느낌을 손끝으로 느낄 수 있는 것이다. 연구진이 개발한 복합촉각 마우스로는 가상현실 표면의 거칠기와 마찰력, 온도, 강도 등 네 가지 촉감을 구현할 수 있다.[22] 울산과학기술대학교(UNIST)는 손가락 마디마다 달린 소형 기기가 물체의 무게 강약을 조절하는 장갑을 개발했고, 한국과학기술연구원(KIST)은 손목부터 어깨까지 감싸는 웨어러블 기기를 만들었다. 이 둘을 함께 착용하면 가상공간에서 무게를 느낄 수 있다.[23]

촉각인식 인터페이스 기술자는 물체마다 다른 촉감의 진동패턴을 만들고, 이를 인식해 촉감을 재현해내는 인터페이스를 개발한다. 이들은 촉각인식 기술을 바탕으로 촉각을 모방할 수 있는 앱을 만들기도 한다. 또한 전자상거래, 사이버 박물관, 온라인게임, 영화, TV방송, 전자책 등 여러 분야에서 가상물체를 직접 만질 수 있는 기술을 구현할 것이다.

사물인터넷의 부상과 함께 온라인과 오프라인의 경계, 디지털 경

---

21 김유정,〈'휴먼 인터페이스' 기술의 미래 트렌드〉, 디지털타임스(2014년 6월 1일자)

22 박지현,〈화면 속 물체의 촉감 전달' 마우스 개발〉, 파이낸셜뉴스(2013년 6월 12일자)

23 전준범,〈뇌 촉감부위 자극하자…"사이트 속 유물 만지니 까끌까끌"〉, 동아일보(2014년 5월 16일자)

험과 아날로그 경험의 경계가 허물어지고 있다. 이러한 시대에 촉각인식 인터페이스 기술자는 사람과 디지털 기기 간의 상호작용 방식과 사용자경험(UX)을 바꿔놓을 것이다. 가상의 물체는 기존의 시각과 청각에 실제 질감을 느낄 수 있는 촉각을 활용하여 사람들에게 생동감 있게 다가올 수 있다. 현실감과 생동감이 넘치는 콘텐츠를 요구하는 시장의 변화에 맞춰 촉각인식 인터페이스 기술자의 수요는 더 늘어날 전망이다.

058

옴니터치 스크린 전문가

모든 표면이 터치스크린이 된다

옴니터치 스크린 기술은 기존의 일방향이었던 스크린 환경을 양
방향 환경으로 변화시킨다. 멀티터치 기반 웨어러블 기술을 사용하여
종이, 벽, 손바닥 등 어떤 표면이든지 터치스크린 환경을 조성하는 것
을 옴니터치 스크린 기술이라고 한다. 더욱 혁신적이고 지능화된 생활
환경을 구현하기 위해 '옴니터치 스크린 전문가'가 등장했다.[24]

영국 케임브리지에 위치한 프로젝터 전문업체 라이트블루옵틱스
Light Blue Optics는 인터랙티브 프로젝터의 한 종류인 '라이트터치Light
Touch'를 개발했다.[25] 라이트터치를 활용하면 홀로그래픽 레이저 프로

---

24 KISTI 미리안 미래기술 지식베이스, 〈옴니터치 스크린 기술〉

25 케임브리지(영국)=BW/뉴시스, 〈라이트블루옵틱스, 자사의 라이트터치 기술을 지원하는 글
로벌 회사 명단 발표〉, 뉴시스(2010년 1월 8일자)

젝션 기술과 적외선 센서 기술을 사용해, 평평한 곳이라면 어디에서든 터치스크린을 생성할 수 있다.[26] 마이크로소프트는 미국 산타바바라에서 열린 'UIST 2012 심포지엄'에서 옴니터치 기술을 선보였다. 테이블, 공책, 손바닥 등의 표면을 터치스크린으로 바꿔놓는 유비 인터렉티브를 공개한 것이다.[27]

미국 아이디어상품 쇼핑몰 브룩스톤Brookstone은 가상 키보드의 한 형태인 '키체인 버추얼 키보드Keychain Virtual Keyboard(열쇠고리용 가상 키보드)'를 선보였다. 이 가상 키보드는 블루투스를 통해 스마트폰, 태블릿 PC, 노트북에 연결되어 사용된다. 레이저 빔을 통해 평평한 곳에 가상으로 키보드가 만들어지고, 이 키보드를 누르면 실제 키보드를 누르는 것처럼 글자가 입력된다. 충전 배터리가 내장되어 있어, USB를 이용해 언제 어디서나 충전할 수 있다.[28] 프랑스 벤처기업 시크릿은 사람의 팔뚝을 터치스크린으로 활용할 수 있는 웨어러블 팔찌 '시크릿Cicret'을 공개했다. 전화, 인터넷 검색 등이 가능한 시크릿은 심지어 목욕탕에서도 작동이 된다.[29]

옴니터치 스크린은 많은 용도로 사용될 수 있다. 선생이 학생들을 가르칠 때, 상점에서 제품정보를 보여줄 때, 회사에서 기획안을 발표할 때 등에 사용될 수 있다. 옴니터치 스크린 전문가의 핵심은 동작을

---

26 김영수, 〈언제 어디서나~ 가상 터치스크린 프로젝터〉, POPNEWS(2010년 12월 14일자)

27 〈모든 표면을 터치스크린으로 바꿔버리는 혁신적인 모바일 기술〉, 비전(2011년 10월 25일자)

28 〈스마트 레이저 프로젝션 키보드〉, 비전(2012년 9월 27일자)

29 Brian Jackson, 〈The 'Cicret' is out? this futuristic bracelet doesn't exist〉, IT비즈니스(2014년 12월 9일자)

감지하는 적외선 센서 기술과 신호처리 기술, 모션제어 소프트웨어 활용 능력이다.

　옴니터치 스크린 전문가는 모든 물체 표면을 스크린화할 수 있는 기술 개발에 끊임없이 도전할 것이다. 이미 일본에서는 물의 표면을 터치스크린으로 만들어주는 기술까지 개발됐다. 증강현실과 가상현실과 같은 영상기술이 발전하면서 옴니터치 스크린의 발전은 가속화될 전망이다.

059

3D 홀로그램 전문가

허공에서 물체의 모든 면을 본다

마이클 잭슨이 돌아왔다. 2014년 5월, 미국 라스베이거스 'MGM
그랜드가든'에서 '2014 빌보드 뮤직 어워드'가 열렸다. 이날 마이클 잭
슨은 미공개 곡을 새롭게 다듬어 발매한 앨범 'XSCAPE'의 수록곡
'Slave To The Rhythm'과 함께 문워크를 선보였다. 관객들은 눈물을
훔치며 흥분했다. 2009년 사망한 마이클 잭슨이 무대에 다시 설 수 있
었던 것은 '홀로그램' 기술 덕분이었다.

현재 공연이나 전시에서 사용되고 있는 홀로그램 기술은 플로팅
Floating 방식의 홀로그램이다. '플로팅 홀로그램'은 고해상도 프로젝터
로 2차원의 투명한 스크린에 영상을 쏘아 상을 구현한다.[30] 하지만 엄

---

30 이경민, 〈죽은 마이클 잭슨을 불러낸 '홀로그램'〉, 전자신문(2014년 6월 2일자)

밀히 말해 플로팅 홀로그램은 착시다. 완벽한 홀로그램이 아닌데, 3차원 공간에 곧바로 홀로그램이 나타나지 않기 때문이다.

완벽한 홀로그램은 3D 홀로그램이다. 3D 홀로그램은 360도 모든 각도에서 물체의 3차원 입체 영상을 감상하는 기술을 말한다. 아직 3D 홀로그램 기술은 걸음마 단계다. 현재 360도 전 방향에서 입체 영상을 감상할 수 있는 3D 홀로그램 기술은 전 세계 연구실에서 시제품 형태로 개발이 진행되고 있다.[31]

2014년, 캘리포니아에 있는 디스플레이 반도체 기업 '오스텐도 테크놀로지스Ostendo Technologies'는 3D 홀로그램 영상을 공중에 투사하는 초소형 프로젝트를 개발했다. 이 프로젝트는 초고해상도를 자랑하며 2016년에 출시될 예정이다.[32] 마이크로소프트는 홀로그램을 구현할 수 있는 기기 '홀로스튜디오'를 선보였다. 사용자가 홀로스튜디오를 머리에 쓰면 공간에 떠오른 사물의 모양, 크기, 색깔을 변경할 수 있다. 이처럼 변경한 내용은 3D 파일로 저장이 가능하고, 심지어 3D 프린터에도 전송할 수 있다.[33]

미래창조과학부 조사에 따르면, 현재 세계 홀로그램 시장의 규모는 2013년 기준 168억 5,400만 달러(약 17조 3,050억 원)이며, 2017년에

---

31 문화기술(CT) 심층리포트, 〈3D 홀로그램 기술의 최근 동향과 사례〉, 한국콘텐츠진흥원 (2014년 4월호), 2쪽 참조

32 최현구, 〈스마트폰 공중에 3D 영상을 띄우는 '홀로그램' 新기술〉, 전자신문(2014년 6월 10일자)

33 Nathan Olivarez-Giles, 〈MS가 '윈도10'과 함께 깜짝 공개한 '홀로렌즈'〉, 월스트리트저널 (2015년 1월 22일자)

257억 달러(약 26조 3,880억 원)를 넘어 2025년에는 5배 이상 시장 규모가 성장할 전망이다.[34] 이에 미래부는 2013년, '정보통신기술(ICT) 연구개발 중장기전략'을 통해 홀로그램을 'ICT 10대 핵심 기술'로 선정했다. 그러나 국내 홀로그램산업은 아직 갈 길이 멀다. 전문 인력과 인프라가 턱없이 부족하기 때문이다. 3D 홀로그램 기술과 이에 해당하는 콘텐츠를 개발하는 '3D 홀로그램 전문가'가 그 어느 때보다 필요하다.

3D 홀로그램 전문가는 3D 입체 영상을 만들어 실사와 같은 입체감을 제공한다. 누구나 편하게 어떤 각도에서도 3D 홀로그램 영상을 감상할 수 있게 되는 것이다. 눈의 피로감과 어지럼증 등의 문제도 근원적으로 해결한다. 또한 3D 홀로그램 전문가는 과학 연구, 보안, 의료, 공학, 레크리에이션 등의 산업에 홀로그램을 적용할 때 실현하는 서비스를 제공하고 지원한다. 제조업의 경우 3D 홀로그램을 활용해 복잡한 제작 도면을 보다 쉽게 이해할 수 있고, 교육 분야의 경우 위험한 재료나 직접 갈 수 없는 장소를 홀로그램으로 만들어 활용할 수 있다.

홀로그램은 고부가가치 디스플레이산업이다. 영화 〈아이언맨Iron Man〉에서 주인공 토니 스타크가 허공에 화면을 띄워놓고 통신하거나 작업하는 것처럼 360도 어디에서든 볼 수 있는 3D 홀로그램에 인간과의 상호작용을 더하는 것[35]이 3D 홀로그램 전문가의 목표다.

---

34 주성호, 〈'진짜인 듯 가짜인 듯' 3D 홀로그램, 정보통신 新시장 이끈다〉, 뉴스1코리아(2014년 7월 20일자)
35 이상우, 〈창조경제의 동력, 3D와 홀로그램〉, IT동아(2014년 1월 16일자)

060

가상훈련 시스템 개발자

가상현실에서 실전처럼 연습한다

서울 코엑스에서 열린 '2014 이러닝 코리아'에서 한국미디어테크의 우주항공기 시뮬레이터는 실감나는 가상경험을 제공해 관람객의 발길을 잡았다. 조종기에 복잡한 계기판이 정교하게 나타나는 초대형 3차원 입체 영상 화면과 햅틱Haptic 기술을 적용했기 때문이다. 또 다른 부스에서는 리치앤타임사가 선보인 차량 시뮬레이터에서 시운전이 한창이었다. 자동차 경주 트랙이 펼쳐진 대형 화면, 실제 자동차와 똑같은 페달, 브레이크 그리고 좌석은 역동적인 움직임을 보였다.[36]

세계적으로 가상훈련 시뮬레이터가 제조, 군사 등 중장비 훈련 산업에서 의료, 스포츠, 여가, 재난대응 산업으로까지 영역이 확대되면서

---

36 김명희, 〈'게임이냐, 교육이냐' 가상훈련시스템 활용 넓어진다〉, 전자신문(2014년 9월 18일자)

큰 시장을 형성하고 있다. 그 시장 규모는 2018년까지 약 95조 원으로 성장할 전망이다.[37] 미국은 2011년에만 교통, 국방, 의학 등에 적용할 가상훈련 시뮬레이터 R&D에 약 5조 원의 예산을 투입한 바 있다.[38]

우리나라 정부는 이미 개발된 보유기술을 발전시켜 가상훈련 시스템에 관한 표준원천기술을 개발하고, 기업들이 이 기술을 자유롭게 활용할 수 있는 공동 플랫폼도 만들 계획이다.[39] 이렇게 되면 국내 중소기업들도 실리콘밸리처럼 다양하고 혁신적인 가상훈련 시스템들을 개발할 수 있을 것이다.

2014년, 국내 멀티미디어 콘텐츠 기업 씨앤박스CNBOX는 'TRAIN DISASTER VR'을 내놓았다. 가상현실 기기를 착용하고 지하철 화재 상황을 체험할 수 있도록 구현한 이 가상현실 프로그램은 시민의 입장에서 골든타임 내에 안전하게 탈출하는 연습을 생생하게 제공한다.[40]

가상훈련은 건축, 디자인, 엔지니어링, 의료, 엔터테인먼트 등의 분야에 지대한 파급 효과를 일으킬 것이다. 이에 따라 등장하는 미래 직업이 '가상훈련 시스템 개발자'다. 가상훈련 시스템 개발자는 각 분야의 목적에 부합하는 가상훈련 시스템을 디자인해 소프트웨어를 개발한다. 가상훈련 시스템은 현실 모방에 그치지 않고 중력을 무시한다

37 김명희, 〈'게임이냐, 교육이냐' 가상훈련시스템 활용 넓어진다〉, 전자신문(2014년 9월 18일자)
38 신현규, 〈[창의산업] 가상훈련분야, 보안·의료·레저 등 시장 무궁무진〉, 매일경제(2014년 5월 18일자)
39 신현규, 〈[창의산업] 가상훈련분야, 보안·의료·레저 등 시장 무궁무진〉, 매일경제(2014년 5월 18일자)
40 CNBOX 홈페이지(http://www.cnboxvr.com/) 참조

거나 적외선으로 사물을 바라볼 수 있다. 이를 통해 사람이 들어갈 수 없는 좁은 공간에 들어가 보는 것도 가능하다.[41] 영화 〈아바타Avatar〉의 주인공이 되어보는 것도 어렵지 않은 것이다.

가상훈련 시스템은 시간과 비용을 절감시켜주고 효율성을 증대시켜주는 효과를 기대할 수 있다. 예를 들어, 헬기 조종을 가상훈련 시스템으로 연습하면 실제 비용의 20분의 1 정도밖에 들지 않는다.[42] 따라서 가상훈련 시스템 개발자의 역할은 기술 훈련부터 각 산업 분야의 실무 교육까지 확대될 전망이다. 가상훈련 시스템 개발자는 현장감을 개선하고 더 많은 분야에 적용할 수 있는 시스템을 연구해 실전 상황들을 끊임없이 만들 것이다.

41 이동훈, 〈가상현실 기술의 현재와 미래〉, 파퓰러사이언스(2014년 4월 21일자)
42 신상철, 〈가상현실 기술이 바꿀 미래〉, 디지털타임스(2014년 10월 15일자)

061

무인자동차 엔지니어

운전자 없이도 달리는 자동차

구글의 자율주행 자동차 프로젝트 책임자 크리스 엄슨Chris Urmson에 따르면, 구글의 자율주행 자동차는 사람이 운전할 때보다 더 안전하고 더 부드럽게 운전한다.[43] 미국의 캘리포니아와 네바다에서 진행된 구글의 자율주행 시스템에 대한 시험 결과가 그의 주장을 입증한다. 2009년부터 시작된 구글의 자율주행 프로젝트는 2014년, 112만 킬로미터가 넘는 거리를 무사고로 주행했다.

자율주행 자동차, 즉 무인자동차 시스템은 사람들에게 많은 혜택을 선사할 것이다. 사람들은 운전할 시간에 일에 집중할 수 있고 낮잠을 자거나 사랑하는 가족과 추억을 쌓을 수도 있다. 또한 운전하기 불

---

[43] KISTI 미리안,《글로벌동향브리핑》,〈사람보다 더 부드럽고 안전한 운전을 하는 구글의 로봇 자동차〉, 2013년 10월 31일

편했던 장애인, 특히 시각장애인들에게 무인자동차는 인생을 바꾸는 계기가 될 수 있다. 이에 보다 안전한 무인자동차를 개발하고 성능을 보완하는 '무인자동차 엔지니어'가 미래 직업으로 부상할 전망이다.

구글뿐만 아니라 세계 자동차업계도 무인자동차 개발에 박차를 가하고 있다. 2013년 8월, 벤츠는 자사의 무인자동차를 이용해 도심과 시외에서 약 100킬로미터의 거리를 주행하는 데 성공했다. 벤츠의 무인자동차는 최첨단 자율주행 시스템을 통해 교통 체증이 심한 도심 주행 등 다양한 도로 상황에 적응하며 스스로 주행할 수 있는 능력을 갖췄다.[44] 전 세계 IT업계와 자동차업계가 무인자동차에 주목하고 있는 이유는 무인자동차가 미래 자동차산업의 경쟁력이 될 것이기 때문이다. 또한 무인자동차는 일반 차에 비해 훨씬 연료를 적게 소모하기 때문에 환경 규정을 준수하는 데 더 용이하다.[45]

국가 차원의 개발도 이루어지고 있다. 영국 정부는 무인자동차 개발 및 테스트를 위한 법적 제도를 마련하고 옥스퍼드대학교와 협력하여 2015년까지 20대, 2017년까지 100대의 무인자동차 주행을 시험하는 것을 목표로 하고 있다.[46] 우리나라 정부도 무인자동차 기술 개발을 위한 구체적인 실행 방안과 목표를 수립하고, 2025년까지 무인자동차 상용화를 목표로 하고 있다.[47]

44 이진혁, 〈자율 주행차, 100㎞ 시험 운전 마치고 곧 양산에 들어갈 듯〉, 조선일보(2014년 9월 1일자)

45 로버트 스코블·셸 이스라엘, 《컨텍스트의 시대》, 지앤선(2014), 142쪽 참조

46 KISTI 미리안, 《글로벌동향브리핑》, 〈영국은 무인 자율주행차량 연구에 박차를 가하고 있다〉, 2013년 12월 13일

47 이종현, 〈2025년까지 무인자율주행 자동차 나온다〉, 조선비즈(2014년 2월 13일자)

무인자동차 엔지니어는 단거리 레이더, 레이저 빔과 모션, 3D 센서, 운전자 상태인식 소프트웨어 등 다양한 기술들을 활용해 무인자동차를 만든다. 이 기술들은 자동차가 주변에 무엇이 있는지 분별하고, 만일 어떤 일이 일어나면 그 사태에 대해서 어떻게 대처할지 결정하게 해준다.[48] 또한 교통환경을 한 번에 파악할 수 있게 해주는 고정밀 환경인식 기술, 차량의 정밀한 위치를 파악하는 위치측정 기술, 차량 움직임을 실시간으로 결정하는 능동안전제어 기술, 운전자의 현재 상태를 인식하는 소프트웨어 등을 개발한다.

무인자동차 기술이 빠르게 발전하면서 무인자동차가 2030년 세계 자동차 시장의 40퍼센트, 2035년 75퍼센트를 차지할 것이다.[49] 무인자동차 운행이 늘어나면 교통정체와 교통사고의 대부분이 사라질 전망이다. 무인자동차 엔지니어는 안전하고 편리한 무인자동차를 개발함으로써 무인자동차 시대를 열어갈 것이다.

---

48 로버트 스코블·셸 이스라엘, 《컨텍스트의 시대》, 지앤선(2014), 133쪽 참조
49 매일경제 IoT 혁명 프로젝트팀, 《사물인터넷》, 매일경제신문사(2014), 165쪽 참조

전 세계가 생활권이 된다

미래에는 서울에서 미국 로스앤젤레스(LA)까지 단 2시간 만에 갈 수 있는 초고속 '진공튜브 열차'가 생긴다. 진공튜브 열차는 진공에 가까운 튜브 내부에서 초고속으로 운행되는 캡슐 모양의 자기부상열차다. 레일과의 마찰력과 공기 저항을 최소화함으로써 시속 1,000킬로미터 이상의 속도 구현이 가능하다.[50] 진공튜브 열차가 차세대 교통수단으로 자리 잡을 가능성이 높아지면서 튜브 설치에 필요한 시설물과 시스템을 구축할 수 있는 '진공튜브 엔지니어'가 미래 직업으로 생겨날 전망이다.

미래형 교통 혁명, 진공튜브 열차는 구체화되고 있다. 2013년, 민간 우주업체 스페이스 엑스Space X의 최고경영자 일론 머스크Elon Musk

---

[50] 구본혁, 〈해저터널로 2시간 만에 LA에…깜짝〉, 서울경제(2012년 12월 19일자)

가 진공튜브 열차 프로젝트를 공개했다. 머스크가 고안한 진공튜브 열차, '하이퍼루프Hyperloop'는 최고 시속 1,220킬로미터로 로스앤젤레스에서 샌프란시스코까지 35분 만에 주파한다. 편도 탑승권은 20달러 수준이 될 것이다. 머스크에 따르면, 5년 안에 시제품을 완성하고 10년 안에 실제 운행이 가능할 것이다.[51]

2014년, 중국 서남교통대학교 응용 초전도 연구실은 중국 최초로 진공튜브 열차를 성공적으로 시험했다. 프로젝트 책임자 덩 지강Deng Zigang 박사에 따르면, 공기를 정상적인 조건보다 10배까지 낮춘 튜브 안에서 이동하는 이 열차는 공기 저항이 거의 없어 일반 여객기의 4배에 달하는 시속 3,000킬로미터까지 속도를 높일 수 있다.[52]

미국 콜로라도에 있는 기업 ET3에서는 'ETTEvacuated Tube Transport'라 불리는 초고속 진공터널 열차를 개발하고 있다.[53] 한국철도기술연구원 또한 52분의 1 크기의 축소 모형 열차를 진공터널에서 시속 700킬로미터 주행에 성공한 바 있다.[54]

전문가들은 하이퍼루프나 ETT와 같은 캡슐 형태의 진공 열차가 미래 운송수단 중 하나가 될 것으로 내다본다.[55] 진공튜브 엔지니어들

---

51 이진석,〈610km 거리를 35분만에?〉, 동아일보(2013년 8월 14일자)

52 KISTI 미리안,《글로벌동향브리핑》,〈중국에서 시험 중인 폐쇄형 튜브 자기부상열차〉, 2014년 5월 16일

53 송혜민,〈"전 세계 도는데 6시간" 초고속 진공열차시대 열린다〉, 서울신문사 나우뉴스(2012년 4월 20일자)

54 구본혁,〈해저터널로 2시간 만에 LA에⋯깜짝〉, 서울경제(2012년 12월 19일자)

55 박용후,〈[별책부록|세상을 바꿀 대박 미래기술 50] 진정한 지구촌 일일 생활권 구현〉, 신동아(2013년 11월 25일자)

의 역할은 앞으로 더욱 중요해질 것이다. 이들은 역 사이에 초대형 진공튜브 시스템을 개발 및 구축한다. 또한 이 안에 적합한 시설물들을 설치해 진공튜브 열차의 운행을 가능하게 할 것이다. 그 밖에 시설물 유지에 관한 다양한 문제 해결과 안전한 운행을 위한 방안 모색을 담당할 것으로 보인다.

진공튜브 엔지니어는 인류의 우주개발 비용을 획기적으로 낮추는 데도 기여할 수 있을 것이다. 진공튜브 기술이 우주선 발진 시스템에도 이용 가능하기 때문이다.[56] 로켓을 대기권 밖까지 연결된 진공튜브를 통해 발사하면 공기의 마찰로 손실되는 에너지를 대폭 절감할 수 있다.

인류는 직립보행에서 마차로, 기차로, 비행기로, 우주선으로 옮기며 생활권을 넓혀가고 있다. 진공튜브 엔지니어는 인류의 생활권을 지구촌과 우주로 확대하며 미래 교통 혁명의 주역이 될 것이다.

---

[56] KISTI 미리안, 《글로벌동향브리핑》, 〈중국에서 시험 중인 폐쇄형 튜브 자기부상열차〉, 2014년 5월 16일

우주관광 시대

누구나 한 번쯤은 우주여행을 떠나는 상상을 해봤을 것이다. 그러나 우주여행은 더 이상 꿈이 아니다. 20년 후의 아이들은 수학여행으로 달을 다녀오게 될지도 모른다. 민간업체들이 이전까지 국책 사업으로만 진행됐던 우주여행산업에 뛰어들어 우주관광을 가능하게 만들고 있다. 이제 사람들의 여행지는 전 세계를 넘어 우주까지 확장될 것이다. 이에 따라 우주여행객에게 우주공간을 설명해주고, 그들의 안전을 책임질 '우주여행 가이드'가 미래 직업으로 부상할 전망이다.

민간 우주여행사 버진 갤럭틱 Virgin Galactic은 우주관광 시대를 여는 선도주자다. 버진 갤럭틱은 우주선 '스페이스십 2 SpaceShip 2'를 개발해 우주와 대기권의 경계인 준궤도를 비행하는 상품을 내놓았다. 2014년, 미국연방항공청(FAA)으로부터 우주여행 승인을 받은 버진 갤럭틱은 스

페이스십 2에 승객을 태우고 준궤도 우주여행을 할 수 있게 됐다.[57] 또 다른 민간 우주여행사 엑스코 에어로스페이스Xcor Aerospace도 우주선 '링스Lynx'를 100킬로미터 상공까지 띄워 25분 동안 머무르는 상품을 출시했다.[58]

준궤도가 아닌 궤도비행 우주관광 사업을 준비하는 업체들도 있다. 테슬라의 CEO 일론 머스크는 민간 위성 발사 및 우주왕복선 사업을 위해 '스페이스 엑스'를 설립했다. 스페이스 엑스는 우주택시 '드래건 V2'를 통해 궤도 우주여행을 시행할 예정이다. 우주택시 드래건 V2는 국제우주정거장(ISS)과 화성에 '손님'을 태워다줄 수도 있을 것이다.[59] 한편 글로벌 전자상거래업체 아마존 CEO 제프 베조스Jeff Bezos도 '블루오리진Blue Origin'을 설립해 재사용이 가능한 로켓 발사체를 이용하여 궤도비행 우주관광 사업을 추진하고 있다.[60]

우주여행이 현실로 다가오면서 우주여행 가이드에 대한 관심도 높아지고 있다. 우주여행 가이드는 우주에 대한 전문지식을 가지고 우주를 안내한다. 우주여행을 떠나기 전 우주여행객에게 중력 훈련과 안전 훈련을 시키는 것도 우주여행 가이드의 몫이다. 우주여행 중 비상 사태가 발생할 때 사람들을 안심시키고 안전하게 대처하는 것 또한 중

---

57 전선익, 〈버진 갤럭틱의 상업용 우주여행 美 연방항공청 승인받아〉, 파이낸셜뉴스(2014년 5월 30일자)

58 이제교, 〈'스페이스 투어' 꿈이 현실이 되다〉, 문화일보(2014년 9월 5일자)

59 박종익, 〈스페이스X, 차기 '우주 택시' 드래곤 V2 공개〉, 서울신문사 나우뉴스(2014년 5월 30일자)

60 이제교, 〈'스페이스 투어' 꿈이 현실이 되다〉, 문화일보(2014년 9월 5일자)

요한 임무 중 하나일 것이다.

　　본격적으로 '우주관광 시대'가 열릴 경우 상업 우주여행사들은 우주여행객을 위해 우주여행 가이드를 고용할 것이다. 미래에 우주여행 비용이 저렴해지면 더 많은 우주여행 가이드들이 필요해진다. 우주관광에 나선 많은 우주여행객들은 우주여행 가이드 덕분에 유익하고 안전한 우주여행을 경험할 수 있게 될 것이다.

064

우주농부

우주에서 작물을 재배한다

인류는 이제 지구를 떠나 우주 문명을 만들고자 한다. 민간 우주항공사 스페이스 엑스의 CEO 일론 머스크는 2020년대 중반 안에 인류를 화성에 데려가겠다고 했다.[61] 2013년, 네덜란드의 비영리 단체 마스원MarsOne은 화성 정착 프로젝트 지원자 1,058명을 모집했다. 마스원은 2018년과 2022년 두 차례 무인탐사선과 화물선을 보내 화성 정착 기지를 만들고 2024년에 4명의 이주자들을 보낼 계획이다.[62]

우주 문명의 건설과 동시에 우주 재배가 주목받고 있다. 우주 재배는 우주에서 직접 농작물을 기르고 먹을 수 있는 시스템을 말한다. 우주 재배가 주목받는 이유는 지구에서 가공한 식품만으로 늘어날 우주

---

61 안희정, 〈엘론 머스크 "곧 화성 여행 할 수 있어"〉, 지디넷코리아(2014년 10월 6일자)
62 마스원 홈페이지(http://www.mars-one.com/mission/roadmap) 참조

인구를 감당할 수 없기 때문이다. 우주 재배가 우주선과 우주 기지에 산소를 공급하고 물을 정화할 수 있다는 점에서도 주목받고 있다. 앞으로 우주 재배의 기술 성숙도는 우주선의 발전과 더불어 우주 진출 시기를 결정하는 중요한 요인이 될 것이다. 이러한 가운데 우주인에게 신선한 먹을거리를 제공하는 '우주농부'가 미래 직업으로 생겨날 전망이다.

우주 재배에 관한 연구는 활발하다. 러시아는 이미 1996년 우주정거장 미르Mir에서 난쟁이 밀을 재배하는 우주정원을 가꾸기 시작했다.[63] 2011년, 중국의 무인우주선 '선저우 8호'는 우주에서 토마토를 재배하는 데 성공했다.[64] 2014년, 러시아 생물의학문제연구소는 국제우주정거장의 실험용 온실 '라다Lada'에서 완두콩, 잎이 많은 채소 등 다양한 농작물 재배에 성공했다.[65] 같은 해, 영국 과학주간지 〈뉴사이언티스트NewScientist〉는 독일항공우주연구소(DLR)의 우주 채소 재배 과정과 함께 우주 샐러드를 공개했다.[66]

NASA는 '어드밴스드 푸드 시스템Advanced Food System'이라는 프로젝트를 진행하고 있다. 이 프로젝트는 토양이 부족한 우주에서 생산될 수 있는 다양한 농작물을 연구한다.[67] 2014년, 스페이스 엑스의 무인

63 이유경, 〈우주에서의 생활, 우주정원, 그리고 녹색 행성을 위한 식물〉, 파퓰러사이언스(2013년 6월 4일자)
64 황희경, 〈中, 우주서 토마토 재배 성공〉, 연합뉴스(2011년 11월 22일자)
65 백민경, 〈우주에서 완두콩·밀 수확해 먹는다〉, 서울신문(2014년 2월 5일자)
66 윤태희, 〈우주 진출할 인류가 먹을 채소, 어떻게 재배되나?〉, 서울신문사 나우뉴스(2014년 8월 6일자)
67 유정호, 〈우주농장의 꿈…신선한 야채와 샐러드〉, 사이언스타임즈(2010년 7월 8일자)

우주선 드래건은 국제우주정거장과의 도킹에 성공했다. 드래건에는 우주인들이 우주에서 농작물을 키워 먹을 수 있게 고안된 '베지Veggie'라는 장비가 탑재됐다. 베지를 개발한 이유는 장기 우주탐사가 현실화되는 상황에서 신선한 농작물을 직접 조달하기 위해서다.[68]

우주농부는 우주환경에 맞는 농작물의 유전학적인 변화와 재배환경 시스템을 연구한다. 특히 우주환경에서 필요한 영양 성분을 보충해줄 수 있는 농작물 개발도 고려할 것이다. 예를 들면, 햇볕에 노출될 기회가 적다는 점에서 부족하기 쉬운 비타민 D, 고방사선 환경인 우주에서 항산화작용으로 도움을 주는 비타민 E, 골다공증 예방을 위한 칼슘 등이 많이 함유된 식품을 개발하는 방법이 있다. 한정된 자원조건을 가진 우주에서 식물을 재배할 때에는 이처럼 다양한 요인들을 고려하는 자세가 중요하다.

우주농부는 화성과 같은 행성에 식물을 심어 인간이 살 수 있는 환경을 조성하는 역할도 수행한다. 화성이 산소가 풍부한 제2의 지구가 되는 영화 〈레드 플래닛Red Planet〉에서처럼 말이다. 영화에서는 지구에서 가져온 유전자 조작 조류藻類를 화성에서 성공적으로 재배해 이산화탄소를 대기 밖으로 내보낸다. 붉은 행성을 녹색 행성으로 바꾼 것이다. 이와 같이 우주농부는 인류의 뉴프런티어를 개척하는 데 앞장설 것이다.

우주농부들이 새로운 우주 재배 기술들을 잇달아 개발함에 따라

---

68 박종익, 〈메이드 인 스페이스…NASA, 우주에서 '상추' 재배〉, 서울신문(2014년 4월 22일자)

인류의 우주 개척 속도는 더욱 가속화될 것이다. 미래에는 '메이드 인 스페이스Made In Space'라는 원산지 상표가 붙은 식품을 먹을 수 있다. 이러한 미래에 우주농부는 우주인에게 먹을거리를 제공함으로써 호모 스페이스의 서막을 여는 주역으로 자리 잡을 것이다.

우주 신도시 분양

미래에는 연휴가 되면 화성에 있는 펜션으로 놀러가는 사람들을 볼 수 있게 될 것이다. 우주 도시에 마련할 집을 찾아다니는 것도 흔한 풍경이 된다. 미국 NASA의 알 글로브스 박사는 지금과 같은 우주과학 기술 발전 속도라면 2100년에는 인류가 우주 도시에서 살 수 있을 것이라고 전망했다.[69]

우주에 사람이 살기 위해서는 지구보다 훨씬 극심한 온도 변화와 생명에 치명적인 우주 방사선 등으로부터 사람을 보호할 수 있는 집이 무엇보다 필요하다. 하지만 우주는 지반 구조와 지질 성분 등이 지구와 다른 환경을 가지고 있기 때문에 지구와 같은 건축 기술을 구현하

---

69 조우상, 〈NASA "86년 후, 2100년 인류는 '우주 도시'에서 살 것"〉, 서울신문사 나우뉴스 (2014년 9월 20일자)

기 어렵다.[70] 우주에서는 다른 건축방식이 필요한 것이다. 이러한 가운데 우주환경에 적합한 건축 기술로 건물을 짓는 '우주건축가'가 미래 직업으로 부상할 전망이다.

우주건축에는 로봇이 투입된다. '루나 미션 원Lunar Mission One 프로젝트'는 달 남극에 인류 기지를 조성할 수 있는지에 대한 연구다. 이 프로젝트를 추진하는 영국의 과학자들에 따르면, 달에 보내진 탐사 로봇은 지표면을 드릴로 뚫어 지하 토양을 조사한다.[71] 한편, 스스로 협동해서 흙을 쌓는 흰개미 떼의 습성을 모방한 흰개미 로봇은 장차 달이나 화성 기지 건설에 활용될 예정이다.[72] 국내에선 한양대학교 연구진들이 우주건축을 위해 땅을 파거나 큰 건축물을 지탱할 수 있는 굴착 로봇을 개발했다.[73]

우주건축을 할 때 재료는 무엇을 사용하고 어떻게 조달할지에 대한 연구도 다양하다. 일본 건설업체 오바야시구미는 2050년까지 우주 엘리베이터를 건설해 우주건축물을 짓기 위한 재료를 지구에서 우주로 옮길 계획이다.[74] 그런데 2014년, 40년 이내에 달에 사람이 살 수 있는 기지를 건설하겠다고 발표한 유럽우주기구(ESA)가 지구에서 건축 자재를 가져와야 한다는 발상을 깨뜨렸다. ESA의 달 기지 계획에 따

70 KISTI 미리안 미래기술 지식베이스, 〈우주 건축물 건설 기술〉

71 김태한, 〈세계시민 기금으로 달에 탐사로봇 보낸다〉, 연합뉴스(2014년 11월 19일자)

72 이상복, 〈건축의 달인 '흰개미 로봇' 탄생…우주 기지 쌓는다〉, JTBC 뉴스(2014년 2월 17일자)

73 이태식·버나드 레오나드 외, 〈미지 환경에서의 자동 앵커 시스템 및 방법〉, 한국특허정보원(2008) 참조

74 천예선, 〈지상 10만km 우주 엘리베이터 가능할까〉, 헤럴드경제(2014년 9월 24일자)

르면, 3D 프린터를 탑재한 로봇이 달 표면에서 건축 재료를 채취해 집을 짓는다.[75] 한편, 캐나다의 우주건축가 샘 히메네스도 달의 토양을 이용해 달 콘크리트를 만드는 연구를 한국의 건설기술연구원과 함께 진행하고 있다.[76]

다양한 우주건축 기술과 우주정착 연구가 진척됨에 따라 우주건축가가 필요해진다. 우주건축가는 우주환경에 적합한 건물을 설계하고 건축 기술을 구현해 건물을 짓는다. 대기가 없고 중력도 적은 우주 공간에서는 압력이 지구보다 훨씬 낮고 우주 방사능에 쉽게 노출될 위험이 있다.[77] 그렇기 때문에 우주건축가는 내구성이 강하면서 우주 방사선도 차단할 수 있는 재료를 선별해야 한다. 가장 중요한 업무는 선별한 재료를 활용해 외부 충격에도 강하면서 내부 압력을 일정하게 유지할 수 있는 건물을 짓는 것이다. 우주에 적합한 자재를 효율적으로 조달하는 것도 중요한 임무 중 하나다.

도시의 개념은 지구에서 우주로 확장될 것이다. 미래에는 달이나 화성에서 태어나 오히려 지구에 와본 적이 없는 사람이 있을 수도 있다. 우주 문명 시대가 열리는 것이다. 인간 생활의 세 가지 기본 요소인 의식주에 해당하는 주거는 우주 문명 시대에도 중요한 요소다. 우주건축가는 안정적인 주거공간을 제공해 사람들이 안전한 우주생활을 영위할 수 있도록 도와줄 것이다.

---

75 이호을, 〈[취재후] 40년 뒤 달에 기지를 건설한다?〉, KBS 뉴스(2014년 11월 12일자)
76 이성규, 〈우주 건축가 "한국과 달 콘크리트 연구 중"〉, YTN 사이언스투데이(2014년 11월 21일자)
77 강동철, 〈달 표면의 헬륨3 확보땐 새 에너지源 만들 수 있어〉, 조선일보(2014년 11월 21일자)

066

기상조절 전문가

인공적으로 비와 눈을 내리게 한다

"일기예보를 말씀드리겠습니다. 오늘 경인 지역에 예상보다 많은 눈이 내리고 있습니다. 출근길 교통 대란이 예상됩니다. 따라서 눈을 중단시키도록 하겠습니다." 미래에 듣게 될 일기예보다. 앞으로의 일기예보는 기상예측뿐만 아니라 기상조절을 예고하는 것까지 포함할 것이다. 따라서 기상 수요를 예측해 조절하는 '기상조절 전문가'가 미래 직업으로 생겨날 전망이다.

기상 현상에 관한 과학 기술은 놀랄 만큼 진보해왔다. 단순히 자연의 흐름을 읽는 것뿐만 아니라 자연 현상을 조절하는 수준까지 도달하였다. 2008년, 베이징올림픽 당시 조직위원회는 개·폐막식 때 비가 내리지 않도록 완전히 형성되지 않은 비구름에 요오드화은과 드라이아이스를 뿌려 강제로 비를 내리게 했다. 올림픽 전에는 심각한 대기

오염을 완화시키기 위해 인공강우를 이용하기도 했다.[78] 또 2014년에는 갈수록 심해지는 동북 지역의 기상재해로 인한 농산물 피해에 맞서 중국 당국이 기상조절을 강화하기도 했다.[79]

기상조절은 인간이 자연재해와 기후변화에 능동적으로 대처하고, 자연환경과의 공존을 모색하기 위한 기술이다.[80] 우리나라를 포함해 전 세계 30여 개 나라가 기상조절 기술 연구를 진행하고 있다.[81] 우리나라 기상청은 최적의 날씨에서 평창올림픽을 개최하기 위해 인공강설, 안개저감 등 기상조절 기술들을 개발하는 중이다.[82] 일본 문부과학성에 따르면, 자연재해와 기후변화를 완벽히 제어하는 기상조절 기술은 2040년쯤 등장한다.[83]

기상조절 전문가는 구체적으로 대기의 역학적 구조나 해양기상에 관하여 연구한다. 수집한 자료를 통해 폭우나 재난에 해당하는 특정 데이터 값을 만들어 대비할 수 있도록 할 수도 있고, 새로 개발되는 장비들을 이용해 구름과 기상이변을 사전에 차단할 수도 있다. 기상조절 전문가가 기상조절 기술을 통해 특정 지역에 큰 피해를 입히는 기후변화를 미리 차단하게 되면 수자원 확보와 식량 문제 해결, 대기환경 개

78 국립기상연구소 기상조절연구그룹, 《날씨를 마음대로, 기상조절》, 김영사(2009), 8쪽 참조
79 신민재, 〈중국, 식량안보 목적 동북지역 인공기상조절 강화〉, 연합뉴스(2014년 4월 6일자)
80 국립기상연구소 기상조절연구그룹, 《날씨를 마음대로, 기상조절》, 김영사(2009), 140쪽 참조
81 백웅기, 〈구름을 관장하는 힘!…인공강우·우박억제 등…세계 30개국 연구개발〉, 헤럴드 HOOC(2013년 6월 7일자)
82 김윤종, 〈평창동계올림픽 슬로프에 눈이 없다면…"펑펑 내리게 하면 되죠"〉, 동아일보(2012년 3월 13일자)
83 권동준, 〈[사이언스 포커스] '볼라벤' 못 막았지만 '날씨 조절' 머지않아…〉, 전자신문(2012년 8월 31일자)

선 등 삶의 질을 향상시키는 역할을 하게 될 것이다.

　미래에는 더 이상 자연만이 기상을 조절하지 않을 것이다. 세계기상기구(WMO)에 따르면, 기상에 대해 투자하면 투자액의 10배 이상 효과를 거둘 수 있다.[84] 기상조절은 미국과 중국에서도 미래 국책사업으로 다뤄지고 있고, 이미 많은 기업에서도 각광받는 기술이다.[85] 기상이 산업 전반에 걸쳐 큰 영향을 미치고 있는 현대 사회에서 기상조절 전문가의 중요성은 더욱 부각될 것이다.

---

84 조영순, 〈21세기 블루오션, 기상산업 육성 힘쓸 때〉, 경향신문(2010년 6월 10일자)
85 〈날씨를 조절한다! '인공강우(人工降雨) 전문가'〉, 월간 인사관리(2013년 9월호) 참조

067

3D 스캐너 개발자

스캐닝 한 번으로 모든 정보를 얻는다

3D 프린터에 이어 3D 스캐너 시장에도 빅뱅이 예고된다. '제6의 감각'이라고 불리는 3D 스캐너는 대상 물체의 3차원 형상 정보를 획득해 디지털화하고, 이를 용도에 맞게 분석하고 가공할 수 있도록 도와주는 장치다. 3D 스캐너를 통해서 대상 물체의 크기, 형태, 색깔 정보를 얻을 수 있다.[86]

3D 스캐너는 3D 영상 콘텐츠 제작, 음식 성분 분석, 위생 수준 검사, 제조업과 건설업 분야의 역설계와 품질 관리, 문화재 형상 복원, 성형수술과 치과 치료, 의류와 신발 등의 패션 디자인, 기계 디자인 및 로봇 분야 등 다양한 분야에 활용[87]이 가능하다. 이러한 가운데 3D 스

86 유형선, 〈3D 스캐너 3D 프린터와 함께 대중화를 꿈꾸다〉, Vol. 4 Issue 3 KISTI MARKET REPORT(2014년 4월 1일), 16쪽 참조

캐너 분야의 전문가, '3D 스캐너 개발자'가 미래 직업으로 부상할 전망이다.

3D 스캐너에 대한 연구개발과 활용은 활발하게 진행되고 있다. 이스라엘 벤처기업 컨슈머 피직스Consumer Physics는 휴대용 3D 스캐너 '스키오SCiO'를 개발했다. 엄지손가락만 한 크기의 스키오는 분자에 빛을 비춰 각 분자의 신호를 포착하는 '근적외선 분광법'을 이용한다. 이를 통해 식품 성분과 칼로리 등 대상 물체의 화학 성분비를 판독한다.[88] 판독된 결과는 클라우드 시스템에 보내져 분석되고, 사용자는 모바일 앱을 통해 분석 결과를 확인할 수 있다.[89] 클라우드에 저장된 정보는 식생활 개선이나 의약품 개발 등 각종 연구 등에 활용될 수 있다.

현대자동차·GM·아우디·도요타 등의 자동차업체와 삼성전자·소니·히타치 등의 전자업체들도 3D 스캐너를 제품 생산에 활용하고 있다.[90] 뿐만 아니라 조선해양과 항공우주 분야에도 3D 스캐너가 도입되고 있다. 또한 의료 분야에서는 임플란트나 보철물 제작을 위한 치과용 3D 스캐너가 이미 활발히 보급되고 있다. 미국 패션업체들은 양복, 속옷, 신발 등 맞춤형 의류 제작에 3D 스캐너를 이용하고 있다. 문화재 분야에서는 정부 주도로 주요 문화재에 대한 3D 데이터 디지털화 작업이 활발히 추진되고 있는데, 이를 소실 문화재에 대한 형상 복

---

87 유형선, 〈3D 스캐너 3D 프린터와 함께 대중화를 꿈꾸다〉, Vol. 4 Issue 3 KISTI MARKET REPORT(2014년 4월 1일), 16쪽 참조

88 곽노필, 〈'제6의 감각' 스캐너로 제품 훑고 건강쇼핑〉, 한겨레(2014년 7월 11일자)

89 금교영, 〈스캔 한 번으로 식품 성분·칼로리가 한눈에〉, 이코노믹리뷰(2014년 7월 8일자)

90 유형선, 〈3D 스캐너 3D 프린터와 함께 대중화를 꿈꾸다〉, Vol. 4 Issue 3 KISTI MARKET REPORT(2014년 4월 1일), 16~17쪽 참조

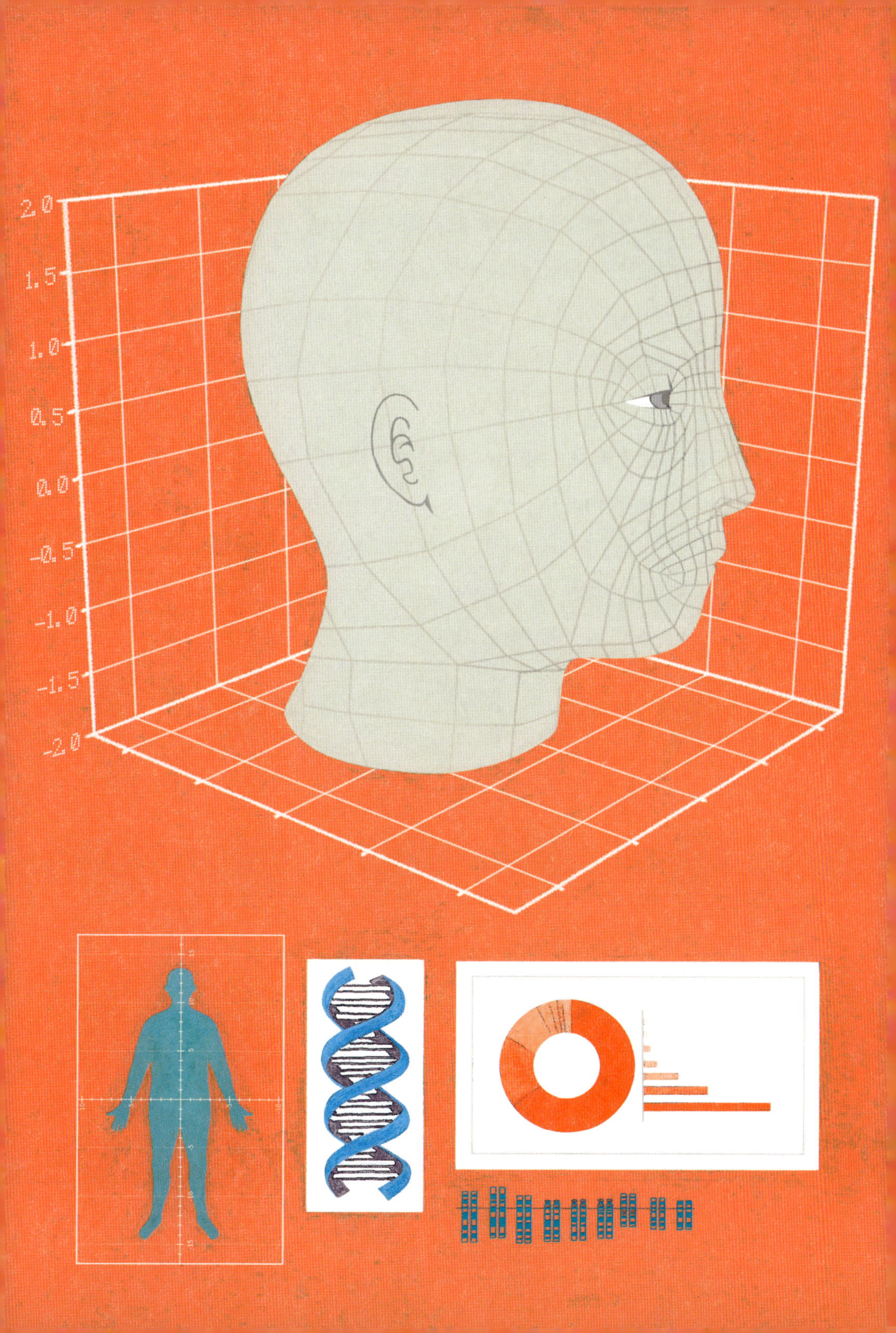

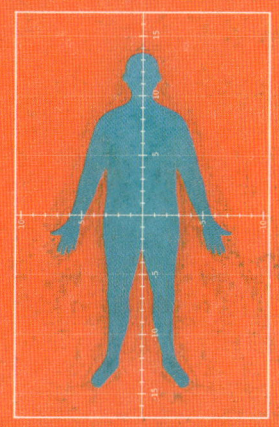

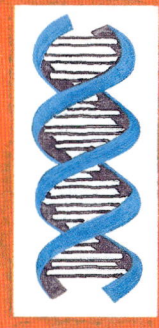

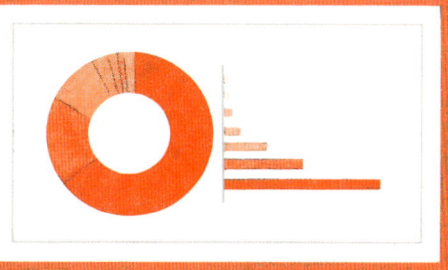

원과 3D 영상 전시 등에 활용할 계획이다.[91]

발전하는 3D 스캐너는 세상을 크게 변화시킬 것이다. 3D 스캐너 개발자는 다양한 물체에 3D 스캐너를 갖다 대면 대상의 모든 정보를 디지털화할 수 있는 기술을 실현시킨다. 또한 휴대성과 사용 편리성이 뛰어난 3D 스캐너를 개발해 이를 다양한 분야에 적용시킬 것이다. 3D 스캐너는 맞춤형 제품과 서비스를 원하는 소비자들의 미래 생필품으로 자리 잡을 것이다.

스키오 개발자 드로 샤론Dror Sharon은 3D 스캐너가 차세대 구글링(인터넷 검색)[92]이 될 것이라고 말한다. 3D 스캐너를 통해 대상 물체의 모든 정보를 얻을 수 있기 때문이다. 3D 스캐너 개발자는 차세대 검색엔진을 사람들에게 선사할 것이다.

---

91 유형선, 〈3D 스캐너 3D 프린터와 함께 대중화를 꿈꾸다〉, Vol. 4 Issue 3 KISTI MARKET REPORT(2014년 4월 1일), 18쪽 참조
92 곽노필, 〈'제6의 감각' 스캐너로 제품 훑고 건강쇼핑〉, 한겨레(2014년 7월 11일자)

068

3D 음식 프린터 요리사

다양한 음식을 프린팅한다

미래의 주방에는 각종 요리 기구를 대신해 3D 프린터가 놓이게 될 가능성이 크다. 다양한 음식을 직접 만드는 '3D 음식 프린터'에 대한 연구가 활발히 진행 중이기 때문이다. 미래에는 맛집 프로그램에 등장하는 음식과 상상 속에서만 존재하는 음식을 가정에서 직접 출력해 먹게 될 것이다.

3D 시스템즈3D Systems는 '2014 국제전자제품박람회(CES)'에서 과자나 케이크에 사용되는 장식물을 다양한 맛으로 프린팅할 수 있는 3D 음식 프린터 '쉐프젯ChefJet'을 소개했다.[93] 2014년, 스페인 벤처기

---

93 이우용, 〈3D 프린터로 음식도 만드나? 초콜릿, 민트 등 다양한 맛의 3D 프린터 등장〉, 케이벤치(2014년 3월 12일자)

업 네추럴 머신스Natural Machines는 3D 음식 프린터 '푸디니Foodini'를 발명했다. 푸디니를 통해 피자, 햄버거, 쿠키 등 다양한 음식을 프린팅할 수 있으며 접시에 그림을 그리는 푸드 아트도 가능하다.[94]

2013년, NASA는 3D 프린터로 우주비행사들의 기내식을 만들기 위해 약 1억 4,000만 원을 투자했다. 3D 음식 프린터를 통해 단백질·녹말·지방·향신료 등의 분말과 물과 기름을 혼합해, 영양도 풍부하고 형태나 맛에서 식감이 좋은 다양한 음식을 만들어내겠다는 계획이다.[95] 2014년, 미 육군에서는 전투식량을 3D 프린터로 만드는 계획을 발표했다.[96] 이 계획이 실현되면 많은 운송비를 절감할 수 있게 된다. 수천 킬로미터에 이르는 먼 거리까지 음식을 운반할 필요 없이 3D 음식 프린터를 사용할 때 필요한 식용잉크만 챙기면 되기 때문이다.

지속적인 3D 음식 프린터의 개발에 따라 다가올 미래에는 다양한 종류의 레시피 설계도가 필요하게 될 것이다. 그렇게 되면 '3D 음식 프린터 요리사'가 미래 직업으로 새롭게 생겨날 것이다. 3D 음식 프린터 요리사는 3D 프린터용 레시피를 설계한다. 원하는 음식의 모양과 맛을 프린팅하기 위해 적절한 식용잉크를 개발하고 조합하는 연구도 수행한다.

미래에는 3D 프린터용 레시피 설계도를 판매하는 홈페이지와 앱이 존재할 것이다. 3D 음식 프린터 요리사는 영양가 높은 재료를 활용

---

94 김재영, 〈피자, 햄버거, 쿠키까지 만들어내는 '3D 푸드 프린터' 등장〉, 전자신문(2014년 4월 11일자)

95 김정한, 〈나사, 우주푸드 만드는 '3D 푸드 프린터' 추진〉, 뉴스1코리아(2013년 5월 23일자)

96 금교영, 〈전투식량도 3D 프린터로 제작한다〉, 이코노믹리뷰(2014년 8월 16일자)

하는 맞춤형 레시피를 설계해 이곳에 업로드한다. 사람들이 레시피를 다운로드받아 자신의 3D 음식 프린터에 전송하면 요리는 시작된다. 여러 가지 레시피들의 조합도 가능할 것이다. 전문 요리사들이 만든 것과 같은 맛, 심지어 이들이 손으로 만들 수 없었던 새로운 음식들을 맛보게 될 것이다.

069

3D 프린터 건축가

집마저도 3D 프린터로 찍어낸다

2014년, 중국에서 3D 프린터를 이용해 건물을 지어 화두가 된 적이 있었다. 잉추앙 신소재회사(Yingchuang New Materials Inc)가 4대의 거대한 3D 프린터를 이용해 24시간 내에 10채의 집을 짓는 데 성공한 것이다. 한 채당 든 비용은 고작 5,000달러였다.[97] 2015년에는 중국 3D 프린팅 건축기업 '윈선Winsun'이 바닥부터 벽까지 모두 3D 프린터로 뽑아낸 3층 대저택과 6층 아파트를 선보였다.[98] 기술 보완과 개선을 거듭해 안전성과 내구성 문제까지 해결된다면 건축 현장에서 3D 프린터 기술이 중심이 될 가능성은 높아진다. 앞으로는 '3D 프린터 건축

---

[97] Lucas Mearian, 〈'하루 만에 집 10채를 뚝딱'…3D 프린터와 건축〉, CIO Korea(2014년 7월 4일자)
[98] 김나경, 〈3D프린터로 만든 '6층 건물'〉, 위키트리(2015년 1월 19일자)

가'가 미래 직업으로 생겨나게 될 것이다.

3D 프린팅 기법은 재료를 쌓아올리는 방법을 이용하기 때문에 버려지는 자재도 거의 없다. 덕분에 자재사용 효율은 96퍼센트에 달한다. 자재 이동에 소요되는 운송비도 줄일 수 있다. 따라서 기존 방식보다 환경친화적이다.[99] 나아가 3D 건축 프린터 기술은 빈민가를 개선하는 데 도움을 줄 수 있다. 자연재해를 입은 지역의 재건에도 탁월한 도움을 줄 것이다.[100]

서던캘리포니아대학교의 베록 코쉬네비스Behrokh Khoshnevis 교수에 따르면, 3D 건축 프린터를 이용함에 따라 실수를 줄일 수 있게 된다.[101] 기존에 제작하기 어려웠던 곡선모형이나 색감도 더욱 쉽게 구현해낼 수 있다. 한국기계연구센터 곽기호 선임연구원에 따르면, 3D 건축 프린터는 외부에서 건축 자재 공수가 힘든 오지나 군사 시설에도 활용하기 좋다.[102]

미국 건축회사 '카이트브릭스KiteBricks'는 '스마트 벽돌(Smart Brick)'로 불리는 특이한 모양의 벽돌을 프린팅하는 건축 기술을 공개했다. 이 벽돌을 레고처럼 활용하면 손쉽게 조립해 건물을 짓는 것이 가능하다. 벽돌 상부에 뚫린 구멍으로 철재 빔을 박아 넣을 수 있고, 벽돌과

99 최민성, 〈[시론] 3D 프린팅을 활용한 주택건설〉, 건설경제(2014년 7월 10일자)

100 Thomas Frey, 〈162 Future Jobs: Preparing for Jobs that Don't Yet Exist〉, Futurist Speaker.com(2014년 3월 21일자)

101 Michael Molitch-Hou, 〈University of Southern California & the Realization of 3D Printed Houses〉, 3D Printing Industry(2013년 9월 30일자)

102 김종윤, 〈3D 프린터 건설현장 확 바꾼다〉, 뉴데일리경제(2014년 7월 22일자)

벽돌 사이는 콘크리트 대신 특수 접착제를 이용해 밀봉된다. 건물 벽면 내부에 들어가는 각종 배선과 배수관 시설은 벽돌을 다 쌓은 후에도 삽입이 가능하다. 카이트브릭스에 따르면 스마트 벽돌로 건물을 지을 경우 기존 공법에 비해 건축 비용이 70퍼센트 정도 감소되고, 건축 시간은 무려 80퍼센트나 단축된다.[103]

3D 프린터 건축가는 3D 프린팅을 활용해 공사기간을 획기적으로 단축한다. 사전에 디자인한 형태대로 현장에서 프린팅해 조립한다. 기존의 수작업 과정에서 발생한 비효율적인 요소들은 대부분 제거된다. 일반적인 크기의 주택은 하루 만에 완공이 가능할 것이다. 미래에는 고층 빌딩을 건설할 수 있는 다양한 3D 건축 프린터도 출현할 것이다.

보다 적은 비용, 짧은 시간, 안전하고 친환경적인 시공 등의 장점으로 3D 건축 프린팅이 주목받고 있다. 3D 건축 프린터에 활용할 소재를 다양화하기 위한 연구도 한창이다. 이러한 흐름을 타고 3D 프린터 건축가가 유망한 미래 직업으로 주목받을 전망이다. 머지않은 미래에 주변에서 3D 프린터 건축가가 지은 건물에 입주하는 사람들을 보게 될 것이다.

103 홍성호, 〈레고처럼 조립하면 집이 지어지는 '스마트 블록' 탄생〉, 비전(2014년 8월 4일자)

070

기억수술 전문의

나쁜 기억을 없애고 좋은 기억을 심는다

인간의 뇌는 흔히 '작은 우주'라고 불릴 정도로 아주 복잡한 미지의 세계다. 1,000억 개가량의 신경세포들이 미로처럼 얽혀 뇌를 구성하고 있기 때문이다. 하지만 전 세계 과학자들은 이렇게 복잡한 뇌 속에 있는 신경회로, 특히 기억 신경회로를 제어하기 위해 노력하고 있다. 이러한 기술이 점차 발전하면 미래에는 새로운 기억과 지식을 생성하거나 기존의 특정 기억을 삭제할 수 있게 된다. 그렇게 되면 기억수술을 수행할 수 있는 '기억수술 전문의'도 미래 직업으로 생겨날 것이다.

기억을 생성하고 제거하는 기술을 '브레인 임플란트Brain Implant'라고 한다. 서던캘리포니아대학교의 테오도르 버저Theodore Berger 교수는 브레인 임플란트 기술이 2023년 내에 가능하다는 전망을 내놓았다.[104]

전 세계 여러 연구기관들은 브레인 임플란트의 활용 가능성에 주목하고 기술 개발에 열을 올리고 있다.

한편, 일본 이화학연구소와 미국 매사추세츠공과대학(MIT) 연구진은 쥐의 뇌에 가짜 기억을 이식하는 데 성공했다.[105] 2014년에는 미국 캘리포니아의과대학 연구진이 광학 레이저를 통해 쥐의 기억을 삭제하는 데 성공했다.[106] 같은 해, 미국방위고등연구계획국(DARPA)은 브레인 임플란트 기기를 개발하려는 두 곳의 대학 연구팀(UCLA와 펜실베이니아 대학교)을 선정하고 각각 1,500만 달러와 2,250만 달러를 투자했다.[107]

많은 현대인들이 우울증, 신경과민 등과 같은 정신질환을 앓고 있다. 사고나 전쟁 등과 관련된, 기억하고 싶지 않은 트라우마를 갖고 있는 사람들도 많다. 하지만 현재 정신질환과 관련된 별다른 치료 방법은 없다. 때문에 추가적인 연구가 지속돼 기억을 제어하는 비밀을 풀어낸다면 기억수술 전문의는 미래에 각광받는 직업이 될 전망이다. 미래에는 기억수술 전문의가 정신질환을 앓고 있는 사람들과 기억의 고통 속에 시달리는 사람들에게 건강한 정신을 선사할 것이다.

104 인터넷뉴스팀, 〈'토탈리콜' 기술 코앞…뇌에 기억 주입, 맞춤형 뇌 가능할까〉, 이비뉴스 (2013년 6월 26일자)

105 김한별, 〈쥐 두뇌에 '가짜 기억' 이식 성공〉, 중앙일보 (2013년 7월 26일자)

106 윤태희, 〈SF영화 현실화?…기억 지우는 실험 성공(美연구)〉, 서울신문사 나우뉴스(2014년 6월 16일자)

107 KISTI 미리안, 《글로벌동향브리핑》, 〈기억력 복구에 4,000만 달러의 연구비를 쾌척한 DARPA〉, 2014년 7월 14일

071

마인드 리딩 전문가

디지털 독심술사의 출현

상대방의 생각을 읽을 수 있는 '뇌파신호 해독 기술'이 개발되고 있다. 그렇게 되면 사람이 말을 하지 않더라도 생각을 읽어낼 수 있다. 만화영화에서나 볼 수 있었던 독심술(Mind Reading)이 현실이 되는 것이다. 이러한 기술이 구현되면 생각을 읽어내는 '마인드 리딩 전문가'가 미래 직업으로 생겨날 것이다.

전 세계적으로 사람의 생각을 읽기 위한 기술 개발에 한창이다. 미국 유타대학교 연구팀은 간질 환자의 머리에 전극을 붙여 두뇌의 신호를 통해 그가 생각하는 단어를 알아내는 실험에 성공했다.[108] 스탠퍼드대학교의 신경과학자 필립 로우Philip Low 교수는 '아이브레인ibrain'이라

---

[108] 이재구, 〈말 못하는 사람과 소통하는 시대 온다〉, 지디넷코리아 (2010년 9월 9일자)

는 뇌파해독 장치로 천재 물리학자 스티븐 호킹 박사의 생각을 읽는 실험을 진행하고 있다. 연구팀의 설명에 따르면, 아이브레인은 머리에 부착된 수십 개의 전극을 통해 뇌파 패턴이 컴퓨터에 기록되도록 돕는다. 이렇게 기록된 뇌파를 분석하면 사용자의 생각을 단어나 문장으로 읽어낼 수 있다.[109]

미국 버클리대학교 연구팀은 사람이 동영상을 시청할 때 발생하는 뇌 신호를 분석해 컴퓨터 영상으로 재현하는 데 성공했다. 사람의 생각을 컴퓨터 영상으로 나타냄으로써 마인드 리딩이 가능하다는 것을 보여준 것이다.[110] 한편, 미국 워싱턴대학교 연구진도 TV, 컴퓨터 등 여러 가전제품에 활용되는 LED 즉 발광다이오드를 이용해 사람의 생각을 읽어내는 최첨단 '뇌신경 스캐너'를 개발했다. 이 스캐너는 발광다이오드를 뇌에 투영해 일정한 생각 흐름 패턴을 감지해 사람의 생각을 읽어낸다.[111]

상대방의 생각을 읽을 수 있는 기술이 개발됨에 따라 뇌파를 해독해주는 '마인드 리딩 전문가'가 필요해진다. 마인드 리딩 전문가는 마인드 리딩 기술로 구현되는 뇌파 기록을 측정, 분석하여 사람의 생각을 읽고 해석한다. 그렇게 되면 의사소통이 힘들거나 불가능한 환자의 증상을 파악해 치료하는 데 도움을 줄 수 있다. 고객의 마음을 읽어 맞

---

109 뉴스팀, 〈'천재' 호킹 박사의 뇌를 해킹할 수 있다고?〉, 세계일보(2012년 6월 25일자)
110 이재구, 〈말 안 해도 다 알아…생각한 게 영상으로!〉, 지디넷코리아(2011년 9월 27일자)
111 조우상, 〈사람 '생각' 읽어내는 '뇌신경 스캐너' 개발(美 연구팀)〉, 서울신문사 나우뉴스(2014년 6월 2일자)

춤형 제품과 서비스도 개발한다. 또한 뇌파 반응이나 변화를 세밀히 분석해 거짓말을 탐지하는 전문가로 활동할 수도 있다. 앞으로 사건 수사팀에서는 용의자를 심문할 때 기존의 거짓말 탐지기보다 마인드 리딩 전문가를 더 필요로 할 것이다.

072

감성인식 기술 전문가

마음까지 알아주는 인공지능

만물이 인터넷으로 연결되는 사물인터넷과 인간 능력의 한계를 뛰어넘는 인공지능 시대의 핵심은 하드웨어 기술이 아니다. 사물에 '감성지능'을 부여하는 소프트웨어 기술, '감성인식 기술'이다. 사용자의 필요를 먼저 알아차리고 감성까지 챙겨주는 소통의 중요성이 커지기 때문이다. 이러한 감성인식 기술을 연구하고 응용하는 '감성인식 기술 전문가'가 미래 직업으로 부상할 전망이다.

감성인식 기술은 자동적으로 사용자의 감성을 인지해 사용자의 상황에 맞게 대응하는 기술이다. 2014년, 소프트뱅크에서 발표한 보급형 로봇 '페퍼Pepper'가 대표적이다. 페퍼는 감성인식 엔진을 탑재해 인간과의 소통을 시도한다. 같은 해, MIT의 신시아 브리질Cynthia Breazea 교수는 스타트업 '지보'를 세우고 감성을 갖춘 패밀리 로봇 '지보Jibo'를 출시했다. 지보는 얼굴과 목소리를 인식해 사람들을 분별하며, 자신의 감정을 스크린을 통해 보여주기도 한다.[112]

한국과학기술연구원(KIST)은 사람과 대화하며 감정을 나누는 '노인 치매 예방로봇(실벗3)'과 '공연로봇(메로3)'의 상용화에 성공했다. MIT 과학자들이 창업한 스타트업 '아펙티바Affectiva'는 사회성이 부족한 자폐 아동을 위해 스마트폰으로 찍은 사람의 얼굴을 보고 감정을 알려주는 앱을 발표했다.[113] 감성인식 기술은 단순한 감성적 자극에 반응하는 것에서 교감까지 가능한 수준으로 개발되고 있다.

한편, 미국방위고등연구계획국(DARPA)은 세계 최초로 인공지능 심리학자 '엘리Ellie'를 개발했다. 엘리는 환자의 표정과 눈빛, 목소리 톤 등 60가지의 비언어적인 단서를 읽고, 환자의 상태를 진단한다. 이를 통해 불안, 우울증, 외상 후 스트레스 증후군(PTSD)과 같은 심리적인 스트레스와 트라우마를 확인할 수 있다. DARPA는 엘리를 통해 환자들의 외상 후 스트레스 증후군을 치료하는 것을 목표로 하고 있다.[114]

감성인식 기술 전문가는 인간의 감성을 인지하고, 인지된 감성을 이용해 상황에 맞는 제품과 서비스를 제공하는 인식 기술을 개발한다. 이를 위해 표정, 시선, 심박동 등을 통해 인간의 감성을 측정하고 분석하는 데 필요한 감정측정 기술과 HRIHuman-Robot-Interfacing 기술을 연구

112 이대호, 〈감성과 지성을 모두 겸비, 세계 최초 패밀리 로봇 '지보'〉, 비전(2014년 7월 24일자)

113 이영완, 〈로봇, 64년 만에 인류를 흉내 내기 시작했다〉, 조선일보(2014년 6월 13일자)

114 Steven Kotler, 〈Big Brother Is Feeling You: The Global Impact Of AI-Driven Mental Health Care〉, SingularityHUB(2014년 9월 22일자)

한다. 이러한 기술은 인공지능의 감성 인식률을 높이고 사용자의 심리 상태를 파악해 공감을 일으킬 것이다.

인간의 감성을 인식하는 기술은 사물인터넷과 인공지능 융합산업에 대한 파급력이 가장 큰 기술이다. 정부는 사물인터넷과 인공지능을 미래 성장 동력으로 선정했다. 2020년까지 대한민국을 초연결 디지털 사회로 만들고, 지능형 로봇산업의 육성으로 스마트한 사회를 만들겠다는 계획이다. 사물인터넷과 인공지능 기술의 핵심은 하드웨어 기술이 아닌, 사용자의 감성을 이해하는 감성인식 기술이다. 앞으로 사용자의 감성을 파악하기 위해 노력하는 감성인식 기술 전문가의 수요는 더욱 높아질 전망이다.

자연두뇌와 인공두뇌의 협력

딥러닝Deep Learning은 사람처럼 배우고 추론하면서 소통할 수 있는 인공지능 기술을 말한다. 한마디로 인간의 두뇌를 닮은 데이터 분석체계다. 전문가들은 가까운 미래에 딥러닝 기술이 인간 두뇌와 동등한 수준에 도달할 것으로 기대한다. 그렇게 되면 모바일 혁명과는 비교할 수 없는 엄청난 가치가 창출될 것이다. 2013년, MIT는 10대 혁신 기술 중 하나로 '딥러닝 기술'을 선정하기도 했다. 딥러닝 기술을 개발하고 응용하는 '딥러닝 전문가'가 미래 직업으로 부상할 전망이다.

딥러닝에 대한 세계적인 관심은 뜨겁다. 2014년, 구글은 사원이 75명에 불과한 신생 기업 '딥마인드DeepMind'를 인수했다. 인수 가격은 6억 5,000만 달러, 당시 마이크로소프트와 IBM도 인수에 나섰다고 알려져 있다. 런던에 본사를 둔 딥마인드는 인공지능업계에 전혀 알려지

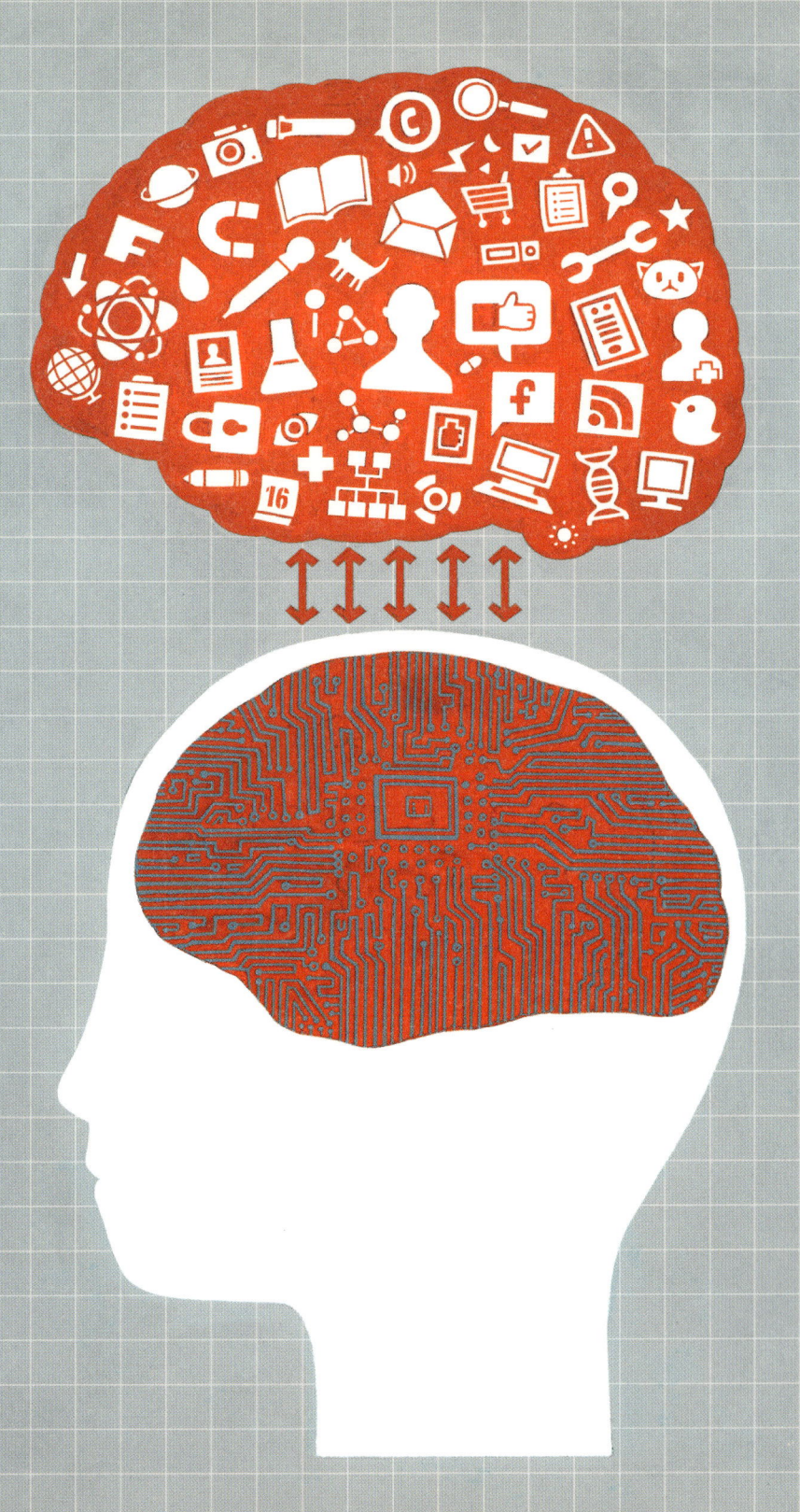

지 않은 신생 벤처기업이다. 2011년에 설립된 딥마인드가 불과 3년 만에 수억 달러짜리 기업으로 팔릴 수 있었던 비결은 바로 이 회사가 보유한 딥러닝 기술 때문이었다.[115]

그리고 2014년, 트위터는 딥러닝 기술을 보유하고 있는 스타트업 '매드비츠MADBITS'를 인수했다. 매드비츠는 사진을 분석하는 딥러닝 기술을 보유하고 있다.[116] 그밖에도 세계적인 IT 기업들의 딥러닝 전문가 모시기가 한창이다. 토론토대학의 제프리 힌튼Geoffrey Hinton 교수, 뉴욕대학의 얀 레쿤Yann LeCunn 교수 그리고 스탠퍼드대학의 앤드류 응 Andrew Ng 교수는 딥러닝 분야의 선구자다. 제프리 힌튼은 구글, 얀 레쿤은 페이스북, 앤드류 응은 '중국의 구글'이라 불리는 바이두Baidu에서 엄청난 몸값으로 모셔갔다.[117] 애플은 딥러닝 전문가 구인 광고를 내기도 했다. 차세대 '시리Siri' 버전에 딥러닝 기술을 적용할 것으로 보인다.[118]

딥러닝 전문가는 인공지능이 스스로 데이터를 학습하고 의미 있는 결과를 제공할 수 있게 하는 알고리즘을 설계한다. 딥러닝 전문가가 집중적으로 연구개발할 분야는 화상, 음성, 언어 세 분야로 압축된다. 딥러닝 전문가는 가까운 시일 내에 객관적·수치적 분야만이 아닌, 주관적·관념적·심미적 분야까지 적용의 범위를 넓힐 것이다. 의료,

115 유민호, 〈인공지능 시대 구글의 맨해튼 프로젝트〉, 주간조선 2311호(2014년 6월 16일자)
116 오원석, 〈트위터 뛰어든 기계학습, '딥러닝'〉, 블로터앤미디어(2014년 7월 30일자)
117 강승태, 〈[SPECIAL REPORT] 세계는 지금 인공지능 열풍 6조달러 블루오션 한국은 '꽝'〉, 매일경제(2014년 7월 11일자)
118 신혜선, 〈20년 후, 사람은 기계와 일자리를 두고 다툴 것〉, 머니투데이(2015년 1월 17일자)

패션, 금융, 교육 등 활용 분야도 무궁무진하다. 현재는 영상 복원, 단백질 구조 예측, 영상 검색, 자연어 처리 등 다양한 형태의 데이터에 딥러닝을 적용하기 위해 여러 모형이 연구되고 있다.[119]

인공지능이 사람의 언어를 배워 현재를 분석하고 미래를 예측해주는 시대가 오고 있다. 딥러닝 전문가는 인간의 자연두뇌와 협력할 수 있는 인공두뇌, 딥러닝의 연구개발을 지속함으로써 인간의 상상력을 월등히 실현시키는 창조 사회를 만들어낼 것이다.

119 최승진, 〈딥 러닝의 역사와 현재〉, KISTI 미리안(2014년 7월 17일)

074

두뇌-기계 인터페이스 전문가

생각만으로 물체를 움직인다

생각만으로 물체를 움직이는 꿈의 기술, BMI Brain Machine Interface(두 뇌-기계 인터페이스)가 현실로 다가오고 있다. 세계경제포럼(WEF)을 비롯해 IBM, 한국과학기술기획평가원(KISTEP), 삼성경제연구소(SERI) 등 다양한 연구기관들은 '미래를 바꿀 혁신 기술'에 공통적으로 BMI를 선정했다. 따라서 BMI를 다양한 분야에 적용하고 응용할 수 있는 '두뇌-기계 인터페이스 전문가'가 미래 직업으로 생겨날 전망이다.

전 세계 수많은 BMI 연구팀들이 활용 기술 연구에 한창이다. 특히 BMI는 신체 거동이 불편한 사람들의 활동에 큰 도움을 줄 것으로 기대된다. 실제로 2012년, 브라운대학 연구팀은 팔을 움직일 수 없는 뇌졸중 환자가 뇌신경세포 신호를 컴퓨터에 보내 로봇 팔을 통제하는 데 성공했다.[120] 2013년에는 시카고 재활연구소가 뇌파에 의해 움직이는 인공다리를 개발했다.[121] 심지어 미국방위고등연구계획국(DARPA)은 말을 하지 않고 생각만으로 어떤 메시지를 타인에게 원격 전송하는 장치를 개발하는 '사일런트 토크Silent Talk' 프로젝트를 준비하고 있다.[122]

BMI는 실생활에서도 편의를 제공할 것이다. 즉 사용자가 손을 대지 않고 기기나 차량을 작동할 수 있게 된다. 더 발전하면 기기가 스스로 사용자의 의도나 상태를 미리 파악해 작동할 수도 있다. 2011년, 도요타는 뇌로 제어할 수 있는 자전거를 개발했다. 운전자가 기어 변속을 생각하면 자전거 속도가 바뀐다. 페라리는 운전자의 뇌파를 분석해 주행 장치를 조절하는 시스템을 개발하고 있다.[123] 뮌헨공과대학교(TUM)는 사람의 뇌파를 인식해 생각만으로 비행기를 조종하는 테스트를 완벽하게 수행했다.[124]

두뇌-기계 인터페이스 전문가는 사용자의 두뇌에서 발생하는 미세한 뇌파를 세밀하게 측정한 뒤 이를 언어나 정보로 바꿔 물체를 통제할 수 있는 방법을 연구하는 전문가다. 이들은 신체 거동이 불편한 사람들을 위해 휠체어나 인공팔·다리 등에 BMI 기술을 적용해 사용자의 움직임을 돕는다. 다른 방식으로 응용해보면 뇌파를 이용한 졸음운전 방지 시스템, 뇌파 게임[125], 뇌파 SNS 등 스마트 기기의 애플리케

120 권동준, 〈'뇌'가 로봇도 조종…놀라운 실험 결과〉, 전자신문(2013년 2월 8일자)

121 김나리, 〈'뇌파로 움직이는' 인공다리…인조인간 현실로〉, MBC 뉴스(2013년 9월 27일자)

122 김선자, 〈뇌파〉, 네이버캐스트 참조

123 이정수, 〈올댓카 – 마음 읽는 차 개발 경쟁〉, 일요신문 제1142호(2014년 4월 2일자)

124 최현구, 〈뇌파만으로 비행기를 조종하는 '브레인 컨트롤' 新기술 등장〉, 비전(2014년 5월 30일자)

125 왕성상, 〈마음을 읽는 기술 '뉴로피드백' 개발 활발〉, 아시아경제(2012년 6월 25일자)

이션을 개발할 수도 있다.

2009년, 버락 오바마 미국 대통령이 취임 직후 일독해야 할 보고서 목록에 포함된 '2025년 세계적 추세(Global Trends 2025)'에는 서비스 로봇 분야에 BMI 기술이 적용돼 2020년 생각 신호로 조종되는 무인 차량이 군사 작전에 투입될 것으로 명시됐다. BMI 전문가 미겔 니코렐리스Miguel Nicolelis에 따르면, 2030년 안에 사람의 뇌와 각종 기계 장치가 연결된 네트워크가 실현될 것이다.[126]

BMI의 활용 범위는 무궁무진하다. 창의적인 아이디어를 가지고 이 기술을 다양한 분야에 적용하는 것이 두뇌–기계 인터페이스 전문가 사이에서도 돋보일 수 있는 길이다. 두뇌–기계 인터페이스 전문가는 영화 〈엑스맨X-Men〉에서처럼 사람이 생각을 통해 기계를 마음대로 통제할 수 있는 미래를 앞당기는 주역이 될 것이다.

---

126 이인식, 〈2020년, 생각으로 운전하는 車 나온다〉, 매일경제(2014년 12월 23일자)

075

음성인식 엔지니어

모든 것이 말로 움직이는 시대

다가오는 사물인터넷 시대에는 사물에 음성인식 시스템을 결합한 서비스가 핵심이 될 것이다. 마우스와 키보드 및 터치로 각종 가전 기기와 사물을 제어하는 것보다 사람의 음성으로 제어하는 것이 더욱 편리하기 때문이다. 이에 따라 보다 정교한 음성인식 시스템을 개발하는 '음성인식 엔지니어' 가 미래 직업으로 부상할 전망이다.

음성인식이란 일반적으로 '컴퓨터가 음향학적 신호를 텍스트로 전환시키는 과정' 으로 정의된다. 음성인식 기술의 목표는 인간과 컴퓨터 간의 자연스러운 의사소통이다. 하지만 현재 음성을 인식하고 문맥에 맞게 해석하는 기술은 이용자의 기대 수준에 미치지 못한다.[127] 음

---

[127] 홍동숙, 〈음성인식솔루션-응용시장 확대를 위한 과제〉, Vol. 4 Issue 5 KISTI MARKET REPORT(2014년 6월 3일), 11쪽 참조

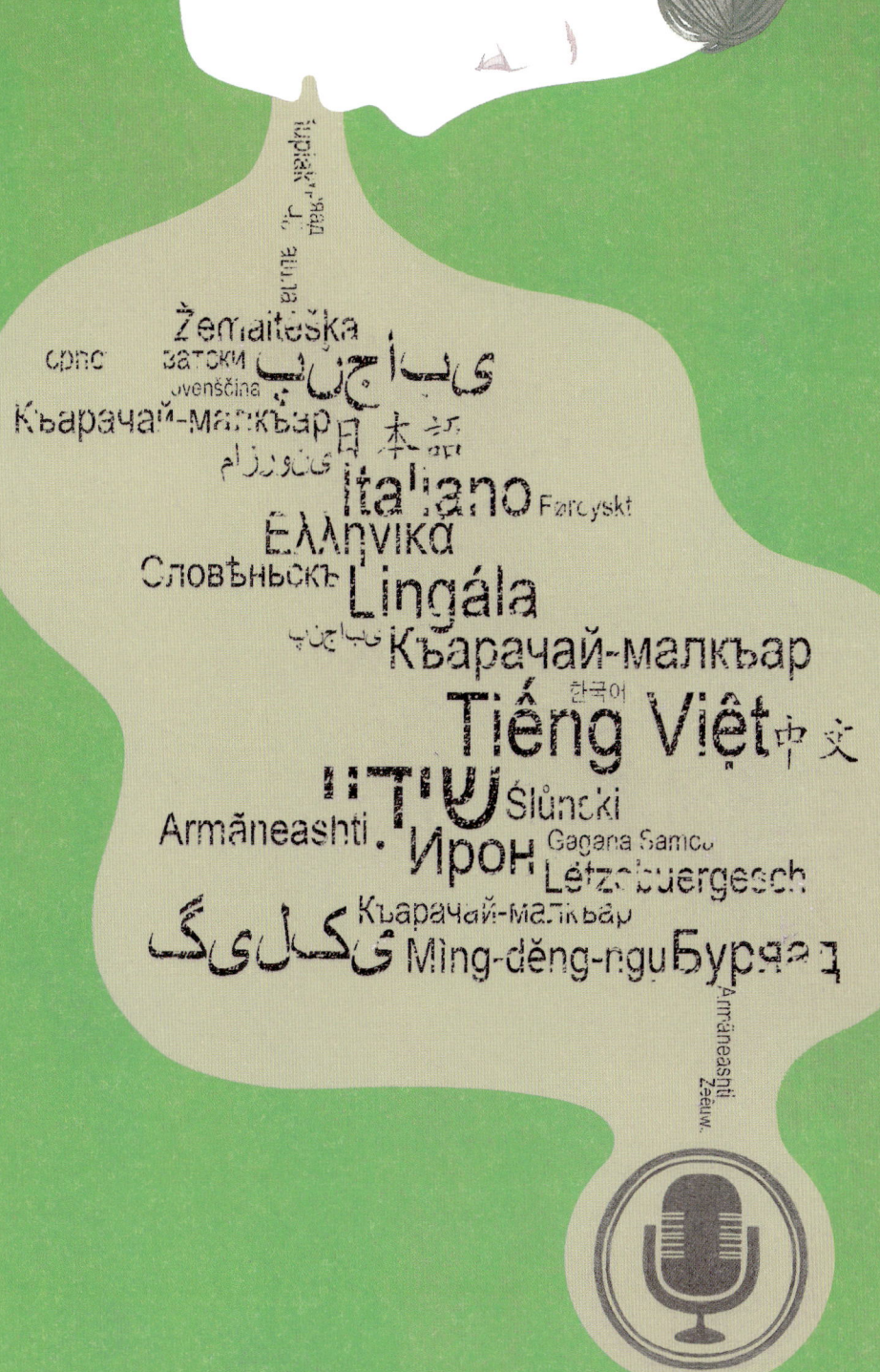

성인식 엔지니어들이 기술 수준을 높여 소비자의 기대 수준을 만족시킨다면 시장은 폭발적으로 성장할 수 있을 것이다.

현재 음성인식 기술 시장에서는 구글과 애플이 앞서고 있다. 2014년, 구글은 미국 샌프란시스코에서 열린 'I/O 개발자 컨퍼런스'에서 '안드로이드 오토Android Auto'를 발표했다. 안드로이드 오토는 스마트폰·태블릿 PC 등 안드로이드 기기들을 '차량용 인포테인먼트' 시스템으로 바꿔주는 운영체제다. 안드로이드 오토의 핵심은 구글의 음성인식 기술이다. 안드로이드 오토를 통해 손대지 않고도 음성만으로 자동차의 모든 기능을 제어할 수 있다. 내비게이션 검색, 전화 등 기본적인 음성인식 기능은 물론이고 음악 감상이나 이메일 쓰기 등도 운전 중에 음성만으로 가능하다.[128]

애플은 같은 컨퍼런스에서 '홈키트Home Kit' 플랫폼을 선보였다. 홈키트는 아이폰이나 아이패드의 시리를 통해 음성으로 집 안의 문을 잠글 수 있고, 가전제품·전등·온도조절기 등을 제어할 수 있도록 지원하는 앱이다.[129] 국내 기업들도 음성인식 기술 개발에 한창이다. SK텔레콤은 한글 기반의 음성인식 데이터 분석 연구개발에 주력하고 있다. 다음커뮤니케이션은 2014년 국내 최초로 자체 개발한 음성 합성 엔진

128 우병헌·유진우, 〈구글, 자동차에 안드로이드를 더하다〉, 조선일보(2014년 6월 26일자)
129 이재구, 〈iOS8 홈키트, 시리 이용…음성으로 가전제어〉, 지디넷코리아(2014년 6월 3일자)
130 황유진, 〈'엄지족'의 해방…음성인식이 뜬다〉, 헤럴드경제(2014년 7월 3일자)
131 홍동숙, 〈음성인식솔루션 – 응용시장 확대를 위한 과제〉, Vol. 4 Issue 5 KISTI MARKET REPORT(2014년 6월 3일), 14쪽 참조
132 제레미 리프킨, 《한계비용 제로 사회》, 민음사(2014), 213쪽 참조

'뉴톤 톡Newtone Talk'을 공개했다.[130] 다양한 산업 분야에서 음성인식을 활용함에 따라 음성인식 엔지니어에 대한 수요도 높아질 전망이다.

　음성인식 엔지니어는 IT 소외계층을 끌어들이는 견인차 역할도 할 것이다. 음성인식 기술이 노인, 장애인 등 IT 기기에 익숙하지 못한 계층에게 더 큰 편리함을 제공하기 때문이다. 일례로 미쓰비시는 장애인을 위한 음성인식 엘리베이터 시스템을 개발했다. 인텔, GE 등은 음성인식 기술을 활용해 노인이나 장애인의 보조기기를 개발했다.[131] 이와 같이 음성인식 기술은 IT 소외계층 신규 시장 창출 측면에서 필수적이다.

　음성인식 기술이 궁극적으로 뛰어넘어야 할 한계는 소프트웨어가 인간 언어의 복잡한 은유와 어구에서 오는 풍부한 의미를 파악[132]하고 이해하는 것이다. 음성인식 엔지니어는 이러한 한계를 극복하는 기술을 개발하고, 이를 다양한 분야에 적용함으로써 모든 것이 음성으로 이루어지는 시대를 열 것이다.

차량용 인포테인먼트

'인포테인먼트(Infortainment)'란 정보(Information)와 오락(Entertainment)을 결합한 용어. '차량용 인포테인먼트'란 차량에 무선통신 기술을 접목한 멀티미디어 기기를 장착해 운전자에게 필요한 각종 정보와 오락거리를 통합된 시스템으로 제공하는 것을 말한다.

지속 가능성이 최대의 관심사다.
무절제한 환경파괴와 급격한 기후변화로
인류의 미래가 위협받고 있기 때문이다.
이러한 가운데 미래를 내다보고 대비하는 분야가
성장산업으로 주목받는다.
제품과 서비스를 여럿이 함께 공유하는가 하면
바닷물로 농사를 짓는다.
온실가스를 다량 배출하는 소 대신 인공육이나 곤충을 먹는가 하면
도심의 고층 건물을 농지로 활용한다.
폐기물과 미생물은 버려지지 않고 에너지원으로 활용된다.
우주에서 에너지를 생산하고 광물을 채굴하기도 한다.
멸종된 종을 부활시켜 생태계가 복원된다.
건축물은 신재생에너지 시스템을 통해 필요한 에너지를 스스로 생산한다.
삶의 터전을 해치는 기존 시스템을 뒤집는 것이
곧 지속 가능한 미래를 만드는 것이다.
이러한 미래에 어떤 직업들이 유망한지 살펴보자.

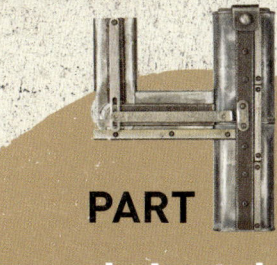

PART

지속성이
보장되는 미래

소유의 종말

글로벌 저성장 기조가 장기화되고 초연결 사회가 도래하면서 '공유경제'가 주목받고 있다. 공유경제는 유형의 제품이나 무형의 서비스를 여럿이 함께 사용하는 경제 형태를 말한다. 세계미래학회(WFS)의 〈더 퓨처리스트The Futurist〉 매거진에서는 공유경제를 '미래 예측 톱 10' 중 하나로 발표하기도 했다.[1]

수많은 공유경제 기업들의 등장은 공유경제 시대가 왔음을 예고한다. 숙박 공유업체 '에어비앤비Airbnb', 개인 차량과 승객을 연결해주는 '우버Uber', 애견을 대신 맡아주는 '도그베케이DogVacay', 개인 차량을 이웃과 공유할 수 있게 연결해주는 '버즈카Buzzcar', 음식 솜씨가 좋

---

[1] 곽노필, 〈가장 도발적인 예측 미래 톱 10, 열릴까 말까〉, 한겨레(2013년 10월 25일자)

은 사람이 외부인을 초대해 음식을 공유하는 '잇위드EatWith'와 '피스틀리Feastly' 등 다양한 공유경제 기업들이 존재한다.

그동안 우리는 함께 사는 세상에서 타인을 배제한 채 개인의 소유만을 중요하게 여겼다. 하지만 경제학자 제레미 리프킨Jeremy Rifkin에 따르면, "새로운 시대에는 새로운 소유권 개념, 즉 소셜 네트워크의 정보를 얻고 타인과 공동의 경험을 공유할 권리라는 개념이 자리를 잡아가고 있다."[2]

새로운 시대에는 소셜 네트워크에서 정보를 얻고 타인과 공동의 경험을 공유할 새로운 소유권의 개념이 자리 잡을 것이다. 경제 시스템이 소유에서 공유로의 전환을 맞이하고 있다. 공유경제는 기존의 제품과 서비스가 해결해주지 못했던 소비자의 다양한 수요를 해결함으로써 앞으로 더 확산될 가능성이 높다. 이러한 시대에 공유자와 소비자의 적절한 효용을 찾고 사회적 기회를 분석하는 '공유자산 가치분석가'가 미래 직업으로 부상할 전망이다.

공유자산 가치분석가의 역할은 공유할 수 있는 자산이 되는 서비스와 집, 자동차 등 다양한 유·무형 공유자산의 경제적, 사회적 가치를 분석하고 합리적인 가격과 사업적 기회를 제시해 공유자와 소비자의 만족을 높이는 것이다. 또한 공유경제 시스템에서 비롯된 사회적, 경제적 문제를 해결하는 방법을 제시할 것이다.

협력적 공유사회라는 새로운 경제 시스템이 세계무대에 등장하고

---

2 제레미 리프킨,《3차 산업혁명》, 민음사(2012), 307쪽 참조

있다. 이것은 자본주의와 사회주의의 출현 이후 처음으로 세상에 나타나는 새로운 경제 패러다임이다.[3] 공유자산 가치분석가는 협력적 공유사회를 촉진함으로써 보다 지속 가능한 사회를 창출하는 역할을 수행할 것이다.

---

3 제레미 리프킨, 《한계비용 제로 사회》, 민음사(2014), 7쪽 참조

별에서 광물을 캐는 시대

우주는 지구에서 구하기 힘들거나 아예 구할 수도 없는 광물의 보고寶庫로 주목받고 있다. 예를 들어 달에는 희토류, 티타늄, 헬륨-3 등 상당량의 희귀 광물자원이 매장된 것으로 추정된다. 특히 헬륨-3은 미래 에너지원으로 꼽히는 자원 중 하나다. 핵융합 발전 기술에 사용될 수 있는 연료이기 때문이다.[4] 이에 우주광물을 채굴하고 분석 및 가공하는 '우주광물 분석가'가 미래 직업으로 생겨날 전망이다.

우주광물에 대한 활용 연구와 관련 사업은 활발히 이뤄지고 있다. 그중에서도 특히 '소행성 광물 채굴'이 주목받고 있다. 소행성에는 철, 니켈과 같은 일반 금속부터 백금이나 희토류 등의 희귀 금속까지 다양

---

[4] 윤고은, 〈KBS시사기획창 '우주 영토를 선점하라'〉, 연합뉴스(2014년 8월 4일자)

한 광물자원이 풍부하게 존재하기 때문이다. 미국 행성 과학자들 사이에서는 '소행성 채굴'을 미래에 가장 주목받을 만한 행성 과학 분야 가운데 일순위로 꼽는다.[5]

많은 기업들이 소행성에 깃발을 꽂기 위해 달려들고 있다. 2012년, 구글 공동창업주 래리 페이지Larry Page는 우주광물 채굴을 위한 기업 '플래니터리 리소시스Planetary Resources'를 설립했는데, 여기에는 구글의 에릭 슈미츠 회장과 영화〈아바타〉감독 제임스 카메론 등이 공동으로 투자했다. 이 회사는 지구에서 가까운 소행성의 광물을 채취할 계획이다.[6] 2013년, 미국 기업 '딥 스페이스 인더스트리(DSI)'는 광물 채취를 위해 우주선을 보낼 것이라고 발표했다.[7] DSI는 당장 2015년부터 소형위성 '파이어플라이Firefly'와 대형위성 '드래곤플라이Dragonfly'를 잇따라 쏘아 올려 광물 샘플을 채취하고 우주광산 개발의 초석을 다질 계획이라고 밝혔다.[8]

민간 기업들만 달려드는 것이 아니다. 2013년, NASA는 차세대 우주선 '오리온Orion'을 이용해 소행성에 접근하여 샘플을 채취해오는 영상을 공개했다.[9] 또한 '달탐사 로봇 광물 채취 대회'를 개최하기도 했다. 2014년에는 그 대상을 소행성과 화성으로 넓혔다. 전 세계 44개 팀

5 강양구,〈대통령 2020 달 타령할 때, 소행성 지구로 곤두박질!〉, 프레시안(2013년 5월 3일자)
6 최연진,〈인터넷 엘리베이터·우주 인터넷 이어…구글 "이번엔 우주 광물 채취"〉, 한국일보 (2012년 4월 23일자)
7 주영재,〈우주 채광에 나선 미국 기업〉, 경향신문(2013년 1월 23일자)
8 전준범,〈세계는 지금 소행성·혜성 탐사전쟁 中〉, 조선비즈(2014년 8월 10일자)
9 박종익,〈나사, 소행성 포획 후 광물 캐오는 영상 공개〉, 서울신문사 나우뉴스(2013년 8월 26일자)

이 참가해 각축을 벌였다.[10]

환경오염과 자원 고갈에 대한 우려가 높아지면서 여러 선진국과 민간 기업들은 광물자원이 풍부한 우주로 방향을 돌리고 있다. 그렇게 되면 우주광물 분석가가 그 어느 때보다 필요할 것이다. 이들은 성분 분석을 통해 광물의 경제적 가치를 평가하고 효용가치가 있는 우주광물의 목록을 작성한다. 이러한 작업을 통해 얻어진 정보는 행성 탐사의 기초 자료로도 활용될 수 있다.

우주광물 채굴은 환경오염과 자원 고갈 문제를 해결해줄 뿐만 아니라 지속 가능한 미래의 성장 에너지를 확보할 수 있게 해준다. '골드러시Gold Rush'가 전 세계를 휩쓴 지 200년 만에 '소행성 러시'가 전 세계의 주목을 받고 있다. 다시 한 번 광부의 시대가 오는 것이다. 우주의 광물을 채취하고 분석 및 가공하는 우주광부, 우주광물 분석가의 시대가 말이다.

---

10 전준범, 〈찍고, 부수고, 파고… '우주 광산' 파헤치는 로봇〉, 동아사이언스(2014년 5월 22일자)

078
인공육 전문가

고기를 직접 배양해 먹는다

'인공육'이 미래의 먹을거리로 그 가능성을 주목받고 있다. 인공육은 가축의 사육 없이 연구실에서 배양된 식용 고기를 말한다. 인공육에 대한 관심이 높은 이유는 분명하다. 증가하는 인구의 식량 문제 해결과 목축에 의해 배출되는 탄소량 감소이다. 이러한 가운데 환경을 파괴하지 않고도 고기에 대한 수요를 충족시켜줄 인공육을 만드는 '인공육 전문가'가 미래 직업으로 주목받을 전망이다.

연구 단계는 많이 진행된 상태다. 2013년에는 인공육으로 만든 햄버거를 공개하기도 했다. 이제는 많은 연구팀들이 상용화를 위해 노력하고 있다. 2013년, 네덜란드 마스트리흐트대학교 연구진은 소의 근육 조직에 있는 줄기세포를 떼어내 실험실에서 3개월간 배양해 인공육을 만드는 데 성공했다. 같은 해, 미국 미주리대학교 가보 포객스Gabor

Forgacs 교수는 '현대식 농장(Modern Meadow)'을 설립했다. 그는 3D 프린팅 기술을 이용해 근육세포로부터 커다란 고기조각을 만들어내는 것을 목표로 하고 있다.[11]

2013년, 아시아 최고 갑부인 청쿵그룹 리카싱 회장은 '인공계란'에 투자한 데 이어 인공고기를 생산하는 현대식 농장에 거액을 투자했다.[12] 세계 최초로 인공육 요리를 다룬 요리책 《더 인 비트로 미트 쿡북The In Vitro Meat Cookbook》도 나왔다. 이 책은 사람들의 높은 관심을 받았고, 미국 크라우드펀딩 사이트 '인디고고indiegogo'를 통해 자금을 모으는 데 성공했다.[13] 인공육을 먹는 것이 처음엔 거부감이 들 수도 있다. 하지만 미래에는 착한 소비로 평가받으면서 오히려 자연산 소를 먹는 행위가 손가락질 받게 될 것이다.

인공육은 인류와 생태계에 엄청난 혜택을 줄 것이다. 인공육은 전통적인 고기에 비해 에너지를 35~60퍼센트 절약하고, 땅을 98퍼센트 덜 차지하며, 온실가스 배출을 80~95퍼센트 감소시킬 수 있다. 고기를 배양할 경우 동물의 희생을 줄이는 것은 물론 가축들이 엄청난 땅을 차지하며 메탄과 온실가스를 배출해 환경을 오염시키는 것을 막을 수 있는 것이다.[14]

11 KISTI 미리안, 《글로벌동향브리핑》, 〈사상 최고의 농업혁명: 실험실에서 탄생한 소고기 버거〉, 2013년 8월 8일

12 김현아, 〈홍콩 갑부, 세포 배양해 살생 않고 먹는 '인공 육류'에 투자〉, 아시아투데이(2014년 6월 25일자)

13 테크홀릭팀, 〈'인공 육류 요리책' 나온다〉, 전자신문(2014년 8월 12일자)

14 KISTI 미리안, 《글로벌동향브리핑》, 〈사상 최고의 농업혁명: 실험실에서 탄생한 소고기 버거〉, 2013년 8월 8일

인공육 전문가는 줄기세포와 조직배양 기술을 통해 인공육을 만든다. 이때 인공육 전문가는 진짜 고기보다 영양 성분이 높은 인공육을 만들 것이다. 인공육을 배양하는 모든 과정에서 영양 성분의 조절이 가능하기 때문이다. 예를 들어 고기 속 혈관을 틀어막는 포화지방산을 유익한 지방인 오메가3 같은 것으로 대체할 수 있다.

미래에는 인공육을 생산해 판매하는 현대식 농장이 도심에 자리 잡을 것이다. 목장에서 소를 기르고 이를 도축해서 도심까지 운반하는 기존 시스템보다 훨씬 친환경적인 방법이다. 인공육 전문가는 늘어난 고기 소비량과 환경 문제를 동시에 해결해주는 차세대 목축업자로 자리매김할 것이다.

빌딩 안으로 들어온 논과 밭

식물공장이 기존의 농업을 대체할 차세대 방식으로 주목받고 있다. 기존의 농업으로는 기후변화, 식량위기 등 다가오는 미래를 감당하지 못하기 때문이다. 식물공장은 건물 내에서 빛, 온도, 습도, 공기, 물, 영양분 등 식물 배양에 필요한 모든 환경 조건을 인공적으로 제어해 농작물을 생산하는 시스템[15]이며 빌딩농장, 수직농장 등 다양한 형태로 발전된다.

식물공장은 기후나 장소에 영향을 받지 않고 다양한 작물을 기를 수 있으며, 무농약 재배 등 친환경 농업 생산이 가능하다. 지리적 입지 조건에 영향을 받지 않으며, 도심 혹은 근교에 식물농장을 건설하기

---

15 손종구, 〈식물공장〉, Vol. 3 Issue 3 KISTI MARKET REPORT(2013년 4월 4일), 3쪽 참조

때문에 운송 시간과 운송비를 절감할 수 있다. 이러한 가운데 식물공장 시스템을 구축하는 '식물농장 설계자'가 미래 직업으로 주목받을 전망이다.

전 세계는 식물공장을 차세대 농업 방식이라고 생각하고 있다. 그중에서도 식물공장 성장에 가장 적극적인 나라는 네덜란드다. 대규모의 식물공장들을 건설하고 있으며, 식물공장산업의 클러스트화가 이루어지고 있다. 품종마다 특화된 재배 컨설턴트가 식물공장을 순회하면서 적절한 조언을 하고 높은 생산성에 기여한다. 식물공장에서 재배된 야채들은 독일, 영국 등 유럽 지역으로 수출된다.[16]

영국 런던에는 3,060평 규모의 지하 식물공장이 있다. 이 식물공장은 병해충을 거르는 특수 필터, 온도조절 시스템, 수경재배, LED 조명을 통해 유기농 채소를 재배한다. 여기서 재배된 채소는 4시간 안에 식료품 가게에, 그리고 8시간 안에 런던 가정의 식탁에 도착할 수 있다.[17] 일본 후쿠오카에도 지하 공간을 농장으로 활용하는 식물공장이 있다. 이곳에서는 벼농사의 3모작이 가능하고, 장미 등 원예 작물도 키운다.[18]

벨기에 건축가 뱅상 칼보Vincent Callebaut는 미래 사회 건물을 담아내는 건축가다. 그는 중국의 경제특구인 선전深圳에 도심의 수직농장 '아시안 케언스Asian Cairns'를 제안했다. 거대한 조약돌 모양의 아시안

---

16 손종구, 〈식물공장〉, Vol. 3 Issue 3 KISTI MARKET REPORT(2013년 4월 4일), 4쪽 참조
17 곽노필, 〈대도시 지하에 거대 채소농장, 도시농업 실험〉, 한겨레(2014년 2월 28일자)
18 황희진, 〈도심빌딩서 바닷가재 키우고, 지하 공간서 벼농사 3기작〉, 매일신문(2014년 8월 15일자)

케언스는 6개의 다목적 수직농장으로 구성돼 있으며, 풍력 및 태양광 발전시설을 갖췄다. 농촌을 도시로 가져오고 소비자와 생산지를 통합하는 것이 그의 목표다.[19]

식물공장 설계자는 인구 밀집 지역과 근접한 곳에서 식물공장을 계획한다. 그리고 재배하는 품종에 맞는 식물공장 환경을 구축한다. 인공조명 장치, 공기정화 장치, 온도조절 장치, 수경재배 시스템, 환경 제어 기술 등을 식물공장에 적용한다. 식물공장 생산물을 가공, 저장, 유통하는 시스템도 설계한다. 나아가 유전자 변형 식물, 생약 식물, 고기능 식물 등과 같이 높은 부가가치를 창출할 수 있는 작물을 발굴하고, 여기에 해당하는 식물공장 환경을 구축[20]할 것이다.

미국, 일본 등 선진국들은 식물공장의 가능성에 주목하고 있다. 지구온난화와 같은 기후변화가 자주 발생하고, 품질이 우수한 농산물에 대한 소비자의 요구가 지속적으로 높아지고 있기 때문이다. 이러한 가운데 식물공장 설계자는 해가 지지 않는 농장인 식물공장을 구축함으로써 미래 농업혁명의 주역이 될 것이다.

---

19 곽노필, 〈탄소 배출 0, 미래 품은 꿈의 생태건축〉, 한겨레(2014년 2월 5일자)
20 손종구, 〈차세대 식물공장〉, Vol. 3 Issue 12 KISTI MARKET REPORT(2014년 1월 8일), 11쪽 참조

식물의 생각마저 읽어낸다

식물공장 설계자가 도심의 식물공장을 조성함으로써 운송료 절감과 환경보호에 큰 도움이 될 것이다. 하지만 식물을 실내로 옮겼을 때 자연과 같거나 그 이상의 적합한 환경을 조성하기는 쉽지 않다. 식물을 실내에서 키우려면 생각지 못했던 환경적 변수들을 고려해야 한다. 이를 해결하지 못하면 실내 재배의 효과는 떨어진다. 심지어 원인도 모른 채 식물이 말라 죽어가는 것을 지켜봐야 할 수도 있다.

이러한 이유로 일본의 초기 식물공장들은 운용에 어려움을 겪었다. 적자를 보는 기업이 부지기수였다.[21] 이러한 문제를 해결하는 미래 직업이 '식물 심리학자'다. 식물 심리학자는 식물에 알맞은 토양, 대

---

21 이근영, 〈첨단 융복합기술로 차세대 농업혁명 꿈꾼다〉, 한겨레(2013년 12월 10일자)

기, 일조량, 영양소 등을 조율해 최적의 환경을 조성한다. 이러한 작업은 수확량의 증가로 이어질 수 있다.

식물별로 원하는 최적의 환경을 구축하기 위한 연구는 활발히 진행되고 있다. 한국과학기술연구원(KIST)은 정보통신 기술과 생명공학 기술을 융합해 농부의 눈과 코, 입을 대신해 식물의 크기, 색, 형태, 향기, 맛, 유용 성분을 자동으로 검색해 분석하는 시스템을 개발했다.[22] 이는 조건별 수확성과를 비교해 최적의 조건을 찾는 데 유용하다. 또 사람이 하는 것보다 정확한 분석이 가능하고 운영비가 절감된다는 장점이 있다. 이렇게 파악된 식물의 환경 조건별 특성 데이터는 식물 심리학자가 식물을 돌볼 때 참고할 수 있다.

태양광이 제한적인 식물공장과 같은 인조 상황에서는 빛의 조절이 특히 중요하다. 퍼듀대학교의 웨슬리 랜달Wesley Randall과 그의 연구팀이 여러 종류의 식물을 대상으로 한 조명 실험에서는 청색광에서 자란 묘들이 기존의 램프 하에서 자란 묘들에 비해서 13퍼센트 정도 더 두껍고, 품질 지수도 상당히 높은 것으로 나타났다.[23] 각 식물이 선호하는 조명을 알아내 이용할 수 있다면 생산성도 향상시킬 수 있을 것이다.

한국과학기술연구원 강릉분원 노주원 센터장에 따르면, 역으로 특정 파장대를 식물에 쬐면 스트레스를 받은 식물은 항산화물질을 만들어내는 것도 가능하다. 일반적으로 자외선은 대표적인 항암물질인

---

22 류준영, 〈스마트 식물공장, 韓식의약품계 새동력 싹 틔우나〉, 머니투데이(2014년 6월 30일자)
23 KISTI 미리안, 《글로벌동향브리핑》, 〈LED 조명을 이용한 화단용 화초 생산〉, 2014년 7월 25일

안토시아닌의 생성을 촉진하는 것으로 알려져 있다. 여러 광원을 섞어 이를 식물에 쬘 경우에는 그 비율에 따라 특정 식물에 더 나은 변화를 일으킬 수도 있을 것이다.[24]

미국에는 식물을 전문적으로 관리하는 식물병원도 있다. 심지어 입원과 출장 서비스까지 요청할 수 있는 이 기관은 죽어가는 식물을 되살리거나 잘 자라지 못하는 식물의 성장을 돕는다. 일반적으로 식물은 식물이 좋아하는 토양이나 영양분, 습도 등의 환경이 따로 있는데 이러한 요소를 고려해 각종 시술을 진행하는 것이다.[25]

식물들도 저마다 좋아하는 환경이 있다. 식물공장에서는 주변 환경을 인공적으로 조절할 수 있기 때문에 식물 심리학자가 연구를 통해 식물별 기호 데이터를 만드는 것이 필요하다. 식물 심리학자는 식물별로 원하는 온도와 습도, 빛의 양, 토양의 깊이와 면적, 영양분 등의 최적 성장 조건을 분석해 매뉴얼을 만든다. 이는 질 좋은 농작물을 빠르게 수확하도록 할 뿐만 아니라 식물의 최적 환경을 효율적으로 관리하는 자동시스템 제작에도 도움을 줄 것이다.

미래학자 토머스 프레이는 미래에 유망한 직업으로 식물의 마음을 읽고 원하는 환경을 조성해 원하는 작물로 성장시키는 식물 심리학자를 이야기한 바 있다. 식물공장이 발달하는 미래에는 식물 심리학자가 제공하는 식물별 특성 매뉴얼이 필수로 여겨질 것이다.

---

24 이근영, 〈첨단 융복합기술로 차세대 농업혁명 꿈꾼다〉, 한겨레(2013년 12월 10일자)
25 〈식물의 병을 치료해주는 '플랜트 병원'〉, 비전(2013년 4월 30일자)

식탁에 오르는 곤충요리

국제식량농업기구(FAO)는 빈곤과 환경 문제를 동시에 해결할 미래 식량 대체자원으로 곤충을 지목한다. 단백질 함량이 높고 비타민, 섬유질, 미네랄 등이 풍부할 뿐만 아니라 생산 비용도 낮기 때문이다. 또한 곤충은 가축과 달리 이산화탄소와 메탄가스 등 온실가스 배출을 거의 일으키지 않는 친환경 식량이다. 앞으로 맛 좋고 영양가 높은 곤충을 찾아내고, 전에 없던 새로운 요리 방법들을 개발해 제공하는 '곤충요리 전문가'가 미래 직업으로 생겨날 전망이다.

단백질을 곤충으로 섭취하면 넓은 땅을 확보할 수 있게 된다. 기존에 단백질 주공급원인 가축을 키우는 데 사용된 땅은 경작지 전체의 70퍼센트에 육박했다. 그러나 곤충을 생산하는 데 필요한 토지는 그보다 훨씬 작다. 곤충은 생산성도 높다. 대량으로 생식하고 빠르게 성장한다. '큰 메뚜기'는 한 번에 100개가 넘는 알을 낳고 하루 만에 두 배 이상 몸집이 커진다. 누에도 20일 만에 몸무게가 1,000배 늘어난다.[26]

곤충에 대한 식용 연구개발 활동은 활발하다. 미국 식용곤충 기업 '첩팜스Chirp Farms'와 '엑소Exo'는 귀뚜라미가 들어간 에너지 바를 생산하고 판매한다. 에너지 바는 35마리의 귀뚜라미를 튀겨서 빻은 가루를 원료로 사용한다. 2013년, 사회적 공익을 위한 세계 최대 규모의 학생 경연 '헐트 프라이즈Hult Prize'의 우승 아이디어는 식용곤충 사업이었다. 아프리카와 미국의 슬럼가에서 곤충을 양식해 식량과 빈곤 문제를 동시에 해결하자는 내용이었다. 우승 상금으로 100만 달러를 받은 캐나다 맥길대학교 학생들은 메뚜기 농장 프로젝트를 시작할 계획이다.[27]

푸드 프린터 제조업체 3MF는 집에서 귀뚜라미를 직접 키울 수 있는 장비 '크리켓 리액터Cricket-Reactor'를 개발했다. 전문가가 아니어도 하루에 15분만 투자하면 직접 운용할 수 있다. 또한 야생에서 바이러스에 감염될 수 있는 곤충들과는 달리 크리켓 리액터를 이용하면 일정한 공간에서 깨끗하게 기를 수 있기 때문에 안심하고 먹을 수 있다.[28]

곤충을 먹는 문화는 혐오와 편견 속에서 빠르게 확장될 것이다. 우선 동물 단백질로 표기된 분말 형태가 다양한 분야에서 이용될 전망이다. 그다음엔 전 세계 친환경 주식으로 자리 잡을 것이다. 폴란드, 미

---

26 홍주희, 〈식용 곤충의 세계〉, 중앙일보(2014년 4월 17일자)
27 홍주희, 〈식용 곤충의 세계〉, 중앙일보(2014년 4월 17일자)
28 조승리, 〈벌레 잡지 말고 먹자, 진짜 '식충이'가 나타났다〉, 트렌드인사이트(2013년 6월 13일자)

국, 일본 등에서는 이미 곤충 전문 식당이 인기를 끌고 있다. 영국에는 곤충사탕이 있고,[29] 도쿄의 초밥에는 귀뚜라미가 빠지지 않는다.[30] 2014년, 농촌진흥청과 식품의약품안전처는 갈색거저리 애벌레(밀웜, Mealworm)를 식품 원료로 사용할 수 있도록 승인했다. 2015년, 국내 곤충산업은 두 배 이상으로 성장할 전망이다.[31]

곤충요리 전문가는 식용곤충에 대한 전문적인 지식을 가지고 곤충요리법을 개발한다. 유해성 여부를 판단해 안전성을 검증하고 좋은 품질의 식용곤충을 새롭게 찾아내는 것도 곤충요리 전문가의 몫이다. 식용곤충 세미나에서 새로운 식용곤충을 발표하고 요리법도 소개한다. 곤충요리 대중화에 앞장서고 있는 데이비드 조지 고든David George Gordon이 쓴 《곤충요리책(The Eat-a-Bug Cookbook)》처럼 곤충 요리법을 담은 책을 쓰기도 할 것이다.

미래 대체 식량으로서 곤충의 가치가 날로 커지고 있다. 곤충에 대한 선입견만으로 멀리하기에 곤충은 질 높은 식품이다. 곤충요리 전문가는 맛있어 보이면서 매력적인 곤충요리를 연구하고 개발해 식용곤충에 대한 편견을 깨뜨리는 데에도 기여해야 한다. 곤충요리 전문가는 곤충을 새로운 식량자원으로 활용하여 미래 식량 문제를 해결하고 환경을 회복시키는 데 앞장설 것이다.

---

29 이민지, 〈'먹거리X파일' 곤충 요리, 미래 식량 될 수 있을까〉, 뉴스엔미디어(2013년 10월 11일자)

30 심명남, 〈귀뚜라미 대량사육 시스템 만들겠다〉, 오마이뉴스(2014년 5월 3일자)

31 손진석, 〈곤충, 식탁에 오른다…갈색거저리 애벌레 첫 식품 허가〉, 조선일보(2014년 7월 18일자)

바닷물로 농사를 짓는다

21세기의 새로운 농업혁명은 '해수농업'이다. 해수농업은 바닷물로 농사를 짓는 것을 말한다. 단순히 염분을 제거하는 것이 아니라 미역, 다시마처럼 염분에서도 재배가 가능한 농작물을 기르는 것이다. 물 부족 시대를 대비하는 농업 대안으로서 해수농업이 떠오르고 있다. 해수농업은 농토의 확대와 저렴한 관개 비용이라는 효과도 있다. 앞으로 해수농업을 통해 미래의 먹을거리를 제공하는 '바다농부'가 미래 직업으로 주목받을 전망이다.

전 세계적으로 새로운 농업기술 패러다임으로 바닷물을 이용한 작물 재배에 대한 연구개발이 진행되고 있다. 바닷물에는 나트륨, 염소, 마그네슘과 같은 미네랄이 풍부하게 들어 있어 적정량을 사용하면 작물 생장에 유리하다.[32] 이 때문에 바닷물은 염분에 저항성이 강한 작

물에 직접 살포돼 친환경 농법으로 사용된다. 전남 신안군에서는 바닷물을 농약 대신 사용해 친환경 양파를 재배하고 있다. 앞으로는 제주의 주산작물인 감귤, 마늘, 양파 등도 청정 제주 바닷물로 재배된다.[33]

사막이 많고, 물이 부족한 중동 지역에서 해결책을 찾기 위해 설립된 국제해수농업센터는 농작물을 바다에서 재배할 수 있는 농업기술을 9,415가지나 갖고 있다. 뿐만 아니라 시워터 재단(The Seawater Foundation), 국제농업연구자문단 등 수백 개의 해수농업 관련 연구기관이 있다. 스탠퍼드대학교 솔라센터는 에너지, 온난화, 토지, 깨끗한 물 등을 위해 해수농업에 대한 아이디어를 제공한다. 이곳에서 보리, 밀, 감자, 토마토 등 200여 종의 시제품들이 생산됐다.[34]

중국은 해수농업 관련 연구가 가장 활발한 국가다. 중국의 인구는 전 세계 인구의 5분의 1에 달하지만 가용 토지는 7퍼센트에 불과하기 때문이다. 산둥대학山東大學 자광민 교수에 따르면, 해수농업을 통해 중국 전체 농작물 생산량의 30퍼센트에 해당하는 1억 5,000만 톤을 추가로 생산할 수 있게 된다.[35]

중국의 과학자들은 해안 지역 모래땅에 해수를 관개하여 농작물을 재배하는 실험을 진행하고 있다. 1990년부터 해안 지역의 염기성 토지와 갯벌에서 밀과 쌀, 채종용 작물이 재배돼 왔다. 해수농업이 처

32 이인복 외, 〈물 부족 시대를 대비한 해수의 농업적 활용 관련 연구개발〉, 농림수산식품기술기획평가원(2012년 5월), 12쪽 참조

33 김태홍, 〈제주 바닷물 친환경 농업에 활용〉, 환경일보(2014년 10월 30일자)

34 김형근, 《우리가 아는 미래가 사라진다》, 위즈덤하우스(2013), 192쪽 참조

35 〈중국의 해수농업 사례〉, 사막화방지국제연대(IUCD) 자료실(2011년 11월 10일)

음으로 시도된 산둥성 동잉東營과 빈저우濱州 지역에서는 매년 수백만 킬로그램씩 수확량이 증가하고 있다.[36] 중국 과학아카데미는 갯벌에서 자랄 수 있는 후추와 가지를 개발했다.[37]

바다농부는 바닷물을 끌어와 작물 재배에 활용하기도 하고, 해안 지역 모래땅에 작물을 직접 재배하기도 한다. 특히 바닷물을 이용해 농작물을 재배할 때는 작물의 종류에 신경을 써야 한다. 그래서 염분에 강한 작물이나 연구진에 의해 개발된 작물을 주로 재배한다. 바다 농부는 소금기 있는 곳에서 잘 자라는 염생식물을 기르기도 한다. 염생식물은 미네랄 성분이 다량으로 함유돼 있고, 위장병·빈혈·소화불량 등을 개선하는 효과가 있어 약재로 활용될 수 있다.[38] 바이오 연료용 작물도 재배한다. 해양 조류, 염생식물이 바이오 연료로도 사용될 수 있기 때문이다.[39]

해수농업은 태양에 의한 광합성과 인간의 지성을 결합한 작품이다. 바닷물은 친환경 농가의 경영비를 절감하고 환경부담도 줄여주며,[40] 미래 물 부족 시대의 농업대안이 될 것이다. 해수농업은 해안선을 푸르게 만들며 농작물을 재배할 뿐만 아니라 새로운 기업, 일자리를 창출해 지구의 건강과 미래에 긍정적 기여를 할 수 있다.[41] 이제 식품점 진열대에는 바다농부가 재배한 온갖 농작물로 가득할 것이다.

---

36 김형근,《우리가 아는 미래가 사라진다》, 위즈덤하우스(2013), 192쪽 참조
37 〈중국의 해수농업 사례〉, 사막화방지국제연대(IUCD) 자료실(2011년 11월 10일)
38 이귀전, 〈잡초서 기능성 작물로… 염생식물의 '재발견'〉, 세계일보(2014년 4월 1일자)
39 KISTI 미리안,《글로벌동향브리핑》, 〈염수 작물에서 얻어지는 바이오연료〉, 2010년 2월 12일
40 이기노, 〈다시 짓는 유기농업 ④ 바닷물의 농업적 이용〉, 한국농어민신문(2012년 7월 26일자)
41 김형근,《우리가 아는 미래가 사라진다》, 위즈덤하우스(2013), 192쪽 참조

6차 산업 컨설턴트

농업의 새 판을 짠다

농림수산업인 '1차 산업'과 그것을 이용해 다양한 제품을 생산하는 '2차 산업' 그리고 관광, 교육, 보건 등의 '3차 산업'을 결합한 '6차 산업'은 경제위기 속에서 새로운 답을 제시해 줄 농업이다. 국내의 6차 산업 매출은 적게는 10배에서 많게는 100배까지 성장했다.[42] 그렇기 때문에 6차 산업을 선도하면서 발전시켜나갈 '6차 산업 컨설턴트'가 미래에 유망할 직업이 될 것이다.

농업 선진국 프랑스는 6차 산업을 선도하고 있다. 전문 교육기관과 농업전문가들이 끊임없이 새로운 6차 산업단지를 조성하고, 또 인재를 양성하고 있기 때문이다. 농업 현장과 연계해 체계적인 교육 시

---

[42] SBS 특집 다큐멘터리, 〈한국경제, 창조에 길을 묻다-제4부 농업농촌에 창조를 담다〉, 2013년 11월 24일 방영

스템으로 지원자가 매년 넘쳐나는 부갱빌농업고등학교를 포함해 프랑스 전국의 농업고등학교는 218개나 된다.[43] 반면, 아직 미약한 교육 시스템과 제대로 갖춰진 연계방안이 없는 우리나라에서는 6차 산업 컨설턴트가 할 일이 많다. 효율적인 인재 양성을 위해 성공적인 6차 산업 현장을 찾아 전문 교육기관과의 연계를 이뤄내고 수많은 젊은 농부들이 창업으로 이어질 수 있도록 체계적인 교육을 해야 한다.

유럽에는 농업을 헬스케어와 접목한 '치유농장'이 있는데, 그 수가 3,000개 이상이다. 치유농장에서는 유기농 제품 생산과 사회적 돌봄 서비스를 결합해 스트레스가 심한 어린이 환자, 치매노인 등을 대상으로 간호사 등 전문 인력이 치유 프로그램을 제공하고 있다. 또 일본에는 농업에 교육을 더한 '교육팜'이 있다. 어린이에게 올바른 먹거리 교육과 식탁 예절 교육을 함으로써 가족의 행복과 건강을 추구하는 것이다.[44] 프랑스에는 반대로 관광지로 먼저 알려진 곳에서 작물을 재배하고 가공식품을 제공함으로써 6차 산업으로 확장시킨 리보 성(Rivau Castle)이 있다.[45] 관광객은 매년 증가하고 있다. 새로 시작한 중세 시대 체험 프로그램도 인기를 끈다.

우리나라에는 파주 산머루농원이 대표적이다. 머루 따기 체험과 잼이나 파이 같은 가공식품 만들기를 비롯해 산머루 와이너리 투어와

43 SBS 특집 다큐멘터리, 〈한국경제, 창조에 길을 묻다-제4부 농업농촌에 창조를 담다〉, 2013년 11월 24일 방영
44 이기원, 〈농업은 더 이상 사양산업이 아니다〉, 중앙일보(2014년 11월 3일자)
45 SBS 특집 다큐멘터리, 〈한국경제, 창조에 길을 묻다-제4부 농업농촌에 창조를 담다〉, 2013년 11월 24일 방영

캠핑까지 이틀을 놓고 가도 지겹지 않을 만큼 다양한 프로그램을 한자리에 묶었다. 생산되는 와인은 한 해 10만 병 이상씩 전 세계로 팔려나가기도 한다.[46] 관광객은 월 5,000명 이상에 달한다.[47] 연 50만 명의 관광객이 방문하는 파주 허브나라와 함께 국내 모범 6차 산업의 롤모델로 부상하고 있다.

하지만 국내에 성공적인 6차 산업 사례는 얼마 되지 않고 아직도 기회를 잡지 못하고 있는 농부들이 대다수다. 6차 산업 컨설턴트는 어려운 농촌 노령인구들, 젊은 농부들을 6차 산업으로 도약할 수 있게 도와주고 농업의 활성화를 이끈다. 빅데이터를 활용해 최적의 기후 환경과 토양을 조성하고 물과 비료를 공급하는 기술도 제공한다. 체험, 관광 프로그램을 기획해 방문객의 만족도를 높이고 지역 사회 발전에도 기여한다.

농업은 인간과 뗄 수 없는 산업이다. 세계적인 환경위기, 경제위기가 올수록 우리는 농업에 더욱 집중해야 한다. 6차 산업 컨설턴트는 수입이 보장되지 않아 꿈을 가질 수 없었던 수많은 농부들에게 안정적인 수익을 보장함으로써 미래를 생각하고 꿈을 갖게 해준다. 농업의 새로운 길을 제시하는 것이다.

---

46 안병수, 〈파주의 새로운 관광지로 거듭나고 있는 산머루농원 서우석 회장〉, 트래블조선 (2014년 11월 17일자)
47 안병수, 〈파주 산머루농원, 찾아가는 양조장 SNS 기자단 팸투어 진행〉, 트래블조선(2014년 9월 25일자)

이제는 바닷물도 마신다

노벨화학상 수상자 리처드 스몰리Richard E. Smalley 박사는 '에너지·나노기술 컨퍼런스 2003'에서 인류가 50년간 직면하게 될 10대 주요 문제 중 하나로 물을 꼽았다. 그리고 2011년, 유럽연합(UN)이 내놓은 미래 보고서에 따르면 2025년에는 전 세계 인구 중 30억 명이 물 부족을 맞닥뜨릴 전망이다. 그렇기 때문에 많은 나라들이 안정적인 물 확보를 위해 노력하고 있다. 다양한 방법이 등장했고, 그중에서도 바닷물에서 소금기를 제거하는 해수담수화 기술이 주목받고 있다. 해수담수화 플랜트는 공사기간이 짧고 많은 수자원을 안정적으로 확보할 수도 있다. 계절과 기상조건으로부터 자유로운 점도 장점이다. 가능성을 인정받은 이 산업이 확대되면서 플랜트를 개발하고 지속적으로 관리하는 '해수담수화 엔지니어'가 미래 직업으로 떠오르고 있다.

물 부족 국가인 이스라엘은 2011년 연간 생활용수의 40퍼센트를 해수담수화 기술로 공급했다. 카타르와 쿠웨이트도 대부분의 물을 해수담수화 기술로부터 얻고 있다. 그러나 이들의 해수담수화 기술은 필요한 에너지의 양이 너무 크다. 그렇기 때문에 석유가 싼 중동 지역이 아니면 이들의 기술을 도입하기가 어렵다.[48] 나머지 국가들의 해수담수화 플랜트 설치를 위한 핵심 과제는 경제성과 에너지 효율을 끌어올릴 방법을 찾는 것이다. 해수담수화 엔지니어의 역할이 중요하다.

해수담수화 엔지니어는 효율이 높은 담수 생산 공정 기술을 연구한다. 한국생산기술연구원 이주동 박사팀이 찾은 새로운 방법은 바닷물을 하이드레이트 결정체로 만들어 염분을 분리하는 것이다. 하이드레이트 결정은 저온 고압 상태에서 가스와 물이 결합되어 만들어진 고체 형태를 말한다. 이 방법은 결정체를 만들 때 사용한 매개가스를 재활용하기 때문에 유지비용이 거의 들지 않는다.[49]

세계 각국에서도 앞 다투어 효율적인 해수담수화 방법에 관한 연구를 진행하고 있다. 미국 텍사스대학교의 카일 누스트는 전기장을 이용한 신개념 탈염 칩, '워터칩WaterChip'을 개발했다. 수많은 워터칩을 뿌리고 동시에 운용하면 순도가 높은 담수를 저렴하게 생산할 수 있다.[50] 2014년, 포스코건설은 해수담수화 신기술을 개발했다. 환경부로

48 장원석·함승민, 〈'물 부족 해결사' 해수담수화-생산 단가 낮출 신기술 개발 경쟁 치열〉, 이코노미스트 1247호(2014년 7월 28일자)
49 구본혁, 〈차세대 해수담수화 플랜트〉, 파퓰러사이언스(2014년 2월호)
50 톰 포스터(Tom Poster), 〈[WHAT TO DO ABOUT WATER?/해수담수화] 차세대 탈염(脫鹽) 공정〉, 파퓰러사이언스(2014년 6월 24일)

부터 인증받은 이 기술은 바닷물뿐만 아니라 빗물도 활용해 효율을 높이고, 약품처리 횟수는 획기적으로 줄였다.[51] 호주 시드니대학교 연구팀은 호주에서 전통적으로 이용해온 방식보다 에너지 소비량을 80퍼센트 줄인 친환경적인 방법을 개발했다.[52] 스페인에서는 해수담수화 시설과 연계되는 하수처리장을 발달시켜 오폐수 재이용과 슬러지 활용 기술의 발전에 도움이 됐다.[53] 이처럼 타 분야와의 연계를 통해 다른 산업에 도움을 줌으로써 효율을 상승시킬 수도 있다.

　미래의 물 부족 현상을 극복하기는 쉽지 않다. 하지만 해수담수화 엔지니어가 지속적으로 늘어나 산업을 성장시키면 문제 해결의 실마리를 찾아갈 수 있을 것이다. 기술개발을 계속하면 새로운 해수처리 방식을 찾아내거나 효율의 극대화를 이뤄낼 수도 있다. 해수담수화는 더 이상 선택이 아닌 필수다. 해수담수화 엔지니어는 바닷물을 마실 수 있는 기적을 일으킬 것이다.

51 김동욱, 〈포스코건설, 국내 건설사 최초로 해수담수화 신기술 개발〉, 이데일리(2014년 2월 17일자)

52 팀 케빈(Tim Kevin), 〈Research makes desalination cheaper and greener〉, Phys.org (2014년 6월 23일자)

53 이인복 외, 〈물 부족 시대를 대비한 해수의 농업적 활용 관련 연구개발〉, 농림수산식품기술기획평가원(2012년 5월), 33쪽 참조

버려지는 자원이 에너지가 된다

버려지는 자원으로 에너지를 생산하는 폐기물에너지는 상대적으로 비용이 저렴하고, 화석 연료의 대체에너지로 활용될 수 있다. 국내 신재생에너지 중 31.3퍼센트가 폐기물에너지임에도 불구하고 아직까지 폐기물을 에너지로 변환시키는 설비의 발달 수준은 미약하다.[54] 따라서 버려지는 자원을 활용해 새로운 에너지를 생산하는 설비를 제작하는 '폐기물에너지 기술자'가 미래 직업으로 필요하다.

폐기물을 에너지로 재탄생시키는 기술개발이 한창이다. 2009년, 대우건설은 이탈리아의 폐기물 처리업체 '테크노 플루이드Technofluids' 와 기술수출협약을 체결했다. 협약을 통해 대우건설은 독자적으로 폐

---

[54] 김종용, 〈버려지는 폐기물도 소중한 에너지자원이다〉, 충청투데이(2014년 4월 21일자)

기물에 미생물을 넣어 메탄을 생성하는 기술을 개발했고, 이를 수출했다.[55] 2014년, 신재생에너지업체 '위에펠WE EPEL'은 세계 최초로 GeP Green energy Plant 기술을 개발했다. GeP 기술을 이용하면 폐플라스틱의 75~90퍼센트, 도시쓰레기의 40~55퍼센트, 음식쓰레기의 30~35퍼센트를 전환하여 경유를 생산할 수 있다.[56]

현대제철에서는 세계 최초로 우분(쇠똥)을 활용한 친환경 제선 기술을 특허로 등록했다. 보통 쇳물을 만들어내기 위해서는 미분탄이 필요하다. 현대제철은 미분탄 대신 말린 우분을 넣는다. 그 결과 연소 효율이 30퍼센트까지 높아졌다.[57] 포스코건설은 하수 처리 과정에서 발생하는 침전물의 찌꺼기를 연료로 재활용하는 기술을 개발했다. 이 찌꺼기는 발열량이 좋아서 말려 사용하면 활용도가 높아진다. 공장에서 버려지는 폐열을 이용하면 연료를 들이지 않고도 이 찌꺼기를 말릴 수 있어 기존 방식보다 30퍼센트 이상 효율이 높다고 한다. 이 찌꺼기는 화력발전소에서 보조 연료로 쓰일 수도 있다. LG화학에서는 나프타 분해 공정에서 발생하는 메탄가스를 여수 공장에서 재활용하여 연간 76.5메가와트(MW) 전력을 자체적으로 생산하고 있다.[58]

에너지의 97퍼센트 이상을 외국에서 수입하고 있는 우리나라의

---

55 오경묵, 〈대우건설, 원전·액화플랜트 세계 정상 노린다〉, 뉴스1코리아(2013년 3월 19일자)

56 김현진, 〈폐기물로 석유 생산 기술 보유한 '위에펠(주)' 중국시장 진출〉, 뉴스천지(2014년 9월 25일자)

57 김승범, 〈[뉴 테크놀로지] 쇠똥鐵學···소 배설물을 製鐵 연료로···쇠똥도 철에 쓰는 시대〉, 조선일보(2014년 4월 22일자)

58 김승범, 〈[뉴 테크놀로지] 쇠똥鐵學···소 배설물을 製鐵 연료로···쇠똥도 철에 쓰는 시대〉, 조선일보(2014년 4월 22일자)

실정을 볼 때, 버려지는 폐기물에서 에너지를 얻는다는 것은 굉장히 큰 성과다.[59] 폐기물에너지 기술자는 다양한 종류의 가연성 폐기물, 유기성 폐기물, 매립가스, 산업 폐가스 등을 열화학적 또는 생물학적 방법으로 가공해 열, 전력, 연료 등으로 에너지화한다.

폐기물에너지 시장은 뜨고 있는 별과 같다. 폐기물에너지가 태양광, 풍력, 조력 등 신재생에너지 중에서 가장 발전 가능성이 높은 것으로 꼽히기 때문이다.[60] 폐기물을 에너지원으로 재활용하는 폐기물에너지 기술자 또한 주목받는 미래 직업이 될 것이다.

59 정윤경 외, 《2011 미래의 직업세계: 직업편》, 한국직업능력개발원·교육과학기술부(2011), 597쪽 참조
60 이시진, 〈연료 재활용·온실가스 감축, 폐자원에너지 가치 무궁무진〉, 파이낸셜뉴스(2014년 8월 21일자)

소변마저 전기가 된다

머지않아 음식물쓰레기나 폐수, 사람의 소변과 같은 유기성 오염 물질을 실생활에서 연료로 사용할 수 있을 것이다. 유기성 오염물질로 전기를 생산하는 기술이 잇따라 개발되고 있기 때문이다. 이를 '미생 물 연료전지'라고 한다. 전 세계적으로 활발히 연구가 진행되고 있는 미생물 연료전지는 미생물의 화학반응을 전기에너지로 바꾸는 장치 다. 미생물이 폐수나 폐기물에 들어 있는 유기물을 분해할 때 나오는 전자를 이용하는 것이다.[61]

한국과학기술기획평가원(KISTEP)은 2012년에 미생물 연료전지를 10대 미래 유망 기술 중 하나로 선정했다.[62] 미생물 연료전지가 전력

---

61 박용후, 〈[별책부록|세상을 바꿀 대박 미래기술 50] 버릴 것 없는 차세대 그린 기술〉, 신동아 (2013년 11월 25일자)

생산뿐 아니라 하수와 폐수에 있는 유기성 오염물질도 처리할 수 있기 때문이다. 나아가 미생물 연료전지가 에너지원으로 이용하는 유기물 자원은 무궁무진하며, 시기와 장소에 관계없이 전력 생산이 가능하다. 이러한 가운데 미생물 연료전지를 이용해 전력을 얻을 수 있도록 시스템을 구축하는 '미생물 연료 전문가'가 미래 직업으로 각광받을 전망이다.

영국 브리스톨대학교와 웨스트잉글랜드대학교 연구진은 폐기물에서 동력을 받아 작동하는 로봇 '에코봇EcoBot'을 개발하고 있다. 에코봇은 배터리가 아닌 음식물, 하수, 오물 등을 에너지로 사용하는 친환경 로봇이다. 2013년, 연구진들은 소변을 이용하는 미생물 연료전지를 개발해 소변으로 휴대전화 배터리를 충전하는 데 성공했다.[63] 이를 활용해 미생물이 들어 있는 연료전지에 소변을 보내 에코봇의 동력을 만들어내는 인공심장 펌프도 개발했다.[64]

스위스의 파비앙 펠더Fabienne Felder 박사 연구팀은 식물에서 전원을 공급받는 라디오 '이끼-FM(Moss-FM)'을 만들었다. 이 라디오는 식물이 광합성 중에 생산하는 전자를 통해 전기를 만드는 '광미생물 연료전지'를 이용한다.[65] 우리나라의 광주과학기술원(GIST) 연구팀은 미생

---

62 이홍표, 〈[2020년 대한민국] 신개념 전력 공급 '마이크로 그리드' 뜬다〉, 한경비즈니스(2014년 1월 17일자)

63 KISTI 미리안, 《녹색기술정보포털》, 〈소변 연료로 움직이는 미생물 연료전지〉, 2013년 11월 13일

64 KISTI 미리안, 《글로벌동향브리핑》, 〈소변을 이용하여 전력이 공급되는 인공 심장과 같은 펌프〉, 2013년 12월 3일

65 KISTI 미리안, 《녹색기술정보포털》, 〈이끼에서 전원을 공급받는 FM 라디오〉, 2014년 3월 17일

물을 이용해 폐수 처리와 전력 생산이 동시에 가능한 시스템을 개발했다.[66] 이 미생물 연료전지는 폐수나 폐기물로 전기에너지를 생산함과 동시에 유기성 폐기물까지 처리할 수 있어 낮은 비용으로 환경 문제를 해결할 수 있다.

미생물 연료전지가 차세대 그린 기술 중 하나로 주목받고 있다. 이러한 가운데 미생물 연료 전문가의 수요는 더욱 높아질 전망이다. 미생물 연료 전문가는 미생물 연료전지 기술을 다양한 분야에 적용해 필요한 전력을 조달받을 수 있는 시스템을 구축한다. 예를 들어, 미생물 연료전지 기술을 변기에 적용해 욕실 안에서 소변으로 전기를 생산하는 스마트 변기 시스템을 만들고, 싱크대에는 버려지는 음식물쓰레기를 전력으로 만드는 장치를 설치하기도 한다.

미생물 연료 전문가는 에너지 효율이 높은 미생물 연료전지를 확보해 시스템의 효율성을 높이는 데도 앞장서야 한다. 미생물 연료전지가 실생활에 활용될 수 있을 수준으로 발전하면 엄청난 사회적 가치를 창출할 것이다. 미생물 연료 전문가가 구축한 시스템 덕분에 폐기물 처리는 물론이고 모든 건물에 간이 발전소를 만들 수 있기 때문이다. 쓸모없다고 생각했던 유기성 폐기물로 에너지를 만들어내는 미생물 연료 전문가는 친환경 사회를 만드는 데 큰 공헌을 할 것이다.

---

66 원호섭, 〈폐수처리·전력 생산 동시에 '미생물 연료전지' 시스템 개발〉, 매일경제(2012년 5월 28일자)

087

에너지 재활용 디자이너

버려지는 에너지의 재발견

새로운 청정에너지 확보가 화두다. 청정에너지 확보를 위한 여러 방법 중 쓸모없이 버려지는 에너지를 재활용해 사용하는 '에너지 재활용'이 주목받고 있다. 일상생활에서 무심코 버려지는 에너지를 수집해 전력으로 활용할 수 있는 방법을 찾고, 이를 시스템화하는 '에너지 재활용 디자이너'가 미래 직업으로 각광받을 것으로 보인다.

우리나라를 비롯해 세계 각국은 주변에서 버려지는 에너지를 거둬 전력으로 만드는 '에너지 하베스팅Energy Harvesting'을 개발하고 있다. 수백 톤에 달하는 열차는 운행할 때마다 위아래로 덜컹거리면서 엄청난 양의 진동에너지를 만든다. 영국 진동에너지 수확의 선두주자 기업 '페르페튬Perpetuum'은 열차 운행 시 발생되는 진동에너지를 모아, 바퀴 마모 감손을 측정하는 시스템의 동력으로 사용한다.[67]

일본에서 개발된 '발전 마루'는 사람이나 차가 통과할 때 도로가 받는 압력, 진동에너지를 수확해 전기를 만드는 장치다. 이렇게 생산된 전기는 교통신호등과 가로등에 쓰인다.[68] 영국에도 사람이 밟고 지나가면 전력이 생산되는 보도블럭 '페이브젠Pavegen'이 있다.[69] 미국의 솔파워SolePower가 만든 신발 깔창, 케냐의 NCST가 만든 신발 등과 같이 사람이 걸을 때 생기는 에너지를 모아 전기로 만드는 깔창과 신발도 있다.

운동할 때 발생되는 운동에너지도 재활용할 수 있다. 공을 찰 때 생기는 에너지로 전기를 만드는 축구공 '소켓Soccket', 전기를 생산하는 줄넘기 '펄스Pulse',[70] 페달을 밟으면 전기가 생산되는 전기자전거 '만도 풋루스'[71]가 바로 그것이다. 이렇게 재활용된 전기는 주로 스마트 기기, 웨어러블 기기 등에 전원을 공급하는 데 쓰일 것이다.

웨어러블 기기, 사물인터넷 시대에는 배터리가 중요해지기 때문에 에너지 재활용 기술이 더욱 주목받을 것이다. 이와 함께 에너지 재활용 디자이너도 각광받을 전망이다.

에너지 재활용 디자이너는 일상생활 속에서 버려지는 에너지를

67 KISTI 미리안, 《글로벌동향브리핑》, 〈진동 에너지를 수확하는 무선 열차 센서〉, 2014년 7월 25일

68 이민영, 〈소리·심장박동…빗방울로 전기 에너지 만든다〉, 중앙SUNDAY 제380호(2014년 7월 4일자)

69 〈발로 밟으면 전기가 생산되는 신기한 타일〉, 비전(2013년 2월 14일자)

70 김보람, 〈[아이디어 월드] 다이어트+전기생산… '스마트 줄넘기'〉, 한경비즈니스(2014년 1월 24일자)

71 전예진, 〈체인이 없으니 기름때 묻을 일도 없잖아요…인간중심 디자인이 '만도 풋루스' 혁신 씨앗〉, 한국경제(2013년 4월 1일자)

찾는다. 주로 항상 진동이 있거나, 압력이나 힘이 작용하는 곳, 그리고 물의 흐름이 있거나 바람이 부는 곳을 주목해 에너지원을 찾는다. 에너지 재활용 디자이너는 이 에너지원을 전기로 이용할 수 있도록 디자인하고 설계해 시스템화하는 데 주력한다. 에너지 재활용 디자이너가 설계한 시스템은 버려지는 에너지원을 활용하기 때문에 세상에서 가장 친환경적인 에너지를 만들 것이다.

에너지는 인류 문명의 핵심이다. 하지만 자원은 한정돼 있고 필요한 에너지는 늘어만 간다. 환경오염 걱정과 고갈될 염려가 없는 에너지원을 찾아야 하는 이유다. 에너지 재활용 디자이너는 에너지 순환 사회를 만들어 해결책을 제공할 수 있다. 환경을 위한 규제와 사물인터넷 시대의 진입으로 에너지 재활용 디자이너는 우리 사회에서 더욱 필요해질 것이다. 앞으로 버려지는 에너지마저 잡아내 우리 사회로 재공급하는 에너지 재활용 디자이너는 녹색 미래를 선도해나갈 것이다.

088

공중 풍력발전기 전문가

맞춤형 풍력발전기가 온다

바람은 하늘에서 더 강하게 분다. 그렇다면 하늘에서 풍력발전기를 돌리면 어떨까? 이러한 생각을 실현한 것이 '공중 풍력발전기'다. 공중 풍력발전기는 비행선, 연 등에 발전기를 달아 고공에 띄운 후 공중에서 부는 바람을 이용해 전기에너지를 얻는 발전 기술이다. 네덜란드 기상연구소의 조사결과에 따르면, 1킬로미터 상공의 바람은 지상의 바람보다 6배나 강한 힘을 가지며, 10킬로미터 상공은 지상보다 20배나 많은 에너지를 제공할 수 있다.[72] 앞으로는 효율적으로 전기를 생산하는 공중 풍력발전기를 개발하는 '공중 풍력발전기 전문가'가 미래 직업으로 부상할 전망이다.

---

72 길두송, 〈공중 풍력발전 기술의 국내외 기술개발 동향〉, 월간 계장기술(2011년 8월호), 90~91쪽 참조

공중 풍력발전기의 장점은 빠르고 균일한 대류권의 바람을 이용한다는 것이다. 때문에 발전 효율이 높고 연중 발전이 가능해 전력공급의 안정도가 높다. 타워형 풍력발전기에 비해 생산원가도 저렴하여 최대 50퍼센트까지 비용을 절감할 수 있다. 또한 발전기의 크기가 작고 소음이 거의 발생하지 않아 아름다운 해안선과 평야의 경관을 훼손하지 않는다. 공중 풍력발전기는 육상과 해상 풍력발전이 갖고 있는 문제점을 해결할 것이다.[73]

2013년, 구글은 풍력발전 스타트업 '마카니파워Makani Power'를 인수했다. 이 회사는 고도 250~600미터 높이에 풍력발전기를 날려 전기를 얻는 기술을 보유하고 있다.[74] 미국 매사추세츠공과대학(MIT)과 하버드대학 출신들이 만든 벤처기업 '알타에어로스 에너지Altaeros Energies'는 알래스카에서 비행선형 풍차를 300미터 상공에 띄운 후 여기서 생산한 전기를 송전 케이블로 지상에 전달하는 시험을 하고 있다.[75] 이 회사의 CEO 벤 글라스Ben Glass는 "1,000에서 2,000피트 상공에서 부는 바람은 지상보다 많게는 8배 가까이 강력하기 때문에 전기를 만들기 좋습니다"라고 말한다.

하늘 위에서 전력을 생산할 수 있는 시대가 다가오고 있다. 공중 풍력발전기의 개발에 있어서는 무거운 발전기를 공중에서 안정적으로

---

73 Lin Edwards, 〈Airborne wind turbines to generate power from high winds〉, Phys.org (2010년 6월 4일자)

74 이재구, 〈구글X가 진행중인 신나는 10대 기술〉, 지디넷코리아 (2013년 7월 4일자)

75 배준호, 〈사막 태양열·공중 풍력 발전소…이색 신형발전소가 뜬다〉, 이투데이 (2014년 5월 9일자)

부양시키는 기술이 관건이다.[76] 공중 풍력발전기 전문가는 현재 개발 단계에 있는 공중 풍력발전기가 상용화될 수 있도록 안정성과 내구성을 높여야 한다. 또 에너지를 효율적으로 모으고 이를 지상으로 안전하게 보낼 수 있는 기술도 확보해야 한다.

공중 풍력발전기는 획기적인 녹색 발전 수단으로 주목받고 있다.[77] 이러한 가운데 공중 풍력발전기 전문가는 공중 풍력발전기를 개선해 향후 화석 연료를 대체할 차세대 재생에너지 수단으로 만들 것이다. 또 앞으로 공중 풍력발전기 전문가는 신개념 풍력발전기로 인류의 기후변화와 온난화 문제 해결에 기여하는 데 도움을 줄 것이다.

---

76 봉지욱, 〈공중풍력발전 수십억 투자금, 바람과 함께 '획'〉, JTBC 뉴스(2012년 7월 17일자)

77 길두송, 〈공중 풍력발전 기술의 국내외 기술개발 동향〉, 월간 계장기술(2011년 8월호), 90쪽 참조

089

우주에너지 전문가

지구 밖에서 에너지 문제를 해결한다

인류가 풀어야 할 숙제 중 하나는 에너지 문제다. 이 숙제를 풀기 위해 다양한 시도들이 이루어지고 있다. 그중 하나로 지구 바깥에서 에너지 문제를 해결하는 '우주에너지 발전 시스템'이 주목받고 있다. 앞으로 우주에서 에너지를 만들고 지구로 보내는 시스템을 설계하고 구축하는 '우주에너지 전문가'가 미래 직업으로 생겨날 것이다.

국제우주학회에 따르면, 우주에서 만든 에너지를 지구로 보내는 '우주태양광 발전소'가 2040년 안에 경제성을 갖춘 에너지 공급원이 될 것이다. 2012년, 중국과학원(CAS)은 2030년부터 2050년까지 첫 상업용 우주태양광 발전 시스템을 개발해 운영한다고 밝혔다.[78] 일본우

---

78 윤건일, 〈중국, 우주에 발전소 세운다…?〉, 전자신문(2012년 8월 17일자)

주항공연구개발기구(JAXA)는 2030년까지 우주 상공에 축구장 크기의 330배 정도인 태양광 발전소를 건설할 계획이다.[79] 미국 캘리포니아에 위치한 벤처기업 '솔라렌Solaren'은 2024년 안에 태양광 전력 수집용 우주선을 띄울 예정이다.[80]

특히 우주에너지로 '달 태양광 발전'이 주목받고 있다. 달에는 대기의 방해가 없다. 그래서 지구에 비해 10배 정도 높은 수치의 태양광을 받을 수 있고, 패널 두께는 종이처럼 얇아도 된다. 또한 달 토양에는 규소 등 패널 제작에 적합한 성분이 다수 포함돼 있어서 발전 시스템 건설 재료의 90퍼센트를 달에서 구할 수 있다.[81] 2010년, 일본의 시미즈건설은 달 적도에 태양광 발전용 패널을 설치하는 '루나링 프로젝트Luna Ring Project'를 발표하고 추진하고 있다.[82]

우주에너지 전문가는 효율적인 에너지 발전을 위한 우주에너지 발전 시스템을 개발한다. 우주에서 만든 에너지를 지구로 효율적으로 보낼 수 있는 전력 전송 기술을 연구한다. 우주에너지를 우주교통, 우주건설 등 우주 문명 개척에 활용하는 일도 맡는다. 앞으로 우주에너지 전문가는 우주에너지 발전 시스템을 개발해 패러다임을 바꿔나갈 것이다.

79 장길수, 〈JAXA, 거대 태양광 발전소 건설 계획…日 원전 대안?〉, 미디어잇(2014년 5월 5일자)
80 Katie Jennings, 〈What If Giant Space-Based Solar Panels Could Beam Unlimited Power To The Earth?〉, BUSINESS INSIDER(2014년 8월 11일자)
81 김신영, 〈태양광 풍부한(태양에너지 지구의 10배) 달에 발전소…인류 에너지난 해결〉, 조선일보(2012년 1월 3일자)
82 KISTI 미리안, 《녹색기술정보포털》, 〈일본 기업 태양광발전 '달 기지' 건설 제안〉, 2013년 12월 12일

미래의 에너지 발전 시스템은 우주에너지로 기선을 잡아야 한다. 유한한 자원을 사용하는 에너지 난제의 시대에서 무한에 가까운 우주에너지를 사용하는 청정의 시대로 나아가야 하기 때문이다. 우주에너지 전문가 덕분에 인류의 에너지 발전 시스템은 지구의 영역에서만 머물지 않을 것이다.

090

압축공기 엔지니어

새로운 녹색기술

극심한 기후변화 문제는 경제적 손실은 물론 인류의 생존까지 위협하고 있다. 온난화 문제가 매우 심각한 가운데 세계는 '압축공기'라는 녹색기술에 주목하고 있다. 압축공기는 부피를 압축시켜 대기압보다 높은 압력으로 된 공기를 말하며, 다양한 분야에서 활용이 가능한 에너지원이다. 따라서 압축공기를 다양한 분야에 적용하는 '압축공기 엔지니어'가 미래 직업으로 부상할 전망이다.

자동차 시장에 고효율, 친환경 바람이 거센 가운데 압축공기를 이용한 자동차가 업계의 주목을 받고 있다.[83] 자동차에서 압축공기가 필요한 곳은 엔진이다.[84] 압축공기 자동차는 화석 연료 대신 안정적으로

---

[83] SBS 뉴미디어부, 〈미리 보는 파리모터쇼… 친환경·고성능이 대세〉, SBS 뉴스(2014년 9월 29일자)

확보할 수 있는 공기를 동력원으로 사용하는 친환경 자동차다. 대기 중에 떠다니는 공기를 차내의 공기압축기가 흡수해 공기를 압축하면 동력을 얻을 수 있다. 압축공기 자동차는 환경오염과 연료의 가격변동에 대해 걱정하지 않아도 된다.[85] 또한 기존의 하이브리드 자동차에 장착된 값비싼 리튬 배터리를 사용하지 않아도 되기 때문에 경제적이다.

이러한 장점들에 주목한 글로벌 자동차업계들은 압축공기 자동차를 개발하고 있다. 이미 인도의 타타모터스Tata Motors는 공기로 달리는 자동차 '에어포드Air Pod'를 개발했다. 2014년, 푸조Peugeot는 압축공기에 의해 모터를 구동하는 하이브리드 에어 시스템이 탑재된 콘셉트카 '하이브리드 에어 208Hybrid Air 208'을 공개했다. 이 차는 2016년에 상용화될 예정이다. 시트로앵Citroën의 콘셉트카 'C4 칵투스 에어플로우 C4 Cactus Airflow'도 압축공기 시스템이 탑재되어 있다.[86]

한편, 압축공기는 신재생에너지의 저장 시스템으로 이용할 수 있다. 압축공기 저장 기술이 태양광, 풍력, 조력 등 친환경에너지의 안정적인 전력공급을 위한 효율적인 저장 기술로 떠오르고 있기 때문이다.[87] 압축공기 저장 시스템은 발전소의 잉여 전기로 공기를 압축해 저장해두었다가 전력이 부족할 때 저장된 압축공기로 터빈을 돌려 전력을 생산하는 시스템을 말한다.[88] 압축공기는 주로 거대한 암반이 둘러

84 권용주, 〈자동차의 공기…없어서는 안될 '지킬과 하이드' 〉, 한국경제(2014년 1월 16일자)
85 권봉석, 〈印 1인용 자동차 "공기로 달리네?" 〉, 이버즈(2012년 8월 15일자)
86 김영훈, 〈기름 1만원 넣으면 서울~대구 왕복…꿈의 연비 '리터카' 몰려온다〉, 중앙일보(2014년 9월 27일자)
87 Erik Sofge, 〈[에너지 패러다임 개혁] 태양에너지〉, 파퓰러사이언스(2013년 6월 21일자)

싸인 100미터 깊이의 지하에 저장된다. 압축공기 저장 시스템은 공기를 지하로 '밀어 넣을 때 사용한 전력의 80퍼센트를 다시 전력으로 생산해낸다는 점에서 효율적이다.[89]

압축공기 기술은 에너지를 효율적으로 사용하게 해주고 이산화탄소 배출량을 줄여줄 수 있다. 압축공기 엔지니어는 차량 시스템, 에너지 저장 시스템, 기후변화 제어 시스템, 주택 난방 등 다양한 분야에서 압축공기 시스템을 활용할 수 있도록 공급 장치를 설계하고 구성할 것이다. 이때 압축공기 기술이 적용되는 분야에 따라 필요한 공기량, 압력 값, 공기의 품질, 압축기의 형식 등을 선정하여 시스템을 알맞게 설계한다.

압축공기 기술은 현대 사회에서 중요한 부분을 차지할 것으로 보인다. 갈수록 심각해지는 환경 파괴와 온난화에 대비해 점차 친환경에너지의 사용을 늘려가고 이산화탄소 배출량을 줄여야 하기 때문이다. 눈에 보이지 않는 압축공기는 친환경 사회를 준비하기 위한 대안이다. 압축공기 엔지니어는 사회의 다양한 시스템에 압축공기를 적용해 친환경 사회를 이끌어가는 중요한 역할을 할 것이다.

88 박지선, 〈'블랙아웃' 막는 전기 절감·저장기술 주목〉, 뉴스1코리아 (2013년 7월 6일자)
89 전동혁, 〈땅속 공기 전지로 '전력위기 넘긴다' … 신기술 주목〉, MBC 뉴스 (2013년 2월 18일자)

091

스마트그리드 전문가

미래의 전력망은 스스로 전기를 아낀다

스마트그리드Smart Grid(지능형 전력망)가 에너지 시스템의 혁신을 이끌 것이다. 기존 전력망에 IT를 융합한 스마트그리드는 전력 공급자와 소비자가 실시간으로 전력 정보를 교환하는 차세대 전력망을 뜻한다. 스마트그리드 시대에는 가전제품이 가장 싼 전기요금 시간대에 맞춰 작동하고 콘센트가 알아서 대기전력을 차단한다. 사무실과 공장도 마찬가지로 스스로 전기를 아끼고, 심지어 직접 생산해 판매할 수도 있다. 수급이 불안정한 신재생에너지의 안정적 공급과 활용도도 증대시킬 전망이다.

스마트그리드 시장은 신재생에너지, 전기자동차, 가전제품, 건물 등 산업 전반에 미치는 영향이 크기 때문에 세계적으로 급격한 성장세를 보이고 있다.[90] 이러한 가운데 스마트그리드의 전력 개통과 전력 시장 운영을 담당하고 관련 제품을 개발하는 '스마트그리드 전문가'가 미래 직업으로 주목받을 전망이다.

우리나라 정부는 제주도 전역에 예비 스마트그리드 실증 사업을 시작으로 2030년까지 약 27조 5,000억 원을 투입하는 스마트그리드 시스템 구축 사업을 계획하고 있다. 한편, 한국전력공사는 2014년 2월 남양주 지사에 태양광, 풍력 등 신재생에너지와 에너지저장장치(ESS), 지능형전력계량기(AMI) 등을 갖추고 이를 효율적으로 통제하는 제어센터 '스마트그리드 스테이션'을 구축하기로 했다.[91] 스마트그리드 확산 사업이 본격적으로 시행될 경우 국내 스마트그리드 시장 성장이 탄력을 받을 것으로 보인다.[92]

일본 후쿠시마 원전 사고 이후 소프트뱅크는 한 발 더 나갔다. 원자력을 대신하는 신재생에너지원의 중요성을 인식하고 국가 간 연계를 통해 안정적인 전력을 확보하는 개념인 '아시아 슈퍼그리드Asia Super Grid'를 제안한 것이다. '2030 에너지 비전'으로는 자연에너지 보급 확대, 전력거래 시장의 활성화, 송전 인프라 강화가 있다. 소프트뱅크가 구상하는 아시아 슈퍼그리드는 지속적으로 추진될 전망이며,[93] 이와

---

90 김현우, 〈스마트그리드 확산사업으로 관련 시장 활성화 기대〉, Vol 4 Issue 7 KISTI MARKET REPORT(2014년 8월 4일), 8쪽 참조

91 김승범, 〈전력망 지능화 '스마트 그리드'…미래의 새로운 성장 동력 된다〉, 조선일보(2014년 11월 25일자)

92 김현우, 〈스마트그리드 확산사업으로 관련 시장 활성화 기대〉, Vol 4 Issue 7 KISTI MARKET REPORT(2014년 8월 4일), 8쪽 참조

93 김학만, 〈소프트뱅크의 아시아 슈퍼그리드〉, 월간 기술과 경영(2013년 9월호), 21쪽 참조

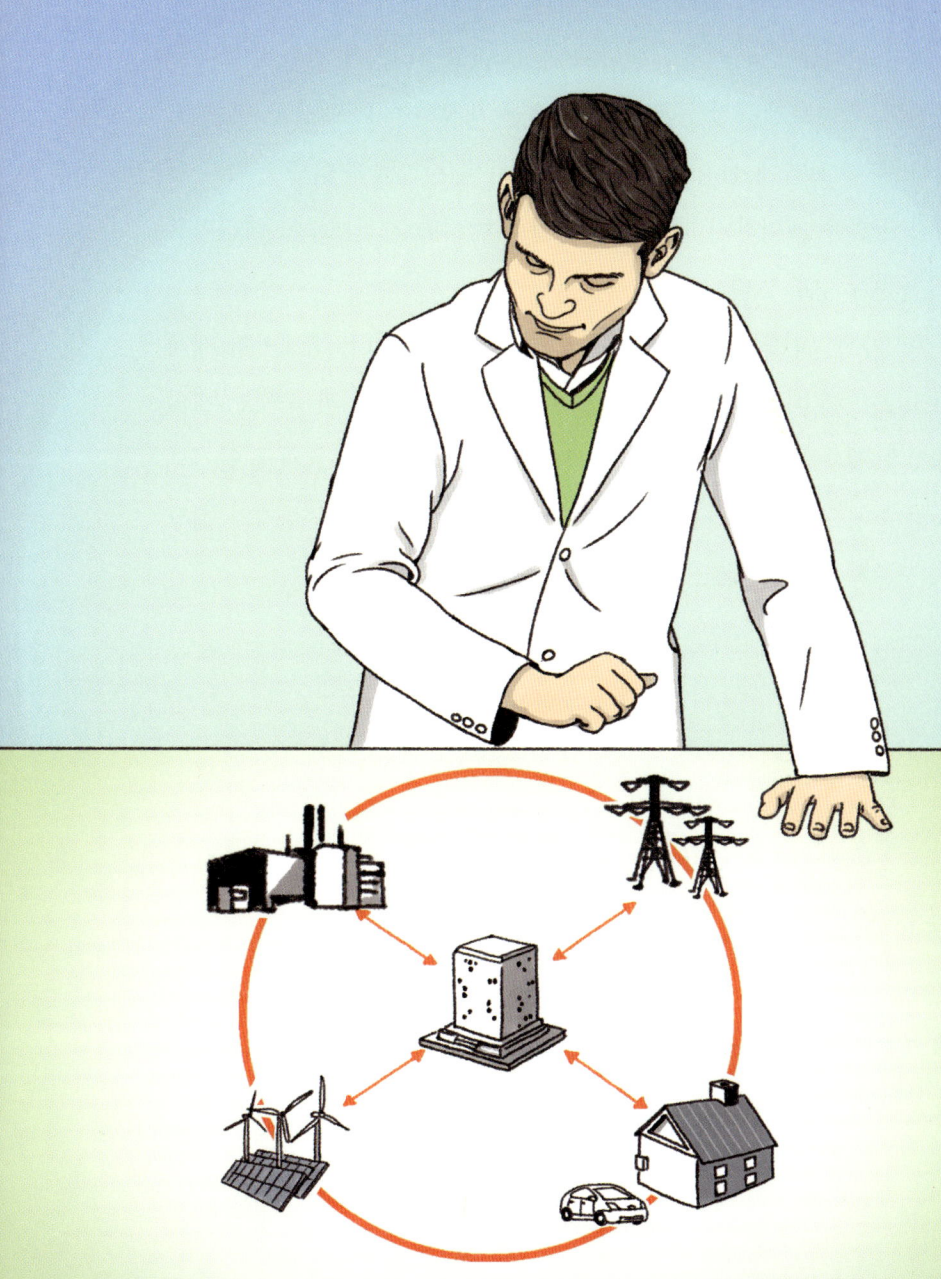

관련된 일자리도 증가할 것으로 보인다.

스마트그리드 전문가는 분산된 지역 전력망을 수시로 확인해 원활한 서비스를 유지한다. 실시간 전력거래를 수행하며 전력의 흐름과 전력 개통 신뢰도를 감시하는 것이다. 스마트그리드의 각종 설비, 통신의 표준화를 연구하기도 한다. 또한 스마트그리드와 관련된 스마트콘센트, 스마트계량기 등과 같은 제품을 개발하는 데 도움을 줄 수도 있다. 특히 보안에 신경을 써야 한다. 컴퓨터 시스템에 의해 전력의 저장과 공급을 제어하기 때문이다. 보안이 뚫리면 가전제품이 테러범으로 돌변할 수도 있다.

스마트그리드는 새로운 경제의 중추가 될 것이다. 경제학자 제레미 리프킨에 따르면, 인터넷이 수천 개의 새로운 사업과 수백만 개의 새로운 일자리를 창출했듯이, 스마트그리드 역시 같은 효과를 안겨줄 전망이다.[94] 이러한 가운데 스마트그리드 전문가에 대한 투자와 시장도 꾸준히 증가할 것으로 보인다.

---

94 제레미 리프킨, 《3차 산업혁명》, 민음사(2012), 80쪽 참조

092

제로에너지 빌딩 전문가

스스로 에너지를 생산하는 빌딩

심각해지는 지구온난화와 기후변화에 대처할 수 있는 방법 중 하나는 '제로에너지 빌딩'의 대중적인 확산과 보급이다. 제로에너지 빌딩이란, 외부 에너지 공급 없이 독자적으로 에너지 자립이 가능한 건축물을 말한다. 에너지 절감과 친환경 추세로 '제로에너지 빌딩 전문가'가 미래 직업으로 주목받을 전망이다.

제로에너지 빌딩은 '패시브Passive 빌딩 기술'과 '액티브Active 빌딩 기술' 그리고 '에너지 관리 시스템'이 결합된 에너지 자립형 건축이다. 패시브 빌딩 기술은 고기밀 창호, 진공 단열재, 고성능 유리 등의 건축 자재를 사용해 건축물의 에너지 부담을 줄이는 기술을 말한다. 액티브 빌딩 기술은 태양광, 지열 등 신재생에너지 발전설비를 통해 에너지를 자체적으로 생산하고 소비하는 기술을 말한다. 에너지 관리 시스템은

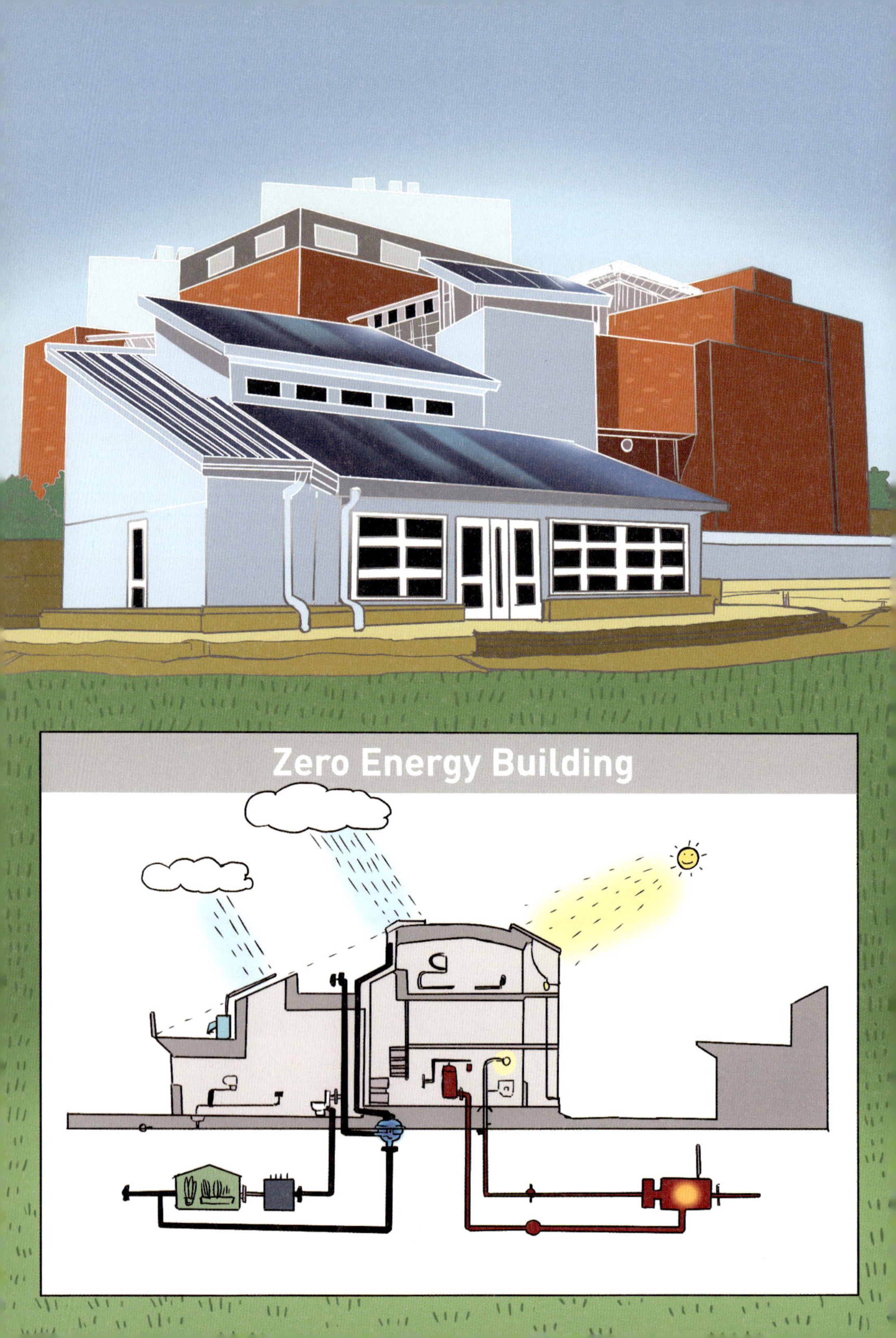

Zero Energy Building

건축물 에너지 사용량을 실시간으로 측정하고 관리하는 컨트롤 타워 역할을 한다.[95] 독일, 영국, 미국 등 선진국들은 보조금을 지급하거나 세금을 감면해주며 제로에너지 빌딩 의무화를 추진하고 있다.[96]

우리나라도 제로에너지 빌딩 의무화를 추진하고 있다. 2014년 3월, 박근혜 대통령은 독일 드레스덴에 위치한 프라운호퍼 IKST연구소를 찾아 연구소 관계자로부터 제로에너지 빌딩에 대한 설명을 들었다. 박 대통령은 기후변화나 에너지 고갈에 영향을 받지 않는 제로에너지 빌딩에 대한 설명을 듣고서 "이것이 바로 창조기술"이라고 강조했다.[97] 독일 순방 뒤, 박 대통령은 국토교통부에 제로에너지 빌딩 조기 활성화 방안을 요구했다.

이에 국토교통부는 2014년 7월, 박 대통령 주재로 열린 제11차 국가과학기술회의에서 '기후변화 대응 제로에너지 빌딩 조기 활성화 방안'을 발표했다. 이 방안에는 용적률, 높이 제한을 완화해 제로에너지 빌딩의 사업성을 높이고 취득세, 재산세 등 세제 감면 혜택을 준다는 내용이 담겨 있다. 정부는 2017년부터 공기업에 제로에너지 빌딩 적용을 의무화하고, 이후 우체국 같은 소규모 행정기관까지 제로에너지 빌딩화를 실시할 계획이다. 2020년부터는 모든 공공건물 신축 시 제로에너지 빌딩을 의무화하고, 2025년부터는 민간건물까지 의무화된다.[98]

95 정석한, 〈에너지 자립도 100%…성큼 다가온 제로에너지하우스 시대〉, 건설경제(2014년 7월 7일자)

96 구소라, 〈난방비 절반, 피부염도 없앤 '건강한 집'〉, 위키트리(2014년 6월 30일자)

97 김태형, 〈'온실가스 감축+건설·부동산 활성화 경기회복' 두 토끼 잡는다〉, 건설경제(2014년 7월 17일자)

제로에너지 빌딩 전문가는 제로에너지 빌딩에 대한 맞춤형 기술을 지원하고 관리한다. 에너지 부담을 줄이는 패시브 설계를 통해 에너지 요구량을 최소화한다. 자체적으로 에너지를 생산하는 액티브 설계를 통해 건축물에 필요한 에너지를 자급자족할 수 있도록 한다. 제로에너지 빌딩의 구현을 위해 건물에너지 보존 기법, 신재생에너지의 효율적인 이용 기술 등의 전문기술을 갖춰야 한다. 제로에너지 빌딩 전문가는 기존 건축물의 효율적인 에너지 관리도 가능하게 하여 '그린 홈' 시대를 이끌어나갈 것이다.

제로에너지 빌딩은 우리나라가 궁극적으로 추구해야 할 가치가 있는 미래의 건축물이다. 연간 건축물에서 소비되는 에너지가 연간 총에너지 소비량의 40퍼센트에 달하기 때문이다.[99] 하지만 건설업계에 따르면, 제로에너지 빌딩 대중화는 앞으로 10년 정도 더 내다봐야 한다.[100] 앞으로 제로에너지 빌딩 전문가는 전문기술을 갖춰 제로에너지 빌딩의 대중화를 앞당길 것이다.

---

98 이종현, 〈제로에너지빌딩 2025년부터 모든 건물에 의무화〉, 조선비즈(2014년 9월 4일자)

99 정석한, 〈에너지 자립도 100%…성큼 다가온 제로에너지하우스 시대〉, 건설경제(2014년 7월 7일자)

100 정석한, 〈에너지 자립도 100%…성큼 다가온 제로에너지하우스 시대〉, 건설경제(2014년 7월 7일자)

093

데이터센터 냉각 엔지니어

뜨거워진 데이터센터를 식힌다

전 세계 데이터센터가 뜨거워지고 있다. 모바일 기기와 인터넷 사용자의 증가로 전 세계 수많은 정보를 처리하고 있기 때문이다. 데이터센터에서 방출하는 열기를 식히기 위해서는 대용량 냉각 솔루션이 필요하다. 냉각 솔루션은 데이터센터를 효율적인 온도로 유지시키기 위한 장비 또는 시스템이다.

데이터센터는 각종 데이터를 모아두는 시설로, 적게는 수백 대에서 많게는 수만 대의 서버를 동시에 운영한다. 현재 데이터센터는 전 세계 에너지의 1.5~2퍼센트 정도로 어마어마한 전력량을 소모하고 있다. 그래서 데이터센터를 '전기 먹는 하마'라고 한다. 데이터센터의 에너지 소비를 살펴보면, 전체 에너지 소비 중 50퍼센트가 냉각 장비에 의해 쓰이고 있다.[101] 또한 원활한 냉각이 이루어지지 않아 서버실 문을 열어놓는 경우도 있다.[102] 이런 경우 데이터센터의 보안은 허술해질 수밖에 없다. 에너지 절감과 보안을 위해서 효율적인 냉각 솔루션을 개발하는 '데이터센터 냉각 엔지니어'가 필요하다.

데이터센터 냉각 엔지니어는 다양한 냉각 솔루션으로 데이터센터를 식히고 있다. 데이터센터 공간을 임대해주는 네덜란드 코로케이션 업체 '인터시온Interxion'은 스웨덴 스톡홀름에 있는 데이터센터를 냉각하기 위해 발트해의 물을 퍼 올려 사용한다. 덕분에 매년 에너지 시스템 비용에서 약 100만 달러를 절감하고 있다.[103]

2012년, 페이스북의 두 번째 자체 시설로 문을 연 '포레스트시티 데이터센터'는 증발식 냉각 시스템을 이용한다. 외부에서 유입되는 공기를 차갑게 식혀 물이 증발하며 온도를 낮추는 원리다. 이 방식은 매우 높은 에너지 효율성을 보이며, 외부 공기를 사용하기 위한 물 사용량도 줄였다. 100퍼센트 외부 공기만 사용하기 때문에 냉각 비용이 대폭 절감된다. 서버의 열기를 모아 겨울 동안 사무공간의 난방에도 사용한다.[104]

데이터센터 냉각 엔지니어는 환경에 맞는 다양한 냉각 솔루션을 개발한다. 그리고 냉각 솔루션을 통해 온도, 습도, 공기 흐름 등을 모

101 홍동숙, 〈데이터센터 냉각 솔루션〉, Vol. 3 Issue 11 KISTI MARKET REPORT(2013년 12월 5일), 3쪽 참조

102 손경호, 〈IoT 보안, 앞단 기기 - 뒷단 인프라 통합 관리해야〉, 지디넷코리아(2014년 9월 23일자)

103 James Niccolai, 〈스웨덴 데이터센터, 냉각 해수로 1년에 1백만 달러 절감〉, CIO Korea(2013년 5월 22일자)

104 김우용, 〈13억 페북 데이터센터 어떻게 생겼나〉, 지디넷코리아(2014년 9월 2일자)

니터링하고 관리할 것이다. 앞으로 데이터센터는 수많은 정보 처리로 인해 서버의 전력 밀도가 높아져 더욱 뜨거워질 것이다.[105] 데이터센터 냉각 엔지니어들의 획기적인 냉각 솔루션과 효율적인 관리가 그 어느 때보다 필요한 것이다.

모든 것이 인터넷으로 연결되는 세상에는 데이터가 생명줄이다. 구글, 아마존, 이베이, IBM 등 글로벌 기업들은 세계 각지에 데이터센터를 세우고 이를 통해 클라우드 서비스 등을 제공한다. 향후 데이터센터 수요는 점점 더 늘어날 전망이다.[106] 데이터센터의 효율적인 에너지 운영에 앞장서는 데이터센터 냉각 엔지니어의 역할도 중요해질 것이다.

---

105 홍동숙, 〈데이터센터 냉각 솔루션〉, Vol. 3 Issue 11 KISTI MARKET REPORT(2013년 12월 5일), 3~6쪽 참조

106 매일경제 IoT 혁명 프로젝트팀, 《사물인터넷》, 매일경제신문사(2014), 283쪽 참조

되살아난 매머드

세계미래학회(WFS)의 〈더 퓨처리스트〉 매거진에서는 '전망(Outlook)'이라는 이름으로 해마다 미래 예측 톱 10을 발표한다. 2013년에 발표된 '전망 2014'에는 멸종한 종을 부활시키는 것이 선정됐다. 왜 멸종 복원이 톱 10에 선정됐을까? 종의 복원은 인류의 희망과도 같기 때문이다. UC버클리대학 생물학자인 앤서니 바노스키Anthony D. Barnosky는 "종의 소멸이 지금과 같은 속도로 진행될 경우 우리는 수백 년 안에 대규모 멸종을 맞게 될 것"이라고 말한다.[107] 그렇기 때문에 우리에게는 무엇보다 '멸종 복원가'가 필요하다.

멸종 복원가는 먼 미래의 이야기가 아니다. 2003년, 미국 샌디에

---

[107] Patrick Tucker, 〈The Future Is Not a Destination〉, FUTURE TENSE(2013년 10월 2일자)

이고 동물원 관계자들은 생물공학자 로버트 란자Robert Lanza에게 불가능해 보이는 일을 부탁했다. 25년 전에 죽은, 멸종된 야생 소 '바텡Bateng'을 복제해달라는 것이었다. 란자는 죽은 바텡의 몸에서 사용 가능한 세포를 추출하여 필요한 처리를 했다. 그 후 유타 주에 있는 한 농장으로 그것을 보냈고, 그곳에서 세포를 수정시켜 암소의 몸 안에 주입했다. 그로부터 10개월 후 멸종했던 바텡이 탄생했다.[108]

멸종 동물의 부활을 꿈꾸는 사람은 란자만이 아니다. 우리나라의 수암생명공학 연구원과 러시아 북동연방대학 연구진으로 구성된 매머드 복제 프로젝트팀은 시베리아 영구동토층에서 보존이 잘된 매머드 사체를 발견해 최상급의 매머드 샘플을 입수했다. 연구팀은 매머드 샘플을 우리나라로 가져와 세포핵을 추출하는 데 세계 최초로 성공했다. 앞으로 연구팀은 매머드의 세포핵을 코끼리 난자에 이식하고, 이것을 대리모 코끼리에 착상시켜 새끼 매머드를 얻는 체세포 복제 방식을 취할 예정이다.[109] 1만 년 전에 멸종된 매머드의 부활이 머지않았다.

호주 뉴사우스웨일스대학의 마이크 아처Mike Archer 교수는 TEDx 멸종 복원 포럼에서 '위부화개구리의 복원 프로젝트'를 소개했다. 1973년, 호주 퀸즐랜드 열대우림 지역에서 발견된 위부화개구리는 위에서 알을 부화시킨 후 올챙이를 토하는 특이한 종이었다. 하지만 이 개구리는 환경오염으로 빠르게 개체 수가 줄어들었고, 1980년대 중반 이후 자취를 감췄다. 아처 교수 등 연구진은 "위부화개구리 표본에서

---

108 미치오 카쿠,《미래의 물리학》, 김영사(2012), 197~198쪽 참조
109 이해석,〈멸종된 매머드, 다시 살아날 수 있을까?〉, 동아사이언스(2013년 5월 10일자)

DNA를 채취, 아종亞種 개구리가 낳은 알에 주입하는 시도를 하고 있다"며, "복원이 머지않았다"고 밝혔다.[110] 이 밖에도 전 세계 생물학자들은 태즈메이니아 호랑이, 주머니곰, 도도새 등 멸종된 종을 복원하기 위한 연구를 진행하고 있다.

멸종 동물을 복제하려면 실험실에 앉아만 있으면 안 된다. 멸종 복원가는 현장에 투입되어 땅속에 파묻혀 있는 멸종 동물의 샘플을 채취한다. 채취한 멸종 동물 샘플을 실험실로 가져와 세포핵을 추출하고 대리모 난자와 세포를 융합하는 작업을 수행한다. 복제의 효율을 높여 복제시간을 단축시키는 것도 멸종 복원가의 중요한 업무 중 하나다. 멸종 복원가는 멸종 동물의 표본을 채취하는 것부터 복제하는 것까지 멸종 동물을 복원하기 위한 전 과정에서 핵심 역할을 수행할 것이다.

지구상의 동물 8,200종 가운데 6분의 1이 멸종위기에 처해 있다.[111] 종의 다양성이 확보되지 못하면 인류의 생존은 장담할 수 없다. 멸종 복원가의 역할이 중요한 이유다. 하지만 멸종 복원의 길은 험난하다. 체세포 복제는 쉬운 과정이 아니고 실패할 확률도 높다. 이러한 어려움 속에서도 멸종 복원가는 종의 풍부성을 확보하기 위해 노력함으로써 미래 세대의 생존을 위한 생태계 복원에 힘쓸 것이다.

---

110 박우진, 〈[World View] 난 나그네비둘기! 난 매머드!…생물학자들 '멸종동물 복원'에 꽂히다〉, 한국일보(2013년 4월 26일자)
111 김유나, 〈온실가스 지금처럼 배출한다면…2020년엔 동물種 16% 멸종 '대재앙'〉, 국민일보(2014년 10월 6일자)

환경정화 식물 개발자

식물로 환경을 치료하는 시대

식물로 환경을 치료하는 시대가 온다. 환경정화 기술(Phytoremediation)의 등장으로 식물을 이용해 오염된 토양을 정화할 수 있다. 환경정화 기술은 토양의 유해물질을 흡수하고 분해하는 식물을 이용해 토양을 정화, 복원하는 기술을 말한다.[112] 다양한 환경정화 식물을 발견하고 개발해 미래의 환경을 책임질 '환경정화 식물 개발자'가 미래 직업으로 주목받을 전망이다.

2013년, 국립산림과학원과 포스텍, 화이젠은 공동으로 개발한 '신품종 포플러'의 연구 성과를 발표했다. 신품종 포플러는 토양의 중금속 독성을 제거하는 식물이다. 국립산림과학원은 2007년부터 신품종

---

112 KISTI 미리안 미래기술 지식베이스, 〈오염물질 내성 수목 개발기술〉

포플러를 경북 봉화에 위치한 금오광산에 식재한 후 6년 동안 모니터 링해왔다. 그 결과 기존 포플러에 비해 중금속 흡수 능력이 25퍼센트 정도 높았다. 토양정화에 이용할 경우 약 850억 원의 정화비용 절감 효과를 가져올 수 있다.[113]

2014년, 필리핀국립대학 에드위노 페르난도 교수와 그의 연구진 은 '리노레아 닉코리페라Rinorea niccolifera'라고 명명된 식물의 효능에 대 해 발표했다. 이 식물은 독성이 있는 중금속을 1만 8,000피피엠ppm이 나 축적할 수 있다. 이는 중금속을 흡수하는 다른 수많은 식물보다 약 1,000배나 높은 수치다.[114]

또한 환경정화 식물은 공기 정화도 가능하다. 포름알데히드라는 화학물질은 아토피를 일으키고 실내 공기를 오염시키는 주범이다. 농 촌진흥청은 유전자를 조작해 포름알데히드를 없애는 꽃, '페튜니아'를 만들었다.[115]

환경정화 식물 개발자는 자연계에서 환경정화 식물을 찾거나 유 전공학 기술을 이용해 고성능의 환경정화 식물을 개발한다. 정화 능력 이 뛰어난 식물에 대한 지속적 연구를 통해 환경정화 기술을 개발하기 도 한다. 앞으로 환경정화 식물 개발자는 발달하는 환경정화 기술을 이용해 방사능물질을 흡수하는 식물, 납과 우라늄 같은 중금속을 흡수

---

113 knews815, 〈포플러로 오염 폐광지 정화한다〉, 아주경제(2013년 7월 16일자)

114 윤태희, 〈땅에서 '중금속 흡수'하는 신종 식물 발견〉, 서울신문사 나우뉴스(2014년 5월 16 일자)

115 농촌진흥청, 〈공기 정화능력 높은 유전자, '페튜니아'에서 확인〉, 정책브리핑(2013년 1월 18일)

Phytoremediation

하는 식물, 공기와 물을 정화하는 식물 등 다양한 환경정화 식물을 선보일 것이다.

환경정화 식물은 심각한 환경오염의 시대의 현명한 대안이 될 것으로 보인다. 화학적 폐수 처리와는 달리 2차 오염이 없는 친환경적인 정화체계이기 때문이다.[116] 땅속의 중금속을 제거할 뿐만 아니라 농축한 중금속을 추출해 재이용할 수도 있다.[117] 환경정화 식물 개발자는 유독물질을 효율적으로 흡수하고 독성에 잘 견디는 환경정화 식물을 적극적으로 개발해 깨끗한 환경을 만드는 데 앞장설 것이다. 미래 세대는 환경정화 식물 개발자 덕분에 건강하고 쾌적한 환경에서 삶을 영위해나갈 수 있을 것으로 기대된다.

---

116 KISTI 미리안 미래기술 지식베이스, 〈오염물질 내성 수목 개발기술〉
117 KISTI 미리안 미래기술 지식베이스, 〈오염물질 내성 수목 개발기술〉

096

온실가스처리 전문가

온실가스 감축을 위한 노력

온실가스는 지구 전체의 기후체계와 자연생태계에 악영향을 미친다. 기후변화의 아버지로 불리는 제임스 핸슨James Hansen에 따르면, 온실가스 배출량을 획기적으로 감축하지 않으면 지구의 미래는 없을 것이다.[118] 하지만 화석 연료 의존도가 높은 우리나라에서 온실가스 감축은 큰 도전이다. 온실가스 감축을 위한 기술을 개발하고 해결책을 제시할 '온실가스처리 전문가'가 그 어느 때보다 필요한 이유다.

온실가스 문제에 대응하기 위한 연구와 개발은 활발하게 진행되고 있다. 국내의 온실가스 설비업체 에코프로에서는 반도체 공정 및 LCD 제조공정에서 배출되는 온실가스를 효과적으로 분해할 수 있는

---

118 김종춘,《거대한 기회》, 스타리치북스(2014), 261쪽 참조

기술을 개발했다. 이 신기술을 적용했을 때, 기존의 기술을 사용하는 것에 비해 약 90퍼센트 이상의 에너지 절감 효과를 볼 수 있다.[119]

대기 중에 배출된 온실가스를 줄이는 것도 중요하다. 미국 컬럼비아대학교의 지구물리학자 클라우스 래크너Klaus Lackner 교수는 이산화탄소를 포집하도록 설계한 인공나무를 만들었다. 이 인공나무는 진짜 나무처럼 산소를 내뿜지 않는다. 대신 인공나무 한 그루당 연간 9만 톤의 이산화탄소를 흡수한다. 이는 자동차 1만여 대의 연간 CO_2 배출량에 해당하는 규모다.[120] 한국중부발전은 이산화탄소를 포집하고 저장하는 'CCS Carbon Capture and Storage 기술'을 개발했다. 한국중부발전은 보령화력에 연간 7만 톤의 온실가스를 포집할 수 있는 습식 이산화탄소 포집설비를 설치했으며, 이 설비를 통해 1,000시간 장기 연속운전에 성공했다. 이는 세계적으로도 뒤지지 않을 성능과 효율이다.[121]

온실가스를 줄이기 위한 노력은 정부 차원에서도 이루어지고 있다. 미래창조과학부는 CCS 기술 개발에 2019년까지 총 1,727억 원을 투입하고, 산업통상자원부는 CCS 기술 상용화를 위해 2015년까지 935억 원을 배정했다. 해양수산부는 이산화탄소 해양처리기술 개발 사업을 위해 900억 원을, 환경부는 이산화탄소 저장 환경관리기술 개발 사업에 413억 원을 투자했다.[122]

---

119 심성미, 〈이동채 에코프로 대표, 온실가스를 효과적으로 분해〉, 한국경제(2014년 9월 25일자)

120 Michael Grimm, 〈Carbon capture : Artificial trees suck CO2 from air〉, Allianz Knowledge (2011년 8월 4일자)

121 박형구, 〈저탄소 에너지 기술이 기후변화 해법〉, 한국일보(2014년 9월 17일자)

122 정종오, 〈온실가스 감축… 기술개발 4000억, 배출거래제 시행〉, 아시아경제(2014년 1월 28일자)

온실가스처리 전문가는 효율적인 온실가스 저감장치를 개발하고 이산화탄소의 포집 기술과 관련 플랜트 설비 및 흡수제를 이용한 이산화탄소 포집 장비를 연구한다. 뿐만 아니라 온실가스 감축이라는 정부 및 상위기관의 규제에 대응하는 체계를 구축한다. 그린경영 전략 강화, 온실가스 저감활동[123] 등의 기업별 맞춤 온실가스처리 컨설팅을 하며, 온실가스를 줄이기 위한 대응 방안을 수립하는 데도 박차를 가할 것이다.

2014년, 유엔 정부간기후변화위원회(IPCC)는 지구온난화 문제를 해결하기 위해 2100년까지 탄소 배출량을 제로 수준으로 줄이겠다고 발표했다.[124] 유럽은 물론 미국과 중국도 이미 온실가스 감축에 적극적으로 나서고 있다. 이러한 흐름에 따라 온실가스처리 전문가에 대한 투자와 시장은 꾸준히 증가할 것으로 보인다.

---

123 〈한주우 LG전자 부사장, 창원공장 '그린 비전' 주도…온실가스 감축에 힘쏟아〉, 한국경제
   (2014년 10월 21일자)
124 윤승민, 〈온실가스 배출, 금세기 내 '0'로〉, 경향신문(2014년 11월 2일자)

이제는 우주도 청소할 시간

2014년 9월, 대전 KAIST 인공위성연구센터에는 비상이 걸렸다. 구 소련의 기상위성 잔해가 과학기술위성 3호 궤도에 접근했기 때문이다. 국민 세금 278억 원을 허공에 날리기 직전이었다. 다행히 소련의 기상위성 잔해는 과학기술위성 3호를 피해갔고, 인공위성연구센터 연구진은 안도의 한숨을 내쉬었다.[125]

수백만 개의 우주쓰레기가 우주 시대를 준비하고 있는 인류의 발목을 잡고 있다. 우주쓰레기는 수명을 다하거나 고장 난 인공위성, 우주 시설의 잔해나 부품 등을 말한다. 이러한 잔해들은 지구 주변을 떠돌며 우리를 위협하고 있다. 우주쓰레기는 2013년 기준으로 총중량이

---

125 김한별, 〈인공위성 위협하는 우주쓰레기〉, 중앙일보(2014년 9월 20일자)

약 6,000톤에 달한다.[126] 1957년에 발사된 최초의 인공위성 '스푸트니크Sputnik' 이후부터 쌓인 양이다.

문제는 우주쓰레기가 서로 충돌하면서 더 많은 파편들을 만들어낸다는 것이다. 시속 3만 5,400킬로미터 속도로 지구 궤도를 도는 파편들은 2~3센티미터 크기만으로도 인공위성, 우주정거장, 허블 우주망원경을 파괴할 수 있다. 우주 진출을 방해하는 것뿐만이 아니다. 중력이 우주쓰레기를 지상으로 끌어당겨 우리를 직접적으로 위협할 수 있다. 우주 전문가들에 따르면, 일주일에 한 번꼴로 우주쓰레기가 지구로 떨어지고 있다.[127] 대기권에서 불타버리면 다행이지만 이 같은 우주쓰레기는 어디로 떨어질지 예측할 수도, 일일이 막을 수도 없다.[128] 이에 다양한 우주쓰레기 대응 및 처리 기술을 연구하고 활용해 우주쓰레기로부터 인류를 보호하는 '우주 청소부'가 미래 직업으로 부상할 전망이다.

전 세계적으로 다양한 우주쓰레기 처리 및 대응 기술들이 연구되고 있다. 미국항공우주국(NASA)은 2011년부터 우주쓰레기 제거 기술 연구를 진행하고 있다. 유럽우주국(ESA)은 2018년까지 '청소위성'을 띄우겠다고 발표했다.[129] 호주국립대학(ANU) 연구팀은 적외선 레이저를 발사해 우주쓰레기를 제거하는 방법을 찾고 있다.

미 국방부는 2020년까지 총 60억 달러를 들여서 길이 3센티미터

---

126 Dave Gilbert, 〈Space harpoon plan to nail orbital garbage〉, CNN(2013년 4월 21일자)
127 류준영, 〈마른 하늘에 '위성파편' 맞는다〉, 머니투데이(2013년 10월 12일자)
128 권건호, 〈[사이언스 인 미디어] 그래비티 속 우주 쓰레기, 지구에도 위협〉, 전자신문(2014년 4월 27일자)
129 전동혁, 〈넘쳐나는 '우주 쓰레기' 연쇄충돌 위험…청소 위성 띄운다〉, MBC 뉴스(2013년 10월 19일자)

의 우주쓰레기까지 정밀하게 추적하는 '지상 정밀 레이더'를 개발할 계획이다.[130] 쓰레기 처리뿐만 아니라 재활용에도 주목하고 있다. 미국 방위고등연구계획국(DARPA)은 수명을 다한 인공위성에서 쓸모 있는 부품을 거둬 새로 만드는 인공위성에 재활용하는 '피닉스 프로젝트'를 준비하고 있다.[131]

우주쓰레기는 향후 인류가 활용해야 할 우주공간의 활용도를 떨어뜨린다. 대기권을 뚫고 내려온 우주쓰레기는 우리를 직접적으로 위협하기도 한다. 우주의 무법자, 우주쓰레기를 치우는 것은 선택이 아니라 필수다. 하지만 현재의 기술적인 한계로 인해 우주쓰레기를 치우는 데 들어가는 비용은 인공위성을 만드는 것만큼이나 비싸다. 우주 청소부는 저비용 고효율의 우주쓰레기 처리 기술, 청소 로봇 등을 개발할 것이다. 장기적으로는 우주쓰레기가 발생하지 않고 자연 소멸하는 기술을 개발하는 데 초점을 맞춰야 한다. 우주 청소부가 개발한 혁신적인 기술과 로봇은 우주 문명 개척에도 큰 도움을 줄 것이다.

세계 각지의 기업들이 우주관광 프로젝트 개발, 우주자원 활용 등 적극적으로 우주 시대를 준비하고 있다. 하지만 우주쓰레기 문제의 해결이 선행되지 않고서는 우주 문명을 개척할 수 없다. 우주 청소부는 이에 대한 해결책을 제시함으로써 멀게만 느껴졌던 우주 시대를 앞당기는 주역이 될 것이다.

---

130 이재준, 〈영화 '그래비티' 현실화되자…美, 6조원 들여 우주 쓰레기 감시키로〉, 조선일보 (2014년 5월 20일자)
131 김한별, 〈인공위성 위협하는 우주쓰레기〉, 중앙일보(2014년 9월 20일자)

098

기후정보 전문가

기후변화는 위협이 아닌 새로운 기회

국가도, 기업도, 개인도 이제는 기후정보를 고려해야 한다. 국제신용평가기관 S&P는 국가신용등급을 평가할 때 기후변화를 고려하기로 했다. 기업에서 유가, 환율, 금리만큼 중요한 경영 변수 중 하나는 기후변화다. 개인은 기후변화가 초래하는 예상치 못한 상황과 해결책을 생각해야 한다. 앞으로 기후 모니터링을 통해 국가, 기업, 개인의 특성에 따라 기후 전략을 구상할 '기후정보 전문가'가 미래 직업으로 부상할 전망이다.

기업에게 기후정보는 돈이다. 기후에 따라 소비자들이 선호하는 상품이 크게 달라지기 때문이다. 이러한 가운데 기후정보를 활용해 돈을 버는 기업들이 늘고 있다. 일본에서는 민간기상 사업자가 기후를 이용한 단독 비즈니스, 상호정보교환 사이트, 포인트 예보 등을 판매

하며 많은 수익을 올리고 있다.[132]

국내 기후정보업체 '케이웨더Kweather'는 다양한 업체에게 맞춤형 기후 컨설팅을 하고 있다. 2012년, 케이웨더와 파리바게뜨는 지난 5년 동안 전국 169개 지점의 기상 관측 자료와 10억 건의 매장별 상품 판매량을 분석해 '날씨 판매지수'를 만들었다. 파리바게뜨는 이 지수를 기반으로 판매량을 예측하고 주문량을 조절한다.[133] 세븐일레븐은 케이웨더로부터 기온, 강수확률 및 습도 등의 기후정보를 제공받아 재고는 얼마나 확보할지, 상품은 어떻게 진열할지 등을 결정한다.[134] 기후 컨설팅을 받은 기업들은 재고 부담을 크게 줄이고 매출 증대를 꾀할 수 있었다.

대부분의 영화사나 연예기획사들은 기후정보업체로부터 기후예보 서비스를 받아 기후로 인한 피해에 대비하고 있다. 영국 기후정보업체 '노블 덴튼 웨더 서비스Noble Denton Weather Services'는 150개가 넘는 야외 촬영업체를 고객으로 확보해 수익을 올리고 있다. 촬영업체가 원하는 5일간의 날씨정보를 지역별, 시간별, 특성별로 세분화해 제공한다.[135]

의류업체는 기후에 가장 민감하게 대응해야 한다. 2001년, 일본 의류회사 유니클로는 가을과 겨울 사이 간절기가 유난히 길어질 것이라

132 김동식, 《날씨 읽어주는 CEO》, 프리스마 (2013), 102쪽 참조
133 최홍렬, 〈찬바람 분다고?…진열대서 사탕 내리고 초콜릿 올려라〉, 조선일보(2014년 10월 18일자)
134 김동식, 《날씨 읽어주는 CEO》, 프리스마 (2013), 126~128쪽 참조
135 반기성, 《워렌 버핏이 날씨시장으로 간 까닭은?》, 플래닛미디어(2011), 270쪽 참조

는 장기 예보를 활용해 폴라폴리스 재킷을 대량 생산했다. 영국의 패션 기업 막스&스펜서는 기후예측에 대한 판단을 잘못해 겨울 의류가 대량 재고로 쌓인 책임을 물어 최고경영자를 주주총회에서 해고했다.[136]

기후정보는 국가, 기업, 개인의 의사결정에 있어서 필수 고려사항이 되고 있다. 이는 기후정보 전문가가 필요한 이유다. 기후정보 전문가는 사회 각 영역의 개별 고객의 요구와 특성에 부합하도록 가공한 기후정보와 전략 등을 기후정보 고객에게 제공한다. 이를 통해 기후정보 고객들이 기상, 기후로부터 발생되는 리스크를 최소화하고 이익을 창출하게 도와줄 것이다.

기후정보는 돈이고 경쟁력이다. 기후정보가 제품과 서비스를 만들고 수요를 결정하는 중요한 전략적 정보가 되고 있기 때문이다. 산업에 기후를 활용하려는 분야는 농업, 보건, 교육, 에너지 등 점점 늘어나고 있다. 세계기상기구(WMO)에 따르면, 세계적인 기후 급변 현상으로 기후 관련 산업에 투자한 돈은 반드시 10배 이상의 이익을 가져올 것이다. 이러한 시대에 다양한 맞춤별 기후정보와 컨설팅을 제공하는 기후정보 전문가의 역할은 더욱 중요해질 전망이다.

---

136 최흥렬, 〈찬바람 분다고?…진열대서 사탕 내리고 초콜릿 올려라〉, 조선일보(2014년 10월 18일자)

099

생체모방 로봇 개발자

자연을 모방해 미래를 만든다

생체모방 기술은 미래의 산업 지도를 바꿀 새로운 패러다임이다. 다양한 분야에서 자연이 가진 최적화된 생존력을 모방해 혁신을 모색하고 있다. 특히 로봇산업에서 생체모방 기술의 가능성에 주목한다. 로봇에 동물, 식물, 곤충 등 다양한 자연의 특성을 적용하면 자연스러운 움직임을 구현할 수 있기 때문이다. 앞으로 생체모방 기술을 통해 의료, 복지, 우주 등 다양한 용도의 로봇을 만드는 '생체모방 로봇 개발자'가 미래 직업으로 떠오를 전망이다.

자연은 수백만 년에 걸쳐 생존 원리를 발달시켜왔다. 이러한 생존 원리를 로봇에 적용하는 연구가 활발하다. 미국의 로봇업체 '보스턴 다이내믹스Boston Dynamics'는 인간 탄환이라 불리는 육상선수 우사인 볼트보다 빠른 '치타로봇Cheetah Robot'을 개발하기도 했다. 치타의 뼈

와 구조를 모방한 치타로봇은 시속 29마일(47킬로미터)로 달릴 수 있고, 높이 33센티미터의 장애물을 뛰어넘으면서도 안정적인 착지를 선보인다.[137]

하버드대학에서는 파리를 모방해 '파리로봇'을 발명했다. 파리로봇은 화학물질 탐지 센서를 장착해 환경을 감시하는 용도로 사용될 수 있다.[138] 미국 중앙정보국(CIA)은 잠자리 등 곤충형 로봇의 몸통에 도청기를 달아 경쟁 상대방의 정보를 도청할 수 있는 첩보전도 벌인다고 한다.[139] 미국 해군은 바닷가재나 게처럼 물속에서 잘 달리는 수중 로봇을 개발해 해저 탐사나 기뢰 탐지에 활용할 계획이다.[140] 흰개미 떼의 습성을 모방한 '흰개미 로봇'도 개발돼 당장 모래주머니 쌓기나 장차 화성 기지 건설에 활용될 전망이다.[141]

기존의 로봇 연구는 기계, 전기, 전자 등 공학에 대한 연구만을 중심으로 이루어져왔다. 생체모방 로봇은 공학뿐만 아니라 생물학과의 연결과 융합도 시도한다. 생체모방 로봇 개발자는 생물의 형태와 움직임을 관찰하고, 그 속에 숨어 있는 생존 원리를 파악해 로봇을 설계한다. 2014년, 한국과학기술정보연구원(KISTI)은 향후 10년간 사회, 경제적으로 파급 효과가 크고, 트렌드를 이끌어나갈 미래 유망 기술로 생

---

137 심재훈, 〈볼트보다 빠른 치타 로봇…장애물도 '훌쩍'〉, YTN(2014년 9월 21일자)

138 이영완, 〈[사이언스] 사람 접근 힘든 災難현장에 '로봇 파리' 특공대〉, 조선일보(2014년 6월 16일자)

139 유영민·차원용, 《상상, 현실이 되다》, 프롬북스(2014), 246쪽 참조

140 이인식, 《자연은 위대한 스승이다》, 김영사(2012), 110쪽 참조

141 김종춘, 《거대한 기회》, 스타리치북스(2014), 161쪽 참조

체모방 로봇을 선정했다.[142] 생체모방 로봇 개발자 또한 미래 노동 시장에서 유망 직업으로 각광받을 것이다.

지구상에는 수백만 종의 생물체가 있다. 이들 생물체는 각각의 생명 유지에 최적화된 수백만 가지 해법을 발달시켜왔다. 생체모방 로봇 개발자는 이러한 자연의 지혜에 주목해야 한다. 생체모방 로봇 개발자는 살아 있는 생물들로부터 배울 수 있는 것을 연구해 자연의 우수한 능력을 로봇에 응용시킴으로써 새로운 로봇 분야를 개척해 나갈 것이다. 앞으로 사람들에게 편리하고 안전한 생활을 가져다줄 로봇의 진화는 생체모방 로봇 개발자에 의해 계속될 전망이다.

---

142 류준영, 〈향후 10년간 이 기술 뜬다… '생체모방로봇', '학습분석기술'〉, 머니투데이(2014년 11월 11일자)

무분별한 기후조작은 범죄다

갈수록 예측할 수 없는 이상기후가 나타나면서 그 피해가 커지고 있다. 중국은 세계적으로 기상재해가 가장 많이 발생하는 나라다. 중국 정부는 10여 년 전부터 각 지역의 기상재해를 예방하고 대처하기 위해 적극적으로 기상조절 작업을 실시해왔다. 우박으로 인한 농업 피해를 감소시키기 위해 우박억제 로켓을 발사했고, 생태환경 개선과 산불 진압을 위해 인공강우 작업을 실시했다.

하지만 인공적인 기상조절에는 부작용이 따른다. 중국 정부는 베이징올림픽 개막식 당시 맑고 화창한 대기를 위해 인공강우를 실시했다. 하지만 베이징의 인공강우를 위해 산시성, 허베이성 등 인근 지역은 구름을 모두 빼앗겨 가뭄이 심화됐다. 이런 이유로 '구름 소유권 분쟁'이 일어나기도 했다. 인공적인 강수량 조절에 실패해 쏟아진 폭우로 200여 편의 항공기가 연·발착되고 도심 교통이 마비된 적도 있었고, 가뭄 해소를 위한 인공 증설이 폭설로 둔갑해 수많은 사상자가 발생하기도 했다.[143]

부작용뿐만이 아니다. 기상조절을 군사무기로 이용해 의도적인 피해를 유발할 수도 있다. 기상을 인위적으로 조작해 군사무기로 사용하고자 하는 시도는 이미 미국과 러시아를 비롯해 중국, 호주, 그리스, 남아프리카공화국 등 전 세계 40여 개국이 주목하고 있는 미래 무기다. 이들 나라는 이미 기상조절 기술을 보유하고 있다.[144]

문제는 앞으로 기술이 발전하면 기상조절이 인류 전체를 위협하는 군사무기가 될 수 있다는 것이다. 물론 인공적인 기상변화를 발생시켜 적에게 위협과 타격을 가할 수 있는 환경무기에 대해 심각하게 논의할 단계는 아직 아니다. 하지만 언젠가 핵전쟁을 능가하는 위협이 될 수 있는 미래의 기상전쟁에 대한 인식과 준비가 필요하다.[145]

기상조절이 가능한 시대에는 범국가적인 입법, 통제, 조절이 필수다. 기상예측이 아무리 정교해진다고 해도 자연은 유기적으로 연결돼 있어 지구 반대편에 어떤 영향을 미치게 될지 모르기 때문이다. 알면서 함구할 가능성 또한 배제할 수 없다. 이기적인 생각으로 국가나 기업이 자신들의 영리를 위해 기후를 조작하고 타 지역에 미치는 악영향은 비밀에 부칠 수 있기 때문이다.

---

143 정다운, 〈세계는 지금 '인공강우 등 기상조절 중'〉, 온케이웨더(2012년 3월 5일자)
144 안재덕, 〈미래 환경무기가 핵전쟁 위협 능가할 수 있다〉, 뉴스한국(2009년 9월 2일자)
145 안재덕, 〈미래 환경무기가 핵전쟁 위협 능가할 수 있다〉, 뉴스한국(2009년 9월 2일자)

이러한 가운데 미래에 등장할 직업이 '기상조절 경찰관'이다. 이들은 기업 혹은 국가가 시행하려는 기상조절로 인한 악영향 정도와 가능성을 사전에 파악해 시행 여부 허가를 조정한다. 무분별한 기상조절도 통제한다. 기상조절 경찰관이 속한 단체는 유엔과 같이 한 국가에 존속되지 않고 공정성을 추구하는 형태여야만 한다. 여러 이익집단들이 뇌물이나 협박을 통해 자기편으로 끌어들일 수도 있기 때문이다.

기상조절 경찰관은 기상학에 대한 넓은 시야와 깊은 지식뿐만 아니라 법, 화학, 농업 등 다방면적인 지식을 두루 섭렵해야 할 것이다. 기상조절로 인한 효과와 부작용, 피해 정도를 파악해 분쟁을 잠재워야 하기 때문이다. 우리에게는 기상조절을 감시하고 세계의 균형을 지키는 명예로운 사람들이 그 어느 때보다 필요하다.

미래의 인재 조건

로봇, 3D 프린터, 사물인터넷, 유전자 조작, 우주 개척 등과 같이 산업 전반을 뒤흔들 거대한 바람들이 불고 있다. 격변하는 세상 속에서 정해진 답은 없다. 어제의 성공 전략이 오늘은 통용되지 않기 때문이다. 정답을 외우고 세세한 것까지 기억하는 사람을 높게 평가하는 시대는 끝날 것이다. 이런 능력은 로봇이 대체할 수 있기 때문이다.

로봇이 대체할 수 있는 일자리는 모두 원가절감의 희생물이 된다. 고개만 끄덕이는 인재는 미래 노동 시장에서 소외 계층으로 전락한다. 스스로 생각하면서 묻고, 창의적으로 문제를 해결하고, 이질적인 것들을 엮어 재조합하고 재생산할 줄 아는 사람만이 미래가 요구하는 인재 조건을 만족시킬 수 있다.

더 이상 한 명의 리더가 세상을 바꾸는 시대가 아니다. 리더의 정보가 구성원들의 협업된 정보보다 우월하지 않기 때문이다. 혁신을 결정하는 요소는 다양성이다. 마주치고, 서로 배우고, 연결되면 혁신이라는 기적은 일어난다. 여럿이 다양한 영역의 관점을 공유할 때 경계는 허물어지기 때문이다. 경계가 허물어진 자리에는 창조성이 피어나고, 혁신이라는 열매가 맺힌다.

미래에는 다양성을 존중하는 자세와 협력을 집약해내는 소통 능력이 주목받게 된다. 인터넷을 통해 전 세계 사람들이 팀원이 되고, 여러 세대가 동시에 같은 일터에 존재하기 때문이다. 이질적인 문화에 적응하고 협력하며, 다양한 가치를 생산적으로 통합하고 관리할 수 있는 사람은 노동 시장에서 강력한 주도권을 가지게 될 것이다.

세상의 모든 정보는 인터넷에 있다. 인터넷으로 세계 최고의 명문대 수업을 듣고, 실무와 직결되는 온라인 교육 수료증이 기존의 학위를 대체한다. 손끝의 터치로 클라우드 위의 데이터를 끌어와 연결하고 융합시킬 수 있는 '손끝 IQ'가 높은 사람이 미래 노동 시장에서 경쟁력을 가질 수 있다.

미래에 가치 높은 일을 하기 위해서는 새로운 지식을 끊임없이 배우고 지적자본을 축적해야 한다. 그러려면 '공동학습 네트워크'를 구축해 지적자본 축적의 효율을 높이는 것이 중요하다. 공동학습 네트워크란, 각개전투를 벌이는 개인들이 모여 자신들의 부족한 지식을 절충하고 결과물들을 공유함으로써 새로운 아이디어를 얻는 지식공동체를 뜻한다.

프로젝트 단위로 함께 작업을 진행하고 헤어지는 미래에는 일자리가 아닌 일거리를 찾아야 할 것이다. 기존의 출퇴근 개념은 사라지고 위계질서나 연공서열은 더 이상 중요하지 않다. 유연한 근무조건에 적응할 수 있는 능력이 요구된다. 개인의 명성관리도 인재를 판단하는 기준이 될 것이다. 어떤 분야의 일을 하든지 일거리를 찾는 데 개인 브랜드가 중요하게 작용하기 때문이다.

미래는 예측하는 것이 아니라 상상하는 것이다. 그런 점에서 우리는 모두 소설가 쥘 베른의 후예가 돼야 한다. 1800년대 후반 베른은 소설에서 우주여행, 인터넷, 고속열차, 에어컨, TV 등의 출현을 예고했다. 그가 상상한 대부분은 현실을 만드는 기폭제가 됐다. 공상이 현실로 바뀌는 주기가 더 짧아지는 오늘날에는 쥘 베른과 같은 상상가가 더욱 필요하다.

지금의 학생들은 격변하는 세상 속에서 수없는 갈림길에 놓이게 될 것이다. 하루가 다르게 바뀌는 미래에는 빠른 의사결정과 행동이 실패를 줄일 수 있다. 시작하고 진행하면서 길을 발견하고 만들어야 한다. 거대한 변화를 기회의 에너지로 보고 미리 움직이는 인재에게 이 책은 그 길잡이가 돼줄 것이다.

기업가치를 높이는
재무관리

기업의 가치와 신용평가는 재무관리에서 비롯된다!

정보화 사회로 변화해가면서 신용사회라고 할 만큼 신용평가에 관한 관심이 점차 커지고 있다. 국가 신용등급의 등락이 그 나라의 채권가격뿐만 아니라 경제에도 많은 영향을 미치고, 기업에 대한 신용평가는 기업의 여신 규모와 금리에 영향을 주기 때문이다. 이 책은 산업현장에서 CEO와 자금담당 임원, 직원들이 경영활동을 하면서 겪게 되는 재무관리와 관련된 애로사항이나 궁금한 점을 다양한 사례를 바탕으로 쉽게 풀어놓았다. 또한 기업경영에 실질적으로 접목할 수 있도록 기업의 가치를 극대화하고 안정적인 성장기반을 갖춘 강한 기업으로 거듭날 수 있도록 스토리를 전개하였다.

이진욱 지음 | 416쪽 | 4×6배판 | 값 25,000원

백인천의 노력자애

한국 프로야구의 전설, 백인천의 리더십

한국 프로야구 불멸의 타율 4할, 백인천의 인생철학과 그가 새겨놓은 프로야구의 역사를 책 한 권에 담았다. 반평생을 오직 야구 인생으로 살아온 백인천의 발자취를 돌아보면서 야구와 건강 두 마리 토끼를 쟁취하기 위해 혹독한 훈련을 견뎌 불멸의 4할 타자, 백인천의 이름이 프로야구의 전설로 남아있게 된 것이다. 이 책은 총 10장으로 구성되었으며 백인천 감독이 야구와 같은 인생을 살았듯 이 책의 콘셉트 역시 야구 경기처럼 1회 초부터 9회 말과 연장전 그리고 하이라이트 순으로 이어진다. 야구 프로에서 건강 프로가 되기까지 백인천 감독의 인생을 통해 독자 여러분도 인생의 진정한 프로로 거듭나기를 희망한다.

백인천 지음 | 388쪽 | 신국판 | 값 20,000원

거대한 기회

마케팅의 성공 비결은 스토리와 공감이다!

세상이 하루가 다르게 변하고 있고 고객의 마음도 초단위로 바뀌고 있다. 누가 한 분야에서 성공했다 하면 모방하는 이들이 빠르게 나타나 순식간에 시장을 나눠가진다. 우리가 사는 21세기의 현실이 이렇다. 기술이 좋고 제품이 훌륭한데도 매출로 연결하지 못하는 기업들의 결정적인 맹점은 '스토리'가 부족하다는 것이다. 이제는 기술과 제품을 뽐내기만 할 것이 아니라 고객의 마음부터 들여다보아야 한다. 수시로 변하는 고객의 마음을 휘어잡는 열쇠, 마케팅! 그 근간에는 자신만의, 자사만의 스토리가 있어야 한다. 이 책이 전하는 스토리마케팅을 활용한다면 두꺼운 충성고객층과 함께 꾸준한 성과를 창출할 수 있을 것이다.

조세현 지음 | 360쪽 | 신국판 | 값 20,000원

부의 얼굴, 신용

역사에서 통찰하는 선인들의 성공 비결, 신용 처세술!

무형의 재산으로 유형의 재산을 넘나드는 파급력을 지닌 '신용'. 대대손손 부를 부르는 사람들에게는 남과 다른 신용이 있었다. 역사소설의 대가 이수광 작가가 오랫동안 축적해온 방대한 역사적 지식에 신용을 접목한 이 책은 눈앞의 이익에 눈이 멀어 속임수를 쓰지 말라는 메시지와 함께 책임 있는 언행이 인격의 뿌리가 되어야 한다고 강조하고 있다. 현대를 사는 독자들이 구한말 조선 최고의 부자이자 무역왕으로 군림했던 '최봉준', 한나라의 전주 '무염' 등 역사 속 실존인물들이 신용을 발판으로 성공한 이야기를 가슴에 담고 신용을 생활화함으로써 '인복人福'과 '부富'를 부르는 귀인貴人이 되기를 기원한다.

이수광 지음 | 352쪽 | 신국판 | 값 16,500원

성과를 지배하는
유통 마케팅의 힘

한 권으로 배우는 대한민국 유통 마케팅의 모든 것!

상품이 만들어져 소비자에게 오기까지는 많은 사람의 수고가 필요하다. 그러나 중간에서 징검다리 역할을 해주는 유통업자가 없다면 이 사회는 제대로 돌아가지 못한다. 소비문화가 제대로 정착되려면 유통 시장을 전체적으로 확실하게 이해하는 사람이 있어야 한다. 이 책에는 저자가 20여 년간 유통업계 현장에서 발로 뛰며 얻은 소중한 경험을 담았다. 다방면에 걸친 유통 영업의 노하우, 유통 마케팅 비법뿐 아니라 유통시장의 전체적인 틀을 제시하였다. 공공기관 입찰에 필요한 나라장터 사용법은 물론 직접 거래해보지 않으면 알 수 없는 유통사별 상품 제안서 사용법까지 다양하게 소개하고 있다.

양승식 지음 | 344쪽 | 4×6배판 | 값 20,000원

거대한 기회

창조 지능 리더십을 선사할 '거대한 기회'를 잡아라!

세상이 짧은 시간에 급격하게 변하고 있다. 난공불락의 요새도 없고 절대적 강자도 없다. 이러한 시대에 살아남으려면 유연하게 변화하고 창조해야 한다. 현대의 리더는 변화의 큰 흐름을 읽고 거기서 기회를 포착해야 한다. 불꽃이 아니라 불길을 보아야 하고, 물결이 아니라 물살을 보아야 한다. 이 책은 리더들에게 시대의 흐름을 한눈에 보여주고자 불확실한 미래에 접근하는 방법을 다양하게 제시하고 있다. 남보다 더 넓게 보는 안목을 키우고 패러다임을 자기만의 방식으로 삶과 비즈니스에 접목함으로써 더욱 큰 사회공동체와 인류공동체를 위해 공헌하는 창조의 마스터가 되어보자.

김종춘 지음 | 316쪽 | 신국판 | 값 18,500원

굿바이, 스트레스

만성피로 전문클리닉 이동환 원장의 속 시원한 처방전!

대부분의 사람들은 흔히 스트레스라고 하면 부정적인 인식이 앞서 '나쁜 스트레스'만 떠올린다. 많은 현대들이 과도한 스트레스 때문에 힘들어하고 심한 경우 신체 질병까지 얻게 된다. 하지만 우리가 보편적으로 인식하고 있는 스트레스의 부정적인 이미지와는 달리 적절한 스트레스는 오히려 삶에 동기부여를 해줄 뿐 아니라 자극제가 되기도 한다. 저자는 스트레스를 무조건 줄이라고 하지 않는다. 오히려 스트레스를 적절히 관리해서 성과와 연결하는 방법을 소개한다. 계속되는 스트레스에 매몰되어 헤매는 것이 아니라 긍정적인 마음의 근육을 키워 스트레스를 통해 새로운 에너지를 얻음으로써 성과까지 창출하는 비법을 배워보자.

이동환 지음 | 260쪽 | 4×6배판 | 값 18,000원

황태옥의 행복 콘서트
웃어라!

웃음 컨설턴트 황태옥의 행복 메시지, 세상을 향해 웃어라!

웃음 전도사로 유명한 저자가 지난 10년간 웃음으로 어떻게 인생을 다시 살게 되었는지 진솔하게 풀어낸 책이다. 암을 극복하고 웃음과 긍정 에너지로 달라진 그녀의 삶을 보면서 함께 변화를 추구한 주변 사람들의 사례는 물론 10년간의 삶의 흔적이 고스란히 담겨 있다. 독자들이 이 책을 읽고 삶을 업그레이드해 생활 속에서 행복 콘서트의 주인공이 될 수 있는 힘을 얻기를 희망한다. 또한 웃음을 통해 저자를 능가하는 변화된 삶을 살기를 바란다. "한 번 웃으면 한 번 젊어지고 한 번 화내면 한 번 늙는다(一笑一少一怒一老)"는 말이 있듯이 행복지수를 높여 삶을 춤추게 하고 싶다면 바로 지금 세상을 향해 웃어라!

황태옥 지음 | 260쪽 | 신국판 | 값 17,500원

논어로 리드하라

여성 리더로 성공을 꿈꾼다면 지금 당장 《논어》를 펼쳐라!

현대는 강하고 수직적인 남성적 리더십보다 감성적이고 관계지향적인 여성적 리더십을 요구하는 사회로 변화하고 있다. 이러한 변화를 입증하기라도 하듯 한국에서는 사상 최초로 여성 대통령이 탄생했다. 국제적으로는 미국 국무부장관 힐러리 클린턴, 세계적으로 영향력 있는 여성 방송인 오프라 윈프리, 독일의 메르켈 총리 등 수많은 여성 리더들이 있다. 따뜻한 리더십으로 무장한 여성 지도자들의 공통점은 인생에서 중요한 가치를 깨닫고 더 나은 자신이 되기 위해 철학책과 고전을 많이 읽으면서 내면을 수양했다는 것이다. 쉽게 풀어 쓴 논어를 가까이하여 더 많은 여성이 우리나라뿐 아니라 세계를 리드하기 바란다.

저우광위 지음 | 송은진 옮김 | 344쪽 | 신국판 | 값 18,000원

송경학 세무사에게 길을 묻다

생생한 현장 사례를 바탕으로 현명한 세무 전략을 세워라!

중소·중견기업 CEO와 자산가들은 '세금'만 생각하면 머리가 지끈거린다. CEO의 필수 덕목이라는 재무구조 개선과 인력 관리, 기업 문화 창출, 재충전이라는 말은 중소·중견기업을 경영하는 CEO에게는 딴 세상 이야기다. 이 책은 CEO와 자산가들의 가장 큰 고민거리인 세금에 대한 이해를 높여주고 다양한 절세 노하우를 알려준다. 또한 저자 송경학 세무사가 경험한 생생한 현장 사례와 상황에 따른 세무 전략을 제시하고 있다. 회사운영, 자산 취득, 가업승계 등과 관련된 다양한 문제와 이에 대한 해결책을 통해 기업 CEO와 자산가들이 현재 자신의 상황에서 가장 적절한 자산관리, 가업승계 노하우를 찾도록 도와준다.

송경학 지음 | 274쪽 | 신국판 | 값 20,000원

어둠의 딸, 태양 앞에 서다

초라한 들러리였던 삶을 행복한 주인공의 삶으로!

세계적인 베스트셀러 《시크릿》의 주인공 밥 프록터의 유일한 한국인 제자인 조성희의 첫 번째 에세이집. 스스로 어둠의 딸이었다고 할 정도로 어려운 환경에서 마인드 교육을 통해 변화한 저자의 진솔한 이야기가 담겨 있다. '어둠'을 '얻음'으로 역전시키는 그녀만의 마인드 파워는 고뇌에 찬 결단과 과감한 도전정신으로 만들어낸 선물이다. 누구나 생각하는 대로 인생을 멋지게 살 수 있다. 어떻게 목표를 세우고, 어떤 생각을 하고, 무슨 꿈을 꾸느냐에 따라 인생은 달라진다. 꿈이 없어 짙은 어둠의 터널 속에서 절망을 먹고사는 사람들뿐만 아니라 심장이 뛰는 새로운 돌파구를 찾으려는 모든 사람에게 중독될 수밖에 없는 필독서다.

조성희 지음 | 404쪽 | 신국판 | 값 18,900원

니들이 결혼을 알어?

결혼이라는 바다엔 수영을 배운 후 뛰어들어라!

결혼은 액션이다! 아무런 행동도 하지 않고 막연히 앉아서 행복하길 기다리는 사람들의 결혼은 그 자체로 불행한 일이다. 이 책은 이병준 심리상담학 박사와 그의 아내이자 참행복교육원에서 활동하고 있는 공동 저자 박희진 실장이 상담현장에서 접한 생생한 사례를 토대로 하고 있다. 기혼자들과 결혼 판타지에 빠진 청춘에게 '꼭 해주고 싶은 말'을 읽기 쉬운 스토리 형식으로 담았다. 대부분 경고 수준의 문구지만 결혼식 준비는 철저하게 하면서 결혼준비는 소홀히 하는 이들에게 결혼의 중요성을 일깨워준다. 늘 머리에 '살아? 말아?'를 넣어두고 살아가는 이들에게 '까짓 살아보지 뭐!'라며 툴툴 털고 일어서게 하는 힘을 줄 것이다.

이병준·박희진 지음 | 380쪽 | 신국판 | 값 18,000원

화웨이의 위대한
늑대문화

화웨이의 놀라운 성공신화! 그 중심에 늑대문화가 있다!

지난 20여 년간 화웨이가 성공할 수 있었던 비결은 도대체 무엇일까? 어떻게 해서 계속 성공을 복제할 수 있었을까? 화웨이의 다음 행보는 무엇일까? 화웨이의 68세 상업사상가, 마흔을 넘긴 기업 전략가 10여 명, 2040세대 중심의 중간 관리자, 10여만 명에 달하는 2030세대 고급 엘리트와 지식인이 주축이 된 지식형 대군이 전 세계를 누빈다. 전통적인 기업 관리 이론과 경험은 대부분 비지식형 노동자 관리에서 비롯됐다. 이제 인터넷 문화 확산이라는 심각한 도전 앞에서 지식형 노동자의 관리 이론과 방법이 필요하다. 이를 꿰뚫은 런정페이의 기업 관리 철학은 당대 관리학의 발전에 크게 이바지했다.

텐타오, 우춘보 지음 | 이지은 옮김 | 452쪽 | 4×6배판 | 값 20,000원

잘못된 치아관리가
내 몸을 망친다

치과의사가 알려주는 치아 상식과 치과 치료의 오해와 진실!

치아는 잠자리에서 일어나는 아침부터 잠자리에 드는 저녁까지 모든 음식을 맛보는 즐거움을 우리에게 선사한다. 오복의 한 가지일 할만큼 치아건강은 인간의 행복에 큰 영향을 미친다. 이 책에서 치과의사인 저자는 일상생활에서 지켜야 할 치아 건강 관리법은 물론 상세한 치과 진료 과정, 치과 진료에서 궁금했던 점을 들려준다. 또한 잘못된 치아관리가 내 몸을 망칠 수 있으므로 제대로 알고 제대로 치료해야 건강한 치아를 간직할 수 있다고 강조한다. 이 책에는 치아전문 일러스트레이터들이 그린 생생한 일러스트를 실어 치료 과정을 쉽게 이해할 수 있도록 했다. 다양한 증상에 어떻게 대처해야 하는지 알려주는 유용한 책이다.

윤종일 지음 | 312쪽 | 4×6배판 | 값 20,000원

성과를 지배하는
바인더의 힘

남과 다른 성공을 꿈꾼다면 삶을 기록하라!

프로가 되려면 성과가 있어야 하고, 성과를 내려면 프로세스를 강화해야 한다. '시스템'과 '훈련'을 동시에 만족하게 해주는 탁월한 자기관리 시스템 다이어리 3P 바인더의 비밀을 전격 공개한다. 바인더는 훌륭한 개인 시스템이자 조직 시스템이다. 모든 조직원이 바인더를 사용한다면 정보와 노하우를 손쉽게 공유할 수 있다. 바인더와 책, 세미나를 통해 기적 같은 변화를 체험한 많은 사람의 실제 사례를 소개하여 바인더를 좀 더 활용하기 쉽게 만들었다. 저자는 20여 년간 500여 권의 서브바인더를 만들면서 기록관리, 목표관리, 시간관리, 업무관리, 지식관리, 독서경영 등을 실천함으로써 성과를 지배해온 스페셜리스트다.

강규형 지음 | 신국판 | 342쪽 | 값 20,000원

위대한 개츠비

20세기 영미문학 최고의 걸작!

1974년에 이어 2013년 또다시 영화화되어 화제를 불러일으켰던 《위대한 개츠비》는 미국인이 가장 좋아하는 대표적 소설이다. 작품 배경이 되는 시기는 제1차 세계대전 직후, 이른바 '재즈 시대'라고 불리는 1920년대. 급격한 산업화와 전쟁의 승리로 풍요로워진 시대에 전쟁의 참화를 직간접적으로 경험한 젊은이들의 다양한 삶의 모습을 매우 섬세한 필치로 풀어낸 작품이다. 소설 속 주인공 개츠비는 젊은 시절의 순수한 사랑을 이루려고 자신을 내던진다. 아메리칸 드림을 이룬 그의 머릿속에는 부의 유혹에 넘어간 사랑하는 여인 데이지를 되찾으려는 생각밖에 없다. 그러나 현실은 그의 꿈을 용납하지 않는데….

F. 스콧 피츠제럴드 지음 | 표상우 옮김 | 4×6판 | 316쪽 | 값 12,000원

스타리치 어드바이져는
기업을 위한 최상의 플랫폼을 제공합니다!

① 전문가 자문 그룹 지원
세무사 / 회계사 / 변호사 / 노무사 / 법인 현장 실무 전문가 / 교육 전문가

② 조세일보 기업지원센터 운영
기업의 성장과 연속성을 위한 컨설팅 전문 조세일보 기업지원센터 설립

③ CEO 포럼 개최
기업의 성장과 연속성을 위한 CEO 포럼 개최

④ 좋은 책을 만드는 스타리치북스 출판사
스타리치 어드바이져의 계열사로, 경제·경영, 자기계발, 문학서적 등을 출판하는 종합 출판사

⑤ 100년 기업을 위한 CEO의 경영 철학 계승 전략, CEO 기업가 정신 플랜
기업의 DNA와 핵심가치를 유지하는 질적 성장의 힘! 세상을 움직이는 리더십, 자서전은 또 다른 이름의 리더십!

⭐ StarRich Advisor / StarRich Books   서울 강남구 강남대로62길 3 한진빌딩 3~8층 전화 02-2051-8477 팩스 02-578-8470 www.starrich.co.kr

100년 기업을 위한 CEO의 경영 철학 계승 전략

CEO 기업가 정신 플랜

– 자서전 · 전문서적 · 자기계발서 · 사사 등 –

문의) 스타리치 어드바이져 & 북스 02) 6969-8903 / starrichbooks@starrich.co.kr

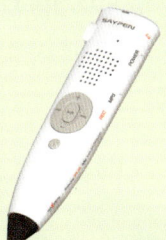

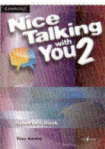

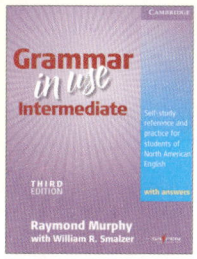
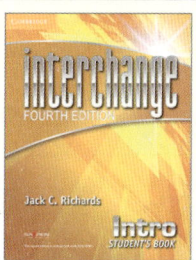
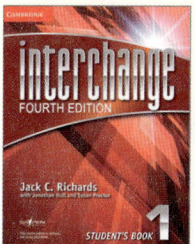
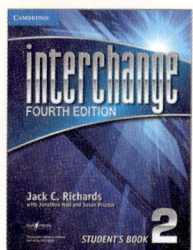
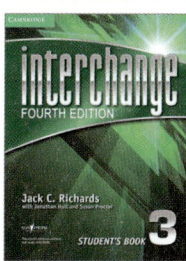

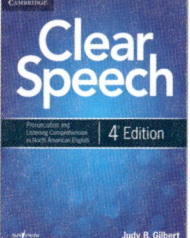
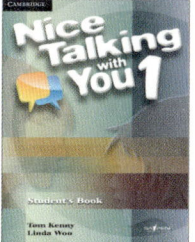
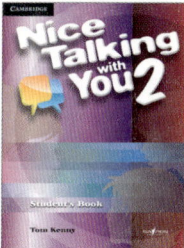

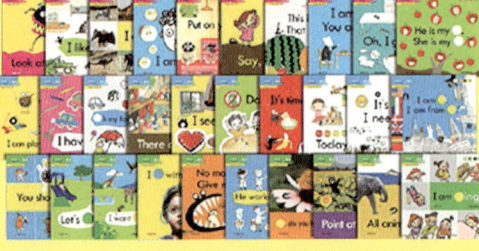